冥樞會要·上

마음을 바로 봅시다

黃龍庵主 祖心 集

凡愚標起處 是宗鏡錄中卷軸 板數如欲廣覽 請自尋檢本文

『마음을 바로 봅시다』의 글에서 소제목 밑에 있는 원문의 맨 앞에 나오는 숫자로 표시된 색인표는 『종경록』의 권수와 판수를 말한다. 더 자세한 내용을 알고자 하면 이것을 참고하여 『종경록』 원문을 찾아 스스로 점검하기 바란다.

이 책의 인연이 아름답기를

맑은 인연을 아는 사람은 바른 법을 얻고, 바른 법을 얻은 이는 청정한 도를 이룬 다 했습니다.

아무리 좋은 마음이라 하더라도 인연의 흐름을 잘못 보면 하는 일이 순조롭지 못하나, 깨끗한 법으로 세상의 흐름에 수순하는 자는 그 일에 관련된 반연을 아름답고 평등하게 만듭니다.

아름다운 인연은 맑고 여유로운 삶이니, 거기에 하늘의 향기가 피어납니다.

부처님의 자비로운 법이란 이런 인연을 보게 하여, 자기 마음에 청정한 불국토를 구현하는 것입니다. 그러므로 부처님은 항상 빛나는 인연의 삼매 속에 계시면서 밝고 청정함으로 중생에게 이 법을 가르쳐 세상에 펼치셨던 것입니다.

이러한 좋은 인연을 그대로 구현하심으로 근세의 진정한 스승이라 추앙받는 큰스님과의 인연! 이 어려운 세태 그 시절 그 인연을 다시 한번 고마운 마음으로 생각해 봅니다.

부처님의 법을 왜곡시키는 눈 먼 모든 행위에 조금도 개의치 아니하고, 초연하게 올곧은 수행자의 태도만을 보이며 당당하셨던 老師의 품위! 그 모습은 평범한 일상에서 단지 山僧의 신분으로 당신의 분을 지켜 가는 생활 그 자체였습니다.

조그마한 山房에서 名利僧의 유혹에 조금도 흔들리지 아니한 산승으로서 그 의연했던 처신이란! 지금도 태산같이 커 보입니다.

그 큰 자취가 法身舍利로서 허공에 메아리치니, 법을 구하는 이에게 우리의 암울한 현실을 밝혀주는 지혜의 등불이 되어 주곤 합니다.

그러한 큰스님께서 당신의 공부에 指針 삼아 평생 그렇게도 좋아하셨고, 공부하는 수행자와 한국불교를 위하여 하루빨리 한글로 번역되어야 할 책이라고 말씀하셨던 『宗鏡錄』, 아마 이 『종경록』이 당신 공부의 전부였을지도 모릅니다.

그 『종경록』의 요점만을 추린 『冥樞會要』가 서툴지만 늦게나마 『마음을 바로 봅시다』로 한글 풀이되어 이 세상에 인연을 맺습니다.

'98년 6월 『마음을 바로 봅시다』의 상권 초판이 장경각에서 나왔을 때, 송광사 방장 스님께서 책을 보시고는 대뜸 "원순 시님이 효자야, 평상시 시님께서 늘상 하시던 말씀을 시님이 평생 좋아하셨던 책제목으로 했으니 큰시님께 효도하는 거야"라고 말씀하시어 저를 기쁘게 해주셨습니다.

큰스님을 곁에서 오랜 세월 모시고 살며 감화받은 인연으로 당신의 은사이신 구산 큰스님으로부터 "너는 내 상좌가 아니고 성철 스님 상좌야"라는 말을 들을 정도로 노사와의 인연이 지중했던 방장 스님께서는 『마음을 바로 봅시다』의 상권 초판에 기꺼이 당신의 법문을 싣도록 허락하셨습니다.

그리고 또한 하권을 준비하는 과정에서 책에 대한 법어까지 내려 주시니, 그 크신 은혜 어떻게 갚아야 될지 몸둘 바를 모르겠습니다.

더욱이 이 책을 풀어 쓴 이의 덕이 부족한 탓에 금번 상권의 재판과 하권의 초판을 다른 출판사 이름으로 내놓게 되니, 그 모양새가 단정하지 못해 방장 스님께 죄송한 마음 금할 수 없습니다.

이 잘못된 품새를 마음 아파하자 그래도 모든 것을 이해하여 주시며 "세월이 흐르면 세상 사람이 다 알아주고 좋아질거야! 괜찮다, 괜찮아!" 하시는 방장 스님의 자비로운 말씀에 앞날 좋은 일이 있으리라 기대해 봅니다.

이런저런 과정에 다만 부족하나마 이 책이 많은 사람에게 광명이 되어 세상을 밝히도록 법공양을 올립니다.

이 책과 인연을 맺으실 분, 아름다운 인연으로 반드시 그의 삶에 부처님 가피가 충만하고 性徹 老師의 法恩이 가슴에 넘칠 것입니다. 그 공덕으로 맑고 편안한 법의 희열이 세상에 가득 차고 부처님의 청정한 국토가 시방세계에 그득하니, 모든 중생이 함빡 웃으며 행복해 하십니다.

귀의불 귀의법 귀의승.

1999년 1월
송광사 인월암에서

사람이 하늘처럼 맑아 보일 때, 그에게는 하늘의 향기가 있다.

法　語

曹溪叢林 方丈 梵日 菩成

　　金剛經에 過去心 不可得이요 現在心 不可得이요 未來心 不可得이라 하였고 六祖
스님께서는 佛說一切法이 爲度一切心이라 我無一切心인데 何用一切法인고 하였으며
同安常察禪師는 勿謂無心云是道라 無心猶隔一重關이라 하였다. 然則有心無心이 皆
是妄이니 不落斷常二見하면 何者是心고.
　　古人이 又云호데 靈然不涉去來今하니 三界都盧一点心이라 欄外桃花春蝶舞하고
門前楊柳曉鶯吟이라 하였다. 會麼아.
　　鉢盂不着柄하고 笊籬不漏無用處라 是法住法位하야 世間相이 常住니라. 直指人心
으로 不立文字이나 不可無表月之指이니 此是如來方便說이라. 見月當忘指하라 忘指
하면 立處卽是이니 更莫思量이어다.
　　釋迦老子廣長說을 永明撮略百卷中이라 祖心拔萃成三冊이나 末世劣根豈能知리요
圓珣韓譯婆心切하니 佛光普照海東天이라 法施功德實難量하니 無限人天證菩提로
다. 月色和雲白이요 松聲帶露寒이로다.

　　금강경에서 "과거의 마음도 얻을 수 없고 현재의 마음도 얻을 수 없으며 미래의 마음도 얻
을 수 없다"라고 하였고, 육조 스님께서는 "부처님이 설한 일체법이 일체중생의 마음을 제도
한 것이라고 하였지만, 나는 제도할 일체중생의 마음이 없으니 어찌 일체법을 쓰겠는가"라고
하였으며, 동안 상찰 선사는 "무심을 도라고 하지 말라. 무심이라 하면 오히려 한 꺼풀의 장벽
이 있다" 라고 하였다. 이것은 모두 유심과 무심이 허망하다는 것이니, 바꾸어 단견과 상견에
떨어지지 않았다면 무엇을 마음이라 할 것인가. 고인이 또한 말하기를,

"신령스런 흐름은 삼세가 없고
삼계는 모두 한 점의 마음
봄날의 도화꽃 춤추는 나비
새벽녘 버드나무 꾀꼬리 노래"라고 하였는데, 알겠는가.

스님네 발우에는 손잡이가 없어 쓰기 편하나, 쌀 이는 조리에 구멍이 없다면 쓸 곳이 없으니, 이는 법이 제자리에 있어야 세간의 모습이 상주하는 것이니라.
바로 사람의 마음을 가리키므로 문자를 세우지 않았으나 달을 가리키는 손가락이 없을 수 없으니, 이는 여래의 방편설이다. 달을 보는 자리에서 손가락의 방편을 잊을지니, 이를 잊으면 서 있는 자리가 곧 부처님의 세계니라. 여기에 다시 더 사량하지 말지어다.

부처님과 선지식의 모든 광장설
영명이 종경록에 모아 놓았고
조심 선사 요약한 명추회요의
깊은 뜻을 말세 근기 알 수 있을까.

노파심에 우리말로 풀어쓰나니
부처님의 광명이 하늘에 가득
참으로 법의 공덕 알기 어려워
중생과 천인들이 깨달음 얻네.

달빛이 고운데 열구름이 흘러가고, 솔바람 소리에 찬이슬이 맺힌다.

戊寅年 10月 10日 松廣寺 三日庵에서

해 제

1. 『마음을 바로 봅시다』와 『명추회요』

『종경록(宗鏡錄)』은 마음에 대한 정보를 100권으로 엮은 방대한 책인데, 여기서 다시 중요한 부분을 추려 정리한 것이 『명추회요(冥樞會要)』이다. 『명추회요』에서 '명(冥)'은 깊고 그윽한 도리를, '추(樞)'는 그 도리에서 가장 긴요한 내용으로 마음의 빛을, '회요(會要)'는 마음의 빛에 관한 요점을 모았다는 뜻이니, 이것을 여기서 『마음을 바로 봅시다』로 번역하였다.

100권으로 구성되어 있는 『종경록』에서 회당 스님이 요점만을 추려 『명추회요』 상·중·하 3권으로 만들어 분량이 100분의 3밖에 되지 않는다고 생각할 수 있으나 실제의 분량은 전체 분량의 11% 가량이나 되는 상당한 분량의 책이다.

이 책의 구성은 『종경록』 체제를 그대로 따르되 방대한 분량의 『종경록』 원문에서 중요한 부분을 추려 그대로 수록하였으나, 간혹 한 글자나 한 구절을 더하거나 빼면서 손질한 부분이 보인다. 이 과정에서 전체 내용이 9분의 1로 압축되었지만, 『종경록』 전체 내용의 핵심을 알고 이해하는 데에 큰 무리가 없다고 생각한다. 『명추회요』에서 본문에 들어가기 전에 밝혀 놓았듯이, 내용을 자세하게 알고 싶은 사람은 『종경록』 원문을 참고하기 바란다.

『명추회요』의 구성은 『종경록』 1권부터 34권의 내용을 상권으로 하고, 36권부터 67권 중간을 중권으로 하였으며, 나머지 100권의 내용을 추린 것을 하권으로 하였다. 그러나 『종경록』 2권 35권 47권 53권 86권 87권 88권 97권에서는 한 글자도 추려낸 것이 없다. 『종경록』 전체가 일심도리(一心道理)의 흐름으로 관통되고 있으니 따라서 『명추회요』도 질적으로 같은 내용으로 볼 수 있겠다.

『명추회요』에서 상·중·하의 구분은 특별한 뜻이 없이, 원고 분량을 감안하여 임의로 결정된 것이었고, 본서 『마음을 바로 봅시다[명추회요]』를 편역하면서 상·하 두 권으로 엮게 된 것도, 역시 역자 임의로 원고 분량을 감안하여 구성한 것임을 밝혀 둔다.

2. 『종경록』에 대한 개요

『종경록』은 오대(五代) 송(宋)나라 항주(杭州) 영명사(永明寺)의 연수(延壽) 선사가 송나라 태조(太祖) 건륭(建隆) 2년(AD961)에 편집하여 만든 것으로 100권으로 구성되어 있다. 이 책은 『고려대장경』 44권과 일본의 『대정신수대장경』 48권에도 수록되어 있다.

『종경록』에서 연수 선사는 『능가경』에서 언급된 "부처님은 마음을 종지로 삼는다"는 말에 근거하여 일심(一心)을 종지로 삼았고, 일심이 만법을 비추는 거울과 같다는 뜻으로 종경을 주장하며 책의 제목을 삼은 것이다.

　그러므로 『종경록』의 '종(宗)'은 가장 근본이 되는 마음이고, '경(鏡)'은 모든 것을 비추어 주는 마음을 거울로 비유한 것이며, 거울이 모든 사물을 비추듯 일심도리(一心道理)를 이 책에서 빠짐없이 보여주고 그 내용을 기록하였다는 의미에서 『종경록』이라 이름한 것이다. 따라서 이것은 비슷한 의미의 종감록(宗鑑錄)이나 심경록(心鏡錄) 또는 심감록(心鑑錄)이라 불리기도 한다.

100권으로 구성되어 있는『종경록』은 종지를 드러내는 표종장(標宗章)과 일체법에 대해 묻고 답하는 문답장(問答章) 그리고 표종장과 문답장에서 언급되는 내용을 경률론과 어록 등을 인용하여 증명하는 인증장(引證章)이 있다. 그러나 이것을 구분하는 데에는 약간의 다른 의견들이 있다.

『고려장경』과『신수장경』은 100권 중 61권 초반부까지를 표종장으로 삼고, 그 다음부터 93권을 문답장으로 삼으며, 나머지 94권부터 100권까지를 인증장으로 삼는다. 그러나 청 광서 이십오년 강북각경처(淸光緖二十五年江北刻經處)판인『종경록』과『불교해설대사전(佛敎解說大辭典)』[일본 大東出版社]과 북한에서 나온『팔만대장경』해제와『중국불교(中國佛敎)』[中國佛敎協會編, 上海, 知識出版社, 1989]는『종경록』1권 첫부분만을 표종장으로 삼고, 그 다음 93권까지를 문답장으로 삼으며, 나머지 94권부터 100권까지를 인증장으로 삼는다.

여기서 역자는 후자를 따르고 싶다. 전자를 따르지 않는 이유 첫째는 표방되는 종지가 100권 중 61권이나 된다는 데에 이해가 가지 않는 점이다. 종지를 표방하는 말은『종경록』에서 종경이나 일심이라는 말 한 마디에도 그 뜻이 충분히 드러나기 때문이다. 둘째는 표종장을 61권 전반부까지 주장하는 것은『고려장경』과『신수장경』61권 전반부 중간 부분에서「문답장제이(問答章第二)」라는 소제목이 붙어 있기 때문인 모양인데, 청 광서 이십오년 강북각경처본에도 1권 후반부에「문답장제이」라는 소제목이 붙어 있는 것이다.

그러나『종경록』의 근본취지는 일심을 종지로 하여 만법을 풀어내는 데에 있다. 이 말은 일심이 만법이며, 만법이 일심이라는 소리이다. 표종장에서 이 뜻을 압축하여 드러내나, 일심도리가 문답장이나 인증장에서 항상 중심축으로 흐르고 있으니, 전체 내용의 이면은 언제나 일심의 뜻을 갖고 있다. 곧 문답장이나 인증장에 나오는 내용이라도 표종장의 종지인 일심도리가 중심이 되는 것이다.

연수 선사가 쓴 『종경록』의 서문에서 "지금 부처님과 조사 스님들의 대의(大意)와 경론의 바른 종지를 상세하게 서술하겠다… 번거로운 문장은 정리하여 오직 요점만을 찾아 낼 것이며… 문답의 형식을 빌리면서 널리 문헌과 어록을 인용하여 그 내용을 증명하겠다… 하나의 마음을 종지로 삼아 만법을 거울과 같이 비추고, 깊은 이치를 모아 부처님의 원만한 이치를 요약할 것이다"라고 하였다. 『종경록』은 연수 선사가 선(禪) 체험을 통한 일심의 입장에서 좁게는 화엄종과 천태종과 유식의 법상종의 중요한 교리를 회통하였으며, 넓게는 경·율·론 삼장 전체와 조사 스님들의 말씀을 넘나들며 선교일치(禪敎一致)의 사상을 자세하게 서술한 것이다. 『종경록』의 내용을 한 마디로 요약하여 말하기는 어렵겠지만, 모든 방면에서 내세우는 주장의 요점은 돈오(頓悟)와 원수(圓修)에 있다고 하겠다. 선(禪)의 입장에서 달마를 존중하고, 교(敎)의 입장에서 현수(賢首)를 존중하여 내용을 전개해 나가며 불교의 확실한 요체를 보여 주는 것이다.

이 책은 한국과 중국 및 인도의 각종 자료를 300여 종이나 인용하였는데, 경전과 어록이 각각 120여 부가 되고 논서가 60여 부나 된다. 『종경록』의 가치는 선종의 입장에서 교학을 관통하여 선교일치의 이론을 전개하는 데 있을 뿐만 아니라, 선종사 연구의 기본 자료를 제공하기도 한다. 또한 현존하지 않는 진귀한 문헌에 관한 자료도 보존되고 있다. 예를 들어 남악회양(南岳懷讓)과 청원행사(靑原行思) 등의 양단법어(兩段法語)는 『경덕전등록(景德傳燈錄)』이나 『고존숙어록(古尊宿語錄)』 등에서는 찾아 볼 수 없는 내용이다. 또 문답장에서 인용하는『중론현추(中論玄樞)』나『유식의경(唯識義鏡)』은 이미 없어진 책임에도 불구하고 일부의 자료가 다행히도『종경록』에 보존되어 그 내용에 대한 편린들을 볼 수 있게 되었다.

 이 책이 완성되었을 당시에는 대량으로 유통되지 못했지만, 아는 사람들끼리 개별적으로 인연지어 보아 왔다. 송나라 신종(神宗) 원풍(元豊 A.D.1078-1085) 년간에 비로소 목각본이 유통되었고 뒤에 개정판도 출현하게 되었으며, 명말(明末) 가흥장(嘉興藏)이 만들어질 때 지욱(智旭) 스님은 새롭게 개정본을 만들었다. 그리고 청대에 이르러서는 계속 절본(節本)이 출현하게 되었다.

3. 저자 소개

● 영명연수 선사

『종경록』의 저자 영명연수(A.D. 904-975) 선사는 속성이 왕(王)씨이고 자(字)는 중현(仲玄)이며 호(號)는 포일자(抱一子)로서 절강성 여항(餘杭) 사람이다.

 당시는 불교를 숭상했던 시기로 그 영향을 받아 어릴 때부터 불교를 좋아하였다. 스무 살 때부터 파 마늘 같은 오신채를 먹지 않았다. 서른 살 때에 이르러서 왕이 그의 마음을 알고 출가를 허락하니 사명취암(四明翠巖) 선사를 스승으로 삼게 되었다. 얼마 안 있다가 천태산에 들어가 선정을 닦아 덕소(德韶) 선사에게 인가를 받았다.

 나이 49세 때부터 명주 설두산 자성사의 주지로 있다가 57세에 오월 충의왕 전숙의 청을 받아 항주 영은사(靈隱寺)의 주지를 맡았다. 다음 해에 영명사(永明寺) 주지로

부임하니 따르는 학인들이 2,000여 명이나 되었다. 이 무렵에 『종경록』이 영명사의 연법당(演法堂)에서 편집되니, 뒷날 이 인연으로 연법당은 종경당(宗鏡堂)으로 개칭이 된다. 67세에는 전당강의 야트막한 언덕 월륜봉에 육화탑 9층을 세웠는데, 큰 강을 따라서 보는 주변의 경치가 좋아 지금은 항주에서 전당강의 전망탑으로 유명하다. 개보(開寶) 8년 72세에 입적하고, 시호(諡號)는 지각(智覺)으로 받았다.

영명연수는 일생동안 『법화경』을 일만삼천번이나 독송하였고, 선종과 교종을 통합하였으며, 아울러 마음의 정토에 귀의하는 것을 소중하게 여겼다. 그의 저서 『만선동귀집(萬善同歸集)』은 선종과 정토의 합일사상에 중점을 둔 것으로 후세 불교계에 심대한 영향을 끼친 책이다. 그의 저서는 『종경록』과 『만선동귀집』 이외에 『유심결(唯心訣)』과 『심부주(心賦注)』와 『정혜상자가(定慧相資歌)』와 『신서안양부(神栖安養賦)』 등이 있다.

● 회당조심 선사

『종경록』의 요점을 추려모아 『명추회요』를 편집한 조심(A.D. 1025-1100) 선사는 송대(宋代) 임제종의 황룡파 스님으로 광동시흥(廣東始興) 사람이다. 속성은 오(隖)씨로 호는 회당(晦堂)이다. 19세 때 용산사 혜전 스님에게 의지하여 시험을 보고 득도하였다. 수업원(受業院)에 있으면서 계율을 공부하고 뒷날 운봉문열(雲峯文悅) 스님에게 참학하였다. 3년을 모시다가 황벽산 혜남 스님에게 가서 4년 동안 머물렀으나 다시 문열 스님에게로 돌아갔다. 문열 스님이 열반하고 나서는 석상초원에게 의지하였다.

하루는 『전등록』을 보다가 다복 선사의 말에 크게 깨치게 되었다. 그 후 혜남을 따라 황룡산에 들어갔고 혜남 스님이 열반하자, 뒤를 이어 임제의 법을 펼치다가 원부

(元符) 3년 세수 75세로 입적하였다. 보각(寶覺)이라는 시호를 받았으며, 재상 황정견이 비문을 쓰게 되었다. 저서로『보각조심선사어록』1권과『명추회요』3권이 있다.

4. 맺는 말

경을 결집하고 법을 전하며 글을 쓰는 것이 모두 그림자로 본질이 아니니, 자기 마음에서 나타난 경이고 법이며 글이기 때문이다. 수행을 통하여 자기 마음을 아는 것만큼 세상을 보고 이해하며 구성하는 것이다. 그러므로 세상이 오로지 마음임을 아는 사람은 부처님의 지견이니, 설하는 법도 부처님의 설법과 다름이 없을 것이다. 왜냐하면 그는 스스로 느끼는 성스런 지혜의 즐거움을 깨달았기 때문이다.

많은 논리를 현란하게 구사하는 헛된 말들이 한 구절의 묘한 이치에 미치지 못하는 법이니, 한 구절의 묘한 이치란 일심도리인 종경이 아니겠는가. 이 책이 마음을 바로 보는 좋은 길잡이가 되어 주리라 믿으며, 게송에 그 마음을 실어 보낸다.

하늘의 미묘한 법고 소리가
스스로 지은 업에 따라 들리듯
모든 부처님이 설하신 법도
중생은 지은 업에 따라 듣는다.

지혜 바다 넓어서 알기 어려워
측량하지 못하면 비방 더하네

지혜로운 배움은 깨달음이나
어리석은 배움은 생사가 되네.

선남자여, 그대가 질문한 이치
매우 깊은 뜻이라 어렵긴 하나
지혜로서 이것을 알 수 있나니
부처님의 공덕을 항상 즐기네.

구름이 햇빛을 가리지 않아
시방세계 널리 두루 비추더라도
광명에 다른 성품 특별히 없듯
부처님의 모든 법 이와 같도다.

가을 하늘 허공에 뜬 둥근 달빛을
모든 곳의 세간 사람 쳐다보아도
허공의 달 어느 장소 간 곳이 없듯
부처님의 모든 법 이와 같도다.

무인년 하안거
송광사 인월암에서

차   례

▶ 제1편 법계의 성품을 관하라

▶ 제2편 신통은 반야를 장애할 수 있다

▶ 제3편 종경은 구족도이며 원돈문

▶ 제4편 공양 목탁을 올려라

▶ 제5편 법사와 율사와 선사의 허물

■■ 일러두기 ■■

1. 회당조심 선사의 『명추회요(冥樞會要)』를 K본, S본, C본과 대조하여 오자(誤字), 이자(異字), 탈자(脫字)를 각주에서 검토하였다.

2. 『고려대장경』 44권은 K본으로 표기하였다.

3. 『대정신수대장경(大正新修大藏經)』 48권은 S본으로 표기하였다.

4. 중국에서 발행된 청나라 광서 25년 강북 각경처본(淸光緒二十五年江北刻經處本)을 1994년 10월에 영인한 중국 삼진출판사(三秦出版社) 『종경록(宗鏡錄)』을 C본으로 표기하였다.

5. 『명추회요』 원문은 번역문과 함께 앞부분에 단락별로 실었다.

7. 『종경록』 2권 35권 47권 53권 86권 87권 88권 97권에서 『명추회요』가 발췌한 것은 없다.

8. 소제목이 나오는 원문 맨 앞의 숫자로 된 색인표에서 맨 앞의 숫자는 『종경록』 권수를 뜻한다. 두 번째 숫자는 『명추회요』에서 표시된 판수를 표시하며, 마지막 숫자는 『명추회요』에서 나눈 단락의 순서를 말한다.

　예) 색인표 20-8-54에서 20은 『종경록』의 권수를 말하고, 8은 『명추회요』에서 표시되는 판수를 말하며, 54는 『명추회요』에서 나눈 단락의 순서로서 54번째의 단락을 표시한다.

9. 같은 소제목 밑에서 앞 단락에 이어져 연결되는 원문은 ○ 으로 표시하며, 가능한 한 문장의 맥락이 이어지도록 고려하였다.

서(序)

晦堂老人 以善權方便 接物利生 隨機深淺 應病與藥. 雖九流異習辯劇連環 折伏
慢幢 渙然氷釋. 故名公鉅人宰官居士 以見晚爲恨. 唱導之暇 取宗鏡錄 摠括精微
綴爲一集 命之曰 冥樞會要. 庶學者 簡而易覽 助發上機 默契正宗 不墮邪見. 可
謂 因風吹火 融入光明藏中 心法雙忘 凡聖平等 一薄伽梵. 門人普燈 以是鏤板
謁予爲序 因筆三昧 少助讚揚. 滎陽潘 興嗣 述.

　　회당 스님은 중생을 상대함에 훌륭한 임시방편으로 그들에게 이익을 주고, 근기에
맞추어 알아듣게 법문을 하였다. 비록 온갖 학파가 그들의 논리로 교묘한 말을 하더
라도, 그들의 거만한 마음을 굴복시켜 그들의 의심을 얼음 녹듯 풀어 주었다. 그러므
로 이름난 명사나 재상 및 고급 관료와 거사 등이 스님을 늦게 만난 것을 한(恨)으로
여겨 마음 아프게 생각하였다.

　　회당 스님이 후학들을 소리 높여 지도하는 여가에, 틈틈이 『종경록』을 가지고 그
가운데 정미로운 뜻을 총괄하여 묶으니, 이를 하나로 편집하여 『명추회요』라 하였다.
이로 인해 대개의 공부인이 이 책을 간편하게 보게 되었고, 깨달음을 얻으려는 상근
기의 발심을 도우니 묵연히 바른 종지에 계합하여 삿된 견해에 떨어지지 않았다. 이
것은 타고 있는 불에 바람이 불어 불빛이 밝아지듯, 부처님 지혜의 광명으로 융화해
들어감이라, 마음과 법을 잊고 범부와 성인이 평등하니 전체가 하나의 부처님이라.
회당 스님의 문도 보등이 『명추회요』 판을 새기고자 하여 나에게 서문을 부탁하니,
붓가는 흐름대로 미력이나마 신명나게 찬양하는 것이다.

형양 반 홍사 쓰다.

제1편

법계의 성품을 관하라

세상에 계시는 모든 부처를
중생이 분명히 알고자 하면
법계의 성품을 관해야 한다
모두 다 마음이 만들었음을.

최고의 가르침에 통하려

1-10-1 若欲研究佛乘 披尋寶藏 一一須消歸自己 言言使冥合眞心. 但莫執義上之
文 隨語生見 直須探詮下之旨 契會本宗 則無師之智現前 天眞之道不昧. 如華嚴
經云 知一切法 卽心自性 成就慧身 不由他悟.

만약 최고의 가르침에 통하려 부처님 말씀을 살필진댄 하나하나의 문장에 의문이
사라져 자기의 본질에 돌아가야 하고, 말씀의 뜻 하나하나에 참다운 마음이 그윽하게
모아져야 한다.

단지 표면의 문장에 집착하여 말을 따라 삿된 견해를 내지 말 것이며, 바로 논리에
숨어 있는 뜻을 알아 본래의 종지에 계합해야 할 것이다.

그러면 스승의 도움 없이 알아지는 무사지(無師智)가[1] 현전하고 분별없이 천진한
천진도(天眞道)에[2] 어둡지 않아, 『화엄경』에서 "일체 모든 법이 곧 마음의 자성임을
알면 지혜의 몸을 성취하리니, 이것은 다른 사람의 깨달음이 아니다"라고[3] 한 것과
같다.

---

1) 무사지(無師智) : 스승의 도움 없이 자기의 체험으로 아는 깨달음의 지혜를 말한다.
2) 천진도(天眞道) : 있는 그대로의 모습에 조금도 가감함이 없이, 그대로 도(道)인 것을 말한다.
3) "不由他悟是自覺也 知一切法是覺他也 成就慧身爲覺滿也" 다른 사람의 깨달음이 아니라고 하는 것은 스스로의
   깨달음이고, 일체 모든 법을 안다는 것은 다른 대상의 실체를 깨닫는 것이며, 지혜의 몸을 성취한다는 것은 스
   스로 깨닫고 다른 대상의 실체를 깨달아 깨달음이 원만해진 것이다(본문 15-11-39 참조).

무심하면 약과 병이

1-11-2 我此無礙廣大法門 如虛空非相 不拒諸相發揮 似法性無身 匪礙諸身頓現. 須以六相義該攝 斷常之見方消 用十玄門融通 去取之情始絕. 又 若實得一聞千悟 獲大總持 卽胡假言詮. 無勞解釋 船筏爲渡迷津之者 導師因引失路之人. 凡關一切言詮 於圓宗所示 皆爲未了 文字性離 卽是解脫. 迷一切諸法眞實之性 向心外取法 而起文字見者 今還將文字對治 示其眞實.

두루 걸림이 없는 나의 광대한 법문은, 허공이 어떤 모습을 갖고 있지 않으면서 모든 상이 드러나는 것을 거부하지 않고, 법성(法性)이 몸이 없으면서 온갖 몸이 나타나는 것을 방해하지 않음과 같다. 모름지기 육상(六相)의[4] 이치로써 감싸 거두어야 단견과 상견이 사라지며, 십현문(十玄門)으로써 융통해야 분별하는 알음알이가 끊어진다. 만약 하나를 듣고 천 가지를 깨달아 진실로 대총지(大總持)를 획득한다면 어찌 언어로써 이치를 논하고자 할 것인가. 여기에 수고롭게 알고 해석할 것이 없으니, 뗏목과 배는 물을 건너지 못한 사람을 위함이며, 길을 안내하는 사람은 길 잃은 사람을 인도하기 위하여 존재하기 때문이다.

마찬가지로 원종(圓宗)에서[5] 일체의 말과 논리에 관하여 보여주는 것은 모두 진리를 알지 못한 사람을 위함이니, 개념의 틀인 문자의 성품을 벗어남이 곧 해탈이기 때문이다. 일체 모든 법의 진실한 성품에 미혹하고 마음 밖의 다른 법을 향하여 문자의 견해를 일으키니, 지금 도리어 문자로써 이 병통을 치료하여 진실을 보이고자 한다.

---

4) 육상(六相)과 십현문(十玄門)은 화엄종(華嚴宗)의 중요한 교리로서, 일체의 상(相)과 이치가 서로 걸림 없다는 도리를 나타내기 위하여 사용한다.
5) 보통 화엄종을 이야기하나 천태종을 포함시키기도 한다. 그러나 여기서는 진실하고 원융한 가르침을 표현한다고 보고 싶다.

○

若悟諸法本源 卽不見有文字及絲毫發現 方知一切諸法 卽心自性 則境智融通 色
空俱泯. 當此親證圓明之際 入斯一法平等之時 又有何法是敎而可離 何法是祖而
可重 何法是頓而可取 何法是漸而可非 則知皆是識心橫生分別. 所以 祖佛善巧
密布權門 廣備敎乘 方便逗會. 纔得見性 當下無心 乃藥病俱消 敎觀咸息.

만약 모든 법의 근원에 어떤 문자나 조그마한 법이 있음을 보지 않는다면, 바야흐
로 일체 모든 법이 곧 마음의 자성이라는 사실을 안 것이니, 이 자리는 경계와 지혜
가 융통하고 색(色)과 공(空)이 함께 사라진다. 이 뚜렷하게 밝은 진리를 친히 증득하
여 하나의 법으로서6) 평등한 곳에 들어갈 때에, 여기에 또 어떤 법을 교(敎)라 하여
벗어날 것이며, 어떤 법을 조사(祖師)의 가르침이라 하여 존중할 것이며, 어떤 법을
돈(頓)이라 하여 취할 것이며, 어떤 법을 점(漸)이라 하여 틀렸다고 하겠는가.

이것으로 이 모든 것이 중생의 알음알이가7) 제멋대로 분별하는 것임을 알아야 할
것이다. 그러므로 부처님과 조사 스님의 훌륭한 기교가 치밀하게 상황에 따라 펼쳐지
며 광범위한 가르침을 갖추어 방편으로 쓰인다. 그러다 자기의 참 성품을 보면 그 자
리에 무심하여, 약과 병이 사라지며 교(敎)와 관(觀)이 다 함께 쉬어지는 것이다.

---

6) 하나의 법은 절대절명의 법으로서 주관과 객관의 상대적 개념이 떨어진 법을 말한다.
7) 식심(識心) : 중생이 쓰는 마음을 말한다.

부처님이란 생각도

1-11-3 大涅槃經云 若人聞說大涅槃 一字一句 不作字相 不作句相 不作聞相 不作 佛相 不作說相 如是義者 名無相相. 釋曰 若云卽文字無相 是常見 若云離文字無相 是斷見. 又 若執有相相 亦是常見 若執無相相 亦是斷見. 但亡情 卽離斷常[8] 四句百非 一切諸見 其旨自現. 當現入宗鏡之時[9] 何文言識智之能詮述乎.

『대열반경』에서 "만약 어떤 사람이 대열반에 대하여 설하는 것을 들으면서 한 글자나 한 구절에도 집착하지 않고, 들었거나 설했다는 생각도 내지 않으며, 부처님이란 생각도 하지 않는다면, 이와 같은 이치를 무상상(無相相)이라 한다"고 하였다.

이것을 풀이하여 보자. 만약 문자에서 무상(無相)을 말한다면 상견이고, 문자를 떠나 무상을 말한다면 이것은 단견이다. 또 어떠한 모습이 있다는 상(相)에 집착한다면 또한 상견이고, 어떠한 모습도 없다는 상(相)에 집착한다면 또한 단견이다. 그러나 단지 알음알이만 사라지면 즉리단상(卽離斷常)과 사구백비(四句百非)[10] 일체의 모든 견해에서 근본 뜻이 저절로 나타나리라. 지금 종경에 들어간 이 자리에 어찌 언어나 문자의 알음알이로 이 경지를 나타낼 수 있겠는가.

---

8) 但亡情 卽離斷常은 K본, S본, C본 원문에는 情자가 빠져 있어 但亡卽離斷常으로 되어 있다.
9) 當現入宗鏡之時는 K본, S본, C본 원문에는 當親現入宗鏡之時로 親자가 하나 더 보인다.
10) 즉리단상(卽離斷常)은 단견과 상견을 말하는 것이요, 사구백비(四句百非)는 진리를 표현하기 위한 일체의 논리전개를 말한다.

○

所以 先德云 若覓經了性 眞如無可聽 若覓法 雞足山間問迦葉[11] 大士持衣在此
山 無情不用求某甲. 斯則豈可運見聞覺知之心 作文字句義之解. 若明宗達性之者
雖廣披尋 尚不見一字之相 終不作言詮之解. 以迷心作物者 生斯紙墨之見耳.

그러므로 옛 스님이 말씀하시기를 "만약 경을 보아 자성을 요지(了知)한다면 진여
(眞如)라고 하여 들을 만한 것이 없다.[12] 만약 어떤 법을 찾는다면 계족산의[13] 가섭
에게 물어 보아야 할 것이다. 그러나 가사와 발우로써 어떤 법을 전하려고 가섭이 계
족산에 있다고 하나, 어떠한 중생도 이 법을 온전하게 쓰고 있지 않은 사람은 없다"
고 하였다.

이러하니 어찌 견문각지(見聞覺知)의 마음을 움직여 문자의 논리에 맞추어서 알음
알이를 짓겠는가. 만약 종지를 밝히고 자성에 통달한 자라면 비록 광범위하게 경전
속의 문장을 살피더라도 오히려 한 글자의 모습도 보지 않으니, 끝내 언어의 논리로
써 알 것이 아니기 때문이다. 그러나 미혹한 마음으로 중생이[14] 된 자는 종이에 쓰인
글자의 견해를 낼 뿐이다.

---

11) 雞足山은 K본, S본, C본 원문에는 鷄足山으로 되어 있다.
12) 자성을 요지하면 주관과 객관의 상대적 개념이 사라져서 법계 전체와 하나가 된다. 여기서는 일체가 사라지
　　므로 진여라 하니 어떤 대상도 존재하지 않는다.
13) 계족산 : 가섭이 미륵불에게 부처님의 의발을 전수하려 기다리고 있다는 산의 이름이다. 이것은 부처님의 법
　　을 전한다는 것을 상징하나, 종경의 이치는 일체개진(一切皆眞)으로, 중생계 이대로가 진여법계(眞如法界)이므
　　로 따로 법을 찾을 필요가 없다는 뜻이다.
14) 미혹한 마음의 중생[迷心作物] : 『능엄경』에서는 청정한 마음에 홀연 무명이 생겼고, 이 무명이 망상으로 발전
　　하면서 점점 무거워지고, 그것이 마침내 산하대지와 일체중생으로 변한다고 한다.

모두가 법성에 의지하여

1-12-4 以要言之 但一切無邊差別佛事 皆不離無相眞心而有. 如華嚴經 頌云 佛住
甚深眞法性 寂滅無相同虛空 而於第一實義中 示現種種所行事 所作利益衆生事
皆依法性而得有 相與無相無差別 入於究竟皆無相.

요점을 가지고 말하자면 단지 차별되어 나타나는 일체 모든 불사(佛事)가 모두 무
상(無相)의 마음을[15] 벗어나지 않고 있다는 것이다. 이것은 마치 『화엄경』 게송에서
말하는 다음 내용과 같다.

부처님이 참 법성에 머무시나니
적멸하여 상이 없어 허공 같으나
최고의 진실한 뜻 가운데에서
여러 가지 행하는 일 드러내신다.

부처님이 중생에게 이익 주는 일
법성에 의지하여 있는 것이니
모양이 있다 없다, 차별이 없어
구경에 들어가니 상이 없도다.

---

15) 무상진심(無相眞心) : 진심에는 결정된 어떤 모습이 없다는 뜻이다.

차고 뜨거운 것을 스스로

3-1-5 問 悟道明宗 如人飮水冷暖自知 云何說其行相 答 前已云 諸佛方便不斷 今時密布深慈 不令孤棄. 已明達者 終不發言 只爲因疑故問 因問故答. 於楞伽會上 爲求法者16) 親說此二通 一宗通 二說通 宗通爲菩薩 說通爲童蒙. 祖佛俯爲初機童蒙 少垂開示 此約說通. 只爲從他覓法 隨語生解 恐執方便爲眞實 迷於宗通. 是以 分開二通之義.

문 : 도(道)를 깨달아서 종지를 밝힌다는 것은 마치 사람이 물을 마시고서 차고 뜨거운 것을 스스로 아는 것과 같은데, 무엇 때문에 그 행상(行相)을 설파하십니까.

답 : 앞서 말했듯이 지금도 모든 부처님의 방편은 끊임없이 깊은 자비로 치밀하게 펼쳐 중생을 외롭게 버려두지 않기 때문이다. 이미 종지에 밝게 통달한 자는 끝내 말할 것이 없거니와, 다만 중생의 의심으로 인하여 묻고, 중생의 물음으로 인해 답할 뿐이다.

능가회상(楞伽會上)에서 부처님이 법을 구하는 사람을 위하여 종통(宗通)과 설통(說通)을 몸소 설했으니, 종통은 보살을 위하고 설통은 초학자를 위한 것이었다. 부처님과 조사 스님께서 초학자의 근기에 맞추어 법에 대하여 조금 알려 주셨던 것은 설통을 기준한 것이다.

이것은 단지 수행하는 이들이 다른 곳에서 법을 찾고 말에 따라 알음알이를 내기 때문에, 방편을 집착하여 진실로 삼아서 종통에 미혹함을 걱정한 것이었다. 이래서 종통과 설통의 두 가지 이치를 다룬 것이다.

---

16) 於楞伽會上 爲求法者는 K본, S본, C본 원문에는 於楞伽會上 爲十方諸大菩薩來求法者로 되어 있다.

○

宗通者 謂緣自得勝進相 遠離言說文字妄想 乃至 緣自覺趣光明輝發. 若親到自
覺地 光明發時 得云 如人飮水 冷暖自知. 如群盲眼開 分明照境 驗象眞體 終不
摸其尾牙. 見乳正色 豈在談其鵠雪. 當此具眼人前 若更說示 則非知時大法師
也.17)

종통이란 스스로 수승하게 정진한 모습을 반연해서 언설과 문자의 망상을 멀리 떠난 것이며, 스스로 깨달아 광명이 빛나는 곳으로 나아감을 반연한 것이다. 만약 이렇게 스스로 깨달아 광명이 빛나는 곳에 몸소 들어갔을 때, 이 경지는 체험한 자만이 그 맛을 알 수 있다. 이것은 마치 장님이 눈을 떠서 분명히 코끼리의 몸체를 본 것과 같아, 마침내 코끼리를 알기 위해 그는 다시 코끼리의 꼬리나 상아를 더듬지 않을 것이다.

우유의 모양과 색깔을 바로 보았다면 백조나 겨울의 눈이 하얗다고 어찌 우유라고 이야기하겠는가. 만약 안목을 갖춘 사람 앞에 이런 이야기를 다시 말하고 드러내는 사람이 있다면, 이 사람은 시절인연을 아는 훌륭한 법사가 아닐 것이다.

---

17) 則非知時大法師也는 K본, S본, C본 원문에는 則不得稱知時名爲大法師로 되어 있다.

법계에 들어간다

4-7-6 百門義海 云. 入法界者 卽塵緣起是法 法隨智顯 用有差別是界. 此法 以無性 故 則無分劑 融無二相 同於眞際 與虛空等 遍通一切 隨處顯現 無不明了. 然此一 塵與一切法 各不相見 亦不相知. 何以故 由各各全是圓滿法界 普攝一切 更無別法 可知見也. 經云 卽法界無法界 法界不知法界. 若如是更無別法可知見者 云何言 入 以悟了之處 名爲入故. 又 雖入而無所入 若有所入 則失諸法性空義.

『백문의해』에서 다음과 같은 내용을 말하였다.

법계(法界)에 들어간다 함은 번뇌 속에서 연기하는 것이 법(法)이며, 법이 지혜를 따라 나타나나 쓰임에서 차별이 있는 것이 계(界)이다. 이 법은 결정된 성품이 없기 때문에 나누어짐이 없이 원융하여 다른 모습이 없어서 진제(眞際)와 같으니, 허공과 같아 일체에 두루 통하고 가는 곳마다 현현하여 명료하지 않음이 없다. 그러나 이 하나의 번뇌가 일체법과 더불어 각자가 서로 보지도 서로 알지도 못하니, 왜냐하면 각각이 전부 원만법계로서 두루 일체를 거둠으로 말미암아 다시 알고 볼 만한 별다른 법이 없기 때문이다.

경에서는 "법계 자체에 법계가 없어, 법계가 법계를 알지 못한다"고[18] 하였다. 만약 이와 같이 다시 알고 볼 만한 다른 법이 없다면 무엇 때문에 법계에 들어간다고 말하는가. 깨달아 요지하는 곳으로써 법계(法界)에 들어간다고 하기 때문이다. 또 비록 법계에 들어가더라도 들어갈 곳이 없으니, 만약 들어갈 곳이 있다면 곧 모든 법의 성품이 공(空)한 이치를 잊는 것이다.

---

18) 이 내용은 깨달음의 경지를 말한다. 깨달음 그 자체는 주관과 객관으로 분리되지 않으므로 알거나 볼 것이 없다.

○

以無性理同故　則處處入法界. 前約情智凡小所見　隨染淨緣　成十法界者　卽成其
過　今依華嚴性起法門　悉爲眞法界. 若成若壞　若垢若淨　全成法界　如經云　分別諸
色無量壞相　是名上智者. 古釋云　六道之色　壞善壞定　二乘之色　壞因壞果　菩薩
之色　壞有壞無　佛色者　壞上諸壞　壞爲法界　非壞非不壞　悉是法界.

결정된 성품이 없는 이치가 같기 때문에 곧 곳곳에서 법계에 들어가는 것이다. 앞
에서 언급된 범부나 소승의 견해인 알음알이로 깨끗하거나 더러운 인연을 따라 십법
계(十法界)를 이루는 것은 곧 허물이 되나, 지금 화엄의 성기법문(性起法門)에19) 의지
하는 것은 모두 다 참다운 법계가 된다. 만들거나 부수든지, 더럽거나 깨끗하든지 간
에 일체 모두가 법계를 이룸이니, 이것은 경에서 "모든 색에서 한량없이 부서지는 모
습을 분별하면 수승한 지혜를 가진 사람이다"라고 한 것과 같다.20)

옛날에 이것을 해석하여 "육도(六道)의 색은 선(善)이나 정(定)을 허물고, 이승(二
乘)의 색은 인(因)이나 과(果)를 허물며, 보살의 색은 유(有)나 무(無)를 허무나,21)
부처님의 색은 위에서 말한 허무는 자체 모두를 허무는 것이니 허무는 자체가 법계
가 된다. 허무는 것도 아니면서 허물지 않는 것도 아니니, 모두가 다 법계다"라고
하였다.

---

19) 성기법문(性起法門) : 중생계도 알고 보면 진여 자체가 연기한다는 뜻으로, 중생계 자체가 진여법계라는 의미
　　이다.
20) 이것은 무상(無常)의 이치를 보는 것을 말한다.
21) '육도(六道)의 색깔은 선(善)이나 정(定)을 허물고'에서 정(定)은 인과(因果) 유무(有無)의 상대로 선악(善惡)
　　의 악(惡)으로 보고 싶다. 그러나 정(定)도 '엉기다'의 뜻이 있어 '잘 풀리지 않는다'는 뜻에서 악(惡)의 의미로
　　볼 수도 있겠다.

일체범부가 선정에

5-6-7 隨染緣之時 迷作阿賴耶 隨淨緣之時 悟成如來藏. 本末展轉 唯是一心 畢竟
無別. 如無生義云 衆生身中有涅槃 卽是末中含有本 衆生是涅槃家用 卽是本中
含有末 貪欲卽是道 卽是末中含有本 貪欲卽是道家用 卽是本中含有末. 故經言
一切凡夫 常在於定. 問言 常在何定. 答言 以不壞法性三昧故. 此是末中含有本.
法性中含有衆生 卽是本中含有末 如氷與水.[22]

오염된 인연을 따를 때에는 미혹하여 아뢰야식이 되나, 청정한 인연을 따를 때에는
깨달아서 여래장이 된다. 근본과 지말이 뒤섞여서 전개되나 오직 하나의 마음으로서
필경에 다를 것이 없다.

이것은 마치 『무생의』에서 "중생의 몸 가운데 열반이 있으니 곧 지말 가운데에 근
본을 함유하고 있고, 중생은 열반 안에서 이루어지는 작용이니 곧 근본 가운데 지말
이 함유되어 있다. 탐욕이 도이니 지말 가운데 근본을 함유하고 있고, 탐욕은 도 안에
서 이루어지는 작용이니 근본 가운데 지말이 함유되어 있다"고 한 것과 같다. 그러므
로 경에서는 "일체범부가 항상 선정에 있다"고 하였다.

묻기를 "항상 어떤 선정에 있는 것입니까" 하면, 답하기를 "영원히 허물어지지 않
는 법성 삼매에 있다"고 하겠다. 이것은 지말 가운데 근본을 함유하고 있기 때문이다.
법성 가운데 중생을 함유함은 곧 근본 가운데 지말을 함유하고 있는 것이니, 이것은
마치 물과 얼음의 관계와도 같다.

---

22) 如氷與水는 종경록 원문에는 없고 명추회요에서 첨가된 내용이다.

일체언설이 진실

5-8-8 勝思惟梵天所問經 云. 梵天謂文殊言 仁者所說 皆是眞實. 文殊曰 善男子 一切言說皆是眞實. 問曰 虛妄言說亦眞實耶. 答曰 如是 何以故 善男子 是諸言 說 皆爲虛妄 無處無方. 若法虛妄 無處無方 卽是眞實. 以是義故 一切言說 皆是 眞實. 善男子 提婆達多所有言說 與如來語 無異無別. 何以故 諸有言說 皆是如 來言說 不出如故. 諸有言語所說之事 一切皆以無所說故 得有所說.

『승사유범천소문경』에서 범천과 문수의 질의 응답이 다음과 같이 나온다.

범천 : 그대가 말씀하신 것이 모두 진실입니까.

문수 : 선남자여, 일체언설이 모두 진실이다.

범천 : 허망한 언설도 진실이란 말입니까.

문수 : 그렇다. 선남자여, 왜냐하면 모든 언설은 다 허망한 것으로 어떠한 처소나 방향이 없기 때문이다. 어떤 법이 허망하여 처소나 방향이 없다면 곧 진실이다. 이러한 이치로 일체 모든 언설이 진실인 것이다. 선남자여, 제바달다의 모든 언설도 여래의 말씀과 더불어 틀리거나 다른 것이 아니다. 무엇 때문인가. 모든 언설이 여래의 언설로 여여(如如)한 자리를 벗어나지 않기 때문이다. 모든 언어로 설해지는 것은 일체에 모두 설한 바가 없기 때문에 설해진 바가 있는 것이다.

○

先德 云. 未念之時 念則未生 未生則是不有 不有之法 亦無自相. 現在之念 從緣
而生 念若自有 不應待緣. 待緣生故 卽無自體. 故知 心無自性 緣起卽空. 如欲斷
其流 但塞其源 欲免其生 但斷其根 不用多功 最爲省要.

옛 스님께서는 다음과 같이 말씀하셨다.

망념이 일어나지 않았을 때에 망념은 생겨나지 않았고, 망념이 생겨나지 않았다는
것은 곧 존재하지 않는 것이며, 존재하지 않는 법은 또한 스스로의 모습이 없다. 현재
의 망념은 인연에서 생겨나니, 망념이 만약 스스로 존재하는 것이라면 응당 인연을
기다려 생겨나지는 않을 것이다. 그러나 인연을 기다려 생겨나기 때문에 곧 스스로의
바탕이 없다는 것이다.

그러므로 마음에 결정된 스스로의 성품이 없어서 연기(緣起) 자체가 공(空)이라는
사실을 알아야 한다. 이것은 마치 물의 흐름을 끊고자 하면 단지 물의 근원을 막으면
되고, 생사의 흐름을 면하려면 단지 생사의 뿌리를 잘라내면 되는 것과 같다. 이것이
쓸데없이 많은 공을 들이지 않는 최고의 방법으로 가장 중요하다.

허망한 것은 공하다

6-8-9 問 不覺妄心 元無自體 今已覺悟 妄心起時 無有初相23) 則全成眞覺 此眞覺相 爲復隨妄俱遣 爲當始終建立. 答 因妄說眞 眞無自相. 從眞起妄 妄體本虛. 妄旣歸空 眞亦不立.

문 : 허망한 마음에는 원래 스스로의 바탕이 없다는 걸 깨닫지 못하다가 지금 허망한 마음이 일어날 때에 최초의 모습이 없다는 것을 깨달으면 곧 온전한 참다운 깨달음을 이룬 것이니, 이 참다운 깨달음을 다시 허망한 마음을 따라 함께 버려야 합니까, 아니면 처음부터 끝까지 시종 건립해야 하는 것입니까.

답 : 허망한 마음으로 인(因)하여 참다운 깨달음을 설하나, 참다운 깨달음에는 스스로의 모습이 없다. 참다운 깨달음에서 허망한 마음이 일어나나, 허망한 마음의 바탕은 본래 비어 있다. 허망한 마음이 이미 공(空)하면 이것을 상대하는 참다운 깨달음의 개념도 성립하지 않는다.

---

23) 무유초상(無有初相)에서 초상(初相)은 청정한 마음에 무명(無名)이 처음 일어나는 모습을 말한다.

무생과 무상의 이치

6-9-10 問 旣云 眞心絶跡 理出有無 云何敎中 廣說無生無相之旨. 答 一心之門 微妙難究. 功德周備 理事圓通 知解罕窮 分別不及. 目爲無相 實無有法可稱無相 之名 詺作無生 亦無有法以顯無生之理.

문 : 참다운 마음은 자취가 끊어졌고 이치는 '있다와 없다'의 상대적 개념을 벗어난 것인데, 어떻게 가르침 가운데서 무생(無生)과 무상(無相)의 뜻을 광범위하게 설파하십니까.

답 : 하나의 마음은 미묘하여 알기 어렵다. 공덕이 두루 갖추어져 이(理)와 사(事)가 원융하게 통하나, 알음알이로는 알기 어려우며 분별이 미치지 않는 곳이다. 이 자리를 가리켜 무상(無相)이라고 하나 진실로 무상이라 이름 붙일 만한 어떠한 법도 없고, 무생(無生)이라고 하나 또한 무생을 드러내는 이치로 어떠한 법도 없는 것이다.

마음도 이름이나 지(知)가 근본

6-10-11 問 以心爲宗 禪門正脈 且心是名 以何爲體. 答 近代已來 今時學者 多執 文背旨 昧體認名 認名忘體之人 豈窮實地 徇文迷旨之者 何契道原. 則心是名 以 知爲體. 此是靈知 性自神解 不同妄識 仗緣託境 作意而知. 又 不同太虛空廓斷 滅無知也.[24] 問 諸法所生 唯心所現者 爲復從心而變 爲復卽心自性.

문 : 마음으로써 종지를 삼는 것은 선문의 바른 맥입니다. 그러나 마음도 이름인데 무엇으로 그 바탕을 삼습니까.

답 : 근대 이래로 지금까지 공부하는 많은 사람이 다분히 문장에 집착하여서 종지 에 어긋나고 근본바탕에 눈이 어두워서 이름만을 알았다. 이름만 알고 바탕을 잊은 사람이 어찌 실제의 마음자리를 궁구할 수 있겠으며, 문자를 좇아서 종지에 미혹한 사람이 어찌 도의 근원에 계합할 수 있겠는가. 비록 선문에서 마음이라고 이름했으나 이 마음은 지(知)로써 바탕을 삼는 것이다. 이것은 '신령스런 앎'으로 성품이 스스로 신령스럽게 아는 것이니, 인연과 경계에 의탁하여 개념을 만들어 아는 허망한 마음과 같지 않다. 또한 큰 허공처럼 텅 비어 있어 아무 것도 없는 단멸된 상태의 무지(無知) 와도 다르다.

문 : 모든 법의 생겨남이 오직 마음에서 나타난다 하는 것은 모든 법이 마음에서 변 하는 것입니까, 아니면 마음 자체의 자성입니까.

---

24) 끝에 있는 也는 종경록 원문에 없고 명추회요에서 첨가되었다.

○

答 是心本性 非但心變. 華嚴經云 知一切法 卽心自性 成就慧身 不由他悟. 法華 經 偈云 三千世界中 一切諸群萌 天人阿修羅 地獄鬼畜生 如是諸色像 皆於身中 現. 卽知心性遍一切處 所以 四生九類 皆於自性身中現 以自眞心 爲一切萬有之 性. 故隨爲色空 周遍法界 循業發現 果報不同 處異生則 業海浮沈 生死相續 在 諸聖則 法身圓滿 妙用無窮. 隱顯雖殊 一性不動矣.25)

답 : 이것은 마음의 본래 성품으로 단지 마음이 변하는 게 아니다. 이것을 『화엄경』 에서는 "일체 모든 법 자체가 마음의 자성이라는 사실을 알면 지혜의 몸을 성취하니, 이것은 다른 사람의 깨달음이 아니다"라고 하였고, 『법화경』 게송에서는 "삼천대천 세계 가운데의 일체 모든 중생인 천상·인간·아수라·지옥·귀신·축생 같은 모습 이 모두 우리 몸 가운데에 나타난다"고 하였다. 곧 이것으로서 마음의 성품이 일체 모든 곳에 두루한다는 사실을 알 것이다. 그러므로 태(胎)·난(卵)·습(濕)·화(化)로 나타나는 중생과 육도중생(六道衆生) 및 성문·연각·보살이 모두 자성의 몸 가운데 나타나는 것은 자기의 진심(眞心)으로 일체만유의 성품을 삼기 때문이다.

그러니 마음 따라 색도 되고 공도 되어 법계에 두루하며 업을 좇아 발현함에 과보 가 같지 않다. 중생의 세계에 처(處)하면 업의 바다가 부침하여 생사가 상속하고, 성 인(聖人)의 세계에 있으면 법신이 원만하여 미묘한 작용이 무궁한 것이다. 이렇게 감 춰지고 드러남이 다르더라도 근본자리인 하나의 성품은 움직이지 않는다.

---

25) 끝에 있는 어조사 矣가 종경록 원문에 없는 것이 명추회요에서 첨가되었다.

○

問 若一切法 卽心自性 云何又說 性亦非性. 答 卽心自性 此是表詮 由一切法無
性故 卽我心之實性. 性亦非性者 此是遮詮. 若能超遮表之文詮 泯卽離之情執 方
爲見性 己眼自然圓明.26)

문 : 일체 모든 법 자체가 마음의 자성이라면 무엇 때문에 자성이 또한 자성이 아니
라고 말씀하십니까.

답 : 일체 모든 법 자체가 마음의 자성이라 함은 긍정의 논리이니, 일체 모든 법에
결정된 성품이 없는 것이 곧 내 마음의 진실한 성품이기 때문이다. 자성이 또한 자성
이 아니라고 함은 부정의 논리이다. 만약 긍정과 부정의 논리를 초월할 수 있다면 즉
(卽)하고 이(離)하는 긍정과 부정의 논리로서 집착하는 알음알이가 사라져 바야흐로
자기의 성품을 보게 되니, 자기의 안목이 자연 뚜렷하고 밝아진다.

---

26) 끝에 있는 自然圓明에서 自然은 종경록 원문에는 없고 명추회요에서 첨가되었다.

불자들이 머물 곳은

7-3-12 夫無常有二 一者 敗壞無常 二者 念念無常 人只知壞滅無常 而不覺念念無常. 論云 若動而靜 似去而留. 經說 無常速疾 猶似流動. 據理 雖則無常 前後不相往來 故如靜也. 雖則念念謝往 古今各性而住 當處自寂 故如留也. 又 雖說古今各性而住 當處自寂 而宛然念念不住 前後相續也. 則非常非斷 非動非靜 見物性之原也.

무상(無常)에는 두 종류가 있다. 하나는 사물이 허물어져 가는 패괴무상(敗壞無常)이고, 또 하나는 생각이 찰나찰나에 변해 가는 염념무상(念念無常)인데, 사람들은 다만 패괴무상만을 알고 염념무상은 깨닫지 못한다.

논에서는 무상을 "움직이면서도 고요한 것 같고, 가면서도 머무는 것 같다"고 하였고, 경에서는 "무상의 속도 빠름이 마치 물이 흘러가는 것과 같다"고 하였다. 이치로 본다면 무상이나, 전후로 서로 오고 감이 아니기 때문에 고요한 것과 같다. 비록 생각생각이 흐르더라도 옛이나 지금이나 제각각의 성품으로 상주하여서 당처에 스스로 공적(空寂)하기[27] 때문에 그 자리에 머무는 것과 같다. 또 비록 옛이나 지금이나 제각각의 성품으로 상주하여 있는 자리에서 스스로 공적하더라도 분명히 생각생각에 머물지 않으니 전후로 상속하는 것이다. 이것은 곧 영원도 아니고 단멸도 아니며 움직임도 아니고 고요함도 아닌 데서 사물이 지닌 성품의 근원을 보는 것이다.[28]

---

27) 당처에 공적하다는 말은, 현재 있는 자리에 깨달음이 있다는 것이다.

28) 가고 오는 것에는 어딘가에 정지해 있는 기준점이 있어야 한다. 그러나 각각의 사물은 시간과 공간의 한 시점에서 독자적으로 있는 것이 아니라, 동시에 무상(無常)으로 같이 있기 때문에 움직임에 상대하여 정지해 있는 기준점이 없다. 예를 들면 지구 전체가 움직임[자전과 공전]과 정지[일상의 느낌]가 함께 있음과 같다.

○

古德問云 各性而住 似如小乘執諸法各有自性 又 何異納衣梵志言[29] 一切衆生其
性各異. 答 爲破去來 明無去來. 所以據體言之 故云各性而住 非決定義. 則以無
性 而爲性 不同外道二乘 執有決定自性 從此向彼. 若不執有定性去來 亦不說各
性而住. 故論云 言往不必往 閑人之常想 稱住不必住 釋人之所住耳.

옛 스님은 다음과 같은 내용을 물었다.

문 : 제각각의 성품에 머문다는 것은 소승이 모든 법에 제각기 자성이 있다고 집착
하는 것과 비슷한데, 또 바라문이 일체중생의 성품이 제각기 다르다고 말한 것과 무
엇이 다르겠습니까.

답 : 가고 옴을 타파하기 위하여 가고 오는 것이 없음을 밝혔다. 근본 바탕에서 말
하는 이유로 제각각의 성품에 머문다고 말하였으나 결정적인 뜻이 아니었다. 곧 결정
됨이 없는 성품으로 성품을 삼았기 때문에 외도와 이승이 결정된 자기의 성품이 있
어서 이쪽에서 저쪽으로 오고 간다고 집착하는 견해와는 같지 않다. 만약 결정된 성
품이 있어 오고 간다고 집착하지 않는다면 또한 제각각의 성품에 머문다는 것도 설
하지 않을 것이다.

그러므로 논에서는 "간다고 말하나 반드시 갈 것이 아닌 이것이 할 일을 마친 한가
로운 사람의[30] 통상적인 생각이며, 머문다고 하나 반드시 머물 곳이 아닌 이곳이 불
자(佛子)들이 머물 곳이다"라고 하였다.

---

29) 원문에 있는 납의범지(納衣梵志)는 힌두교의 바라문을 말한다.
30) 할 일을 마친 한가로운 사람이란 깨달은 사람을 말한다.

○

又 劉湛注云 莊子藏山 仲尼臨川者 莊子意 明前山非後山 夫子意 明前水非後水.
半夜有力負之而趨者 卽生住異滅四時 念念遷流不停也. 是以 若心外取法 妄夢
所見 情謂去來 則念念輪迴. 心隨境轉 尙不覺無常麤相 焉能悟不遷之密旨乎. 若
能見法是心 隨緣了性 無一法從外而入 無一法從內而生 無一法和合而有 無一法
自然而成.

또 유담이라는 사람은 장자의 대종사 편에 나오는 이야기로서 "산을 못에 감추고서
어리석게 안전하다고 여긴다"는 것과 공자가 냇가에서 길게 탄식하며, "아! 물이 저
와 같이 밤낮으로 흘러가는구나"라고 한 대목에서 "장자의 뜻은 숨기기 전의 산이 숨
긴 후의 산이 아니라는 사실을 밝혔고, 공자의 뜻은 앞에 흘러가는 물이 뒤에 흘러가
는 물과 다르다는 사실을 밝힌 것이다"라고 풀이하였는데, 이것도 무상(無常)을 말하
고 있다. 장자의 말에서 "야밤에 힘 좋은 사람이 산을 숨긴 못을 통째로 짊어지고 달
아난다"는 것은 곧 생(生)·주(住)·이(異)·멸(滅)의 네 때가 생각생각에 흘러가며
멈추지 않는다는 사실을 비유한 것이다. 그러므로 만약 마음 밖에서 다른 법을 취한
다면 허망하게 꿈 속에서 보는 것이며, 알음알이로 오고 감이 있다고 말한다면 생각
생각에 윤회하는 것이다. 마음이 경계를 따라서 움직이면 오히려 무상(無常)의 확실
한 모습인 오고 감도 깨닫지 못하는 것인데, 어찌 오고 감 속에 오고 감이 없는 비밀
한 종지를 깨달을 수 있겠는가.

만약 법이 곧 마음임을 볼 수 있다면 인연을 따라 자성을 요지하여 한 가지 법이라
도 밖에서 들어오거나 안에서 생겨날 것이 없으며, 한 가지 법이라도 화합하여 있거
나 자연히 성립될 것이 없는 것이다.

○

如是則尙不見一微毫住相　寧觀萬法去來. 斯乃徹底明宗　透峯見性　心心常合道
念念不違宗　去住同時　古今一貫. 故法華經云　我觀久遠　猶若今日　維摩經云　法無
去來　常不住故. 若了此無所住之眞心　不變異之妙性　方究竟明不遷矣.31)

이와 같이 오히려 상에 머무는 것을 조금도 볼 수 없는데, 어찌 온갖 법이 오고 감을 보겠는가. 철저하게 종지를 밝혀 거대한 장벽을 꿰뚫어서 참다운 성품을 보니, 마음과 마음이 항상 도에 계합하고 생각과 생각이 종지에 어긋나지 않아, 가고 머뭄이 동시이며 예나 지금이나 하나로 관통한다.

그러므로 『법화경』에서는 "내가 오래 전의 세월을 보는 것이 마치 오늘과 같다"고 하였고, 『유마경』에서는 "법은 가고 옴이 없으며 항상 머물 것도 아니다"라고 하였다. 만약 이 머물 바 없는 진심과 변하지 않는 오묘한 자성을 요지한다면 바야흐로 구경에 생사의 윤회가 없는 자리를 밝힐 것이다.

---

31) 원문 끝의 불천(不遷)은 변해 가지 않는 것으로서 생멸하지 않는 진리로 보아 생사의 윤회를 벗어나는 것으로 해석한다.

일체가 공하다

7-7-13 是中無能現 亦無所現物 則妄心分別 情計謂有. 然有卽不有. 故云 一切空無性 常有常空. 是卽萬物之自虛 豈待宰割 以求通哉.

법성 가운데에 나타날 것도 없고 나타낼 대상도 없으나 허망한 마음이 분별을 일으켜 알음알이로써 있다고 한다. 그러나 있다는 자체가 있지 않으니, 그러므로 "일체가 공(空)하여 결정된 성품이 없음으로 항상 있으면서도 항상 공적(空寂)하다"고 한다. 이것은 곧 만물이 스스로 비어 있는데, 어찌 이것을 분할하고 쪼개어 불도(佛道)에 통(通)함을 구할 것인가.

○

因緣無性論 云. 阿難調達 並爲世尊之弟 羅睺善星 同是如來之胤 而阿難常親給

侍 調達每興害逆 羅睺則護珠莫犯 善星則破器難收. 以此而觀 諒可知矣 若云 各

有自性 不可遷貿者 此殊不然 至如鷹化爲鳩 本心頓盡 橘變成枳 前味永消. 故知

有情無情 各無定性. 但隨心變 唯逐業生 遂有從凡入聖之門 轉惡爲善之事.

『인연무성론』에서 다음과 같은 내용을 말하였다.

아난과 조달은 모두 세존의 아우이며 라후라와 선성은 함께 여래의 자손인데도[32] 아난은 부처님을 항상 모시고 시봉하였으나 조달은 매번 부처님을 해치고자 하였다. 라후라는 마니보주의 계(戒)를 잘 수호하여서 잘못을 저지르지 않았으나 선성은 계를 파계하여 깨진 그릇과 같아서 다시 거두기 어려웠다. 이것으로 보아 진실로 알 수가 있으니, 만약 제각각에 결정된 성품이 있어 시간이 지나도 바뀔 수 없는 것이라 한다면 이 말은 조금도 옳지 않다. 이것은 마치 사나운 매가 변하여 비둘기가 되면 매의 사나운 성질이 단번에 사라지고, 귤이 변하여 탱자가 되면 귤의 맛이 영원히 소멸되는 것과 같다. 그러므로 알라. 유정과 무정의 제각각에 결정된 성품은 없다. 단지 마음을 따라서 변하고 오로지 업을 좇아 생겨나는 것으로서, 마침내 범부에서 성인으로 들어가는 문이 있게 되고, 악이 전변하여 선이 되는 일이 있게 된다.

---

32) 法華玄贊 卷一末에 "又經云……佛有三子 一善星(闡提) 二優婆摩耶 三羅睺"라는 구절이 있다. 또한 北本大涅槃經 卷三十三에도 "故涅槃云 善星比丘 菩薩在家之子"라는 구절이 보인다.

일체세계가 물거품으로

7-8-14 首楞嚴三昧經 云. 爾時 長老摩訶迦葉 語文殊師利言 仁者 乃能施作如此 希有難事 示現衆生. 文殊師利言迦葉 於意云何 是耆闍崛山 誰之所造 是世界者 亦從何出. 迦葉答言 文殊師利 一切世界 水沫所成 亦從衆生不可思議業因緣出. 文殊師利言 一切諸法 亦從不可思議業因緣有 我於是事 無有功力. 所以者何 一 切諸法 皆屬因緣 無有主故. 隨意所成 若能解此 所爲不難.

『수능엄삼매경』에서 장로 마하가섭이 문수사리에게 다음과 같이 말하였다.

가섭 : 당신은 이와 같이 희유하고 보기 어려운 일을 중생에게 베풀어 보일 수가 있 군요.

문수 : 마하가섭이여, 그대가 생각하기에 이 기사굴산은 누가 만든 것이며, 이 세계 는 또한 어디에서 나온 것입니까.

가섭 : 문수사리여, 일체 모든 세계는 물거품으로 만들어진 것이며 또한 중생의 불 가사의한 업의 인연에서 나온 것입니다.

문수 : 그렇습니다. 일체 모든 법이 또한 불가사의한 업의 인연으로서 있는 것이니, 내가 이 일에서 쓰는 공력은 없습니다. 왜냐하면 일체 모든 법이 모두 인연에 속해 있어서 결정된 주체가 없기 때문입니다. 뜻에 따라 이루어지는 것이니, 만약 이것을 알 수 있다면 하는 일이 어렵지 않습니다.

○

釋曰. 若了一切法 悉屬因緣 皆無自性 但是心生 則凡有施爲 何假功力. 以無性
之理 法爾之門 隨緣卷舒 自在無礙

이것을 풀이하여 보자. 만약 일체 모든 법이 인연에 속해 있다는 사실을 요지한다
면 모든 것이 결정된 자기의 성품이 없이[33] 단지 마음에서 생겨나니, 무릇 하는 일에
무슨 공력을 쓸 것이 있겠는가. 결정된 성품이 없는 이치로써 법이 그러하니, 인연을
따라 펼치고 거두는 것이 자재하여 걸림이 없다.

---

33) 일체법에 자기의 성품으로서 결정된 어떤 것이 없다[無自性]라는 사실을 요지하면 깨달음을 얻는다. 깨달음
을 얻으면 일체법에 걸림이 없는 해탈한 자로서 부처님의 행이 나온다. 이 행이 실천되는 자리가 일체중생에
게 이익을 주는 자리이타(自利利他)의 행이다.

중도라 하는 것은

8-4-15 維摩經云 我及涅槃 是二皆空 以何爲空 但以名字故空 如此二法 無決定性 得是平等 無有餘病 唯有空病 空病亦空. 無性緣生故 空者 雙牒前四句中兩種空也. 此二種空 並離斷見. 謂定有則著常 定無則著斷. 今緣生故空 非是空無. 無性故空 亦非定無. 定無者 一向無物 如龜毛兎角. 今但從緣生無性. 故非定無. 無性緣生故有者 亦雙牒前四句中二有 並非常見.

『유마경』에서는 "나와 열반 두 가지가 모두 공(空)하다. 무엇 때문에 공이 되는가. 단지 명자(名字)이기 때문에 공한 것이다. 이와 같은 두 가지 법이 결정된 성품이 없어 평등한 법을 얻으니 다른 병은 없다. 있다면 오직 공에 집착하는 병이나, 공에 집착하는 병 또한 공하다"고 하였다.

결정된 성품이 없이 인연으로 생겨났기 때문에 '공'이라고 하는 것은 앞의 사구(四句) 가운데 두 가지 공을 거듭 증명한 것이다. 이 두 가지 공은 모두 단견(斷見)을 여읜 것이다. 이것은 있다고 확정하면 상견에 집착하는 것이며, 없다고 확정하면 단견에 집착하는 것을 말한다. 지금 인연으로 생겨났기 때문에 공하다고 하는 것은 공하여 아무 것도 없다는 뜻이 아니다. 결정된 성품이 없기 때문에 공하다고 하는 것이며 또한 확정지어 없다고 말하는 뜻이 아니다. 확정지어 없다고 말하는 것은 한결같이 아무 것도 없다는 뜻으로서 마치 거북이털이나 토끼뿔 같다. 지금 단지 인연으로 생겨나서 결정된 성품이 없을 뿐이니, 그러므로 확정지어 없다는 것이 아니다.

결정된 성품 없이 인연으로 생겨났기 때문에 '있다'는 것도 또한 앞의 사구(四句) 가운데 있는 두 가지 유(有)를 거듭 증명한 것으로서 모두 상견(常見)이 아니다.

○

常見之有有　是定性有　今從緣有　非定性有. 況由無性有　豈定有耶. 從緣無性　如
幻化人. 非無幻化人　幻化非眞故　亦云幻有　亦名妙有. 以非有爲有　故名妙有. 又
幻有卽是不有有. 大品經云　諸法無所有　如是有故　非有非不有　名爲中道　是幻有
義. 眞空是不空空者　謂不空與空無障礙故. 是故　非空非不空　名爲中道　是眞空義.
經云　空不空不可說　名爲眞空.

상견에서 '존재하고 있다'는 것은 결정된 성품이 있다는 뜻이나, 지금 인연으로서 존재한다는 것은 결정된 성품이 있다는 뜻이 아니다. 하물며 결정된 성품이 없는 것에 연유한 존재가 어찌 결정된 성품으로 존재하겠는가. 인연으로 생겨났으나 결정된 성품이 없는 것은 환화인(幻化人)과 같다. 환화인이 없는 것은 아니나 환화(幻化)로 나타난 사람은 실체가 아니기 때문에 환유(幻有)라고 하기도 하며 또한 묘유(妙有)라고도 한다. 존재하지 않는 것을 존재하는 것으로 삼기 때문에 묘유라고 한다. 또 환유(幻有)는 곧 존재하지 않음이 존재하는 것이다.

『대품경』에서 "모든 법이 존재할 것이 없으면서도 이와 같이 있기 때문에 있는 것도 아니요 없는 것도 아니어서 이를 중도(中道)라 하니, 이것이 환유의 뜻이다. 진공(眞空)이 불공공(不空空)이라는 것은 불공(不空)과 공(空)이 장애가 없다는 것을 말한다. 그러므로 공도 아니면서 불공도 아닌 것을 이름하여서 중도라 하니, 이것이 진공(眞空)의 뜻이다"라고 하였다. 경에서는 "공이나 불공으로 말할 수 없는 것을 이름하여서 진공이라 한다"고 하였다.

생각하기 어려운 것

8-6-16 居見聞之地 卽見聞之不及 處思議之際 卽思議之不測 皆由不思議體[34] 自
不可得故 卽思不可思. 經云 所思不可思 是名爲難思.

보고 듣는 자리에 있으면서 보고 듣는 것이 미치지 않으며, 생각하고 추론하는 자
리에 있으면서 생각으로 추론하여 측량할 수 없으니, 모두가 불가사의한 바탕으로 말
미암아 본래 얻을 수 없기 때문에 생각하는 자리에서 생각할 수 없다. 경에서는 "생
각하되 생각할 수 없는 바를 이름하여 '생각하기 어려운 것'이라 한다"고 하였다.

---

34) 부사의체(不思議體)는 진여(眞如) 당체(當體)로 일체의 견문각지(見聞覺知)가 끊어진 자리이므로 중생에게는
불가사의한 곳이다.

법계의 성품을 관하라

9-3-17 華嚴䟽云 由迷境唯心 方能現妄境 又喩正由無性 方成萬境也.[35] 故云 諸法性如是. 應觀法界性者 卽眞如理觀 一切唯心造者 卽唯識事觀. 以理觀唯識之性 諸佛證此 爲成佛之體 以事觀唯識之相 衆生達此 爲出離之門. 如華嚴演義云 良以 一文之妙 攝義無遺 一偈之功 能破地獄. 故普賢菩薩告善財言 我此法海中 無有一文 無有一句 非是捨施轉輪王位而求得者 非是捨施一切所有而求得者.

『화엄소』에서는 다음과 같은 내용을 말하였다.

경계가 오직 마음임을 모르기 때문에 허망한 경계를 나타낼 수 있다는 것에, 또 바로 결정된 성품이 없으므로 바야흐로 만 가지 경계를 만든다고 하는 것을 비유했다. 그러므로 모든 법의 성품이 이와 같다고 말하는 것이다.

법계의 성품을 관(觀)해야 한다는 것은 곧 진여의 이치를 관하는 것이고, 일체를 오직 마음이 만든다는 것은 곧 유식(唯識)의 현상을 관하는 것이다. 이치로 유식의 성품을 관하는 방법으로써 모든 부처님께서는 유식의 성품을 증득하여 성불하는 바탕으로 삼았고, 현상으로 유식의 모습을 관하는 방법으로써 중생은 유식의 모습에 통달하여 생사를 벗어나는 문으로 삼은 것이다. 이것은『화엄연의』에서 "진실로 한 문장의 깊고 오묘한 이치로 무량한 뜻을 다 거두며, 하나의 게송이 갖는 공능(功能)의 힘으로 지옥고를 타파할 수 있다"고 한 것과 같다. 그러므로 보현 보살이 선재 동자에게 "내가 지닌 많은 법 가운데의 한 문장 한 구절이라도 전륜왕의 자리를 버리고 구하지 않음이 없었으며, 일체의 소유물을 버리고 구하지 않은 것이 없었다"고 한 것이다.

---

35) 正由無性 方成萬境也에서 也는 종경록 원문에 없고 명추회요에서 첨가된 글자다.

○

釋曰 以一是一切之一故 稱性之一故. 纂靈記 云. 有京兆人 姓王失其名. 本無戒
行 曾不修善 因患致死. 被二人引 至地獄. 地獄門前 見一僧 云是地藏菩薩 乃敎
誦偈云 若人欲了知 三世一切佛 應觀法界性 一切唯心造.

이것을 풀이하여 "여기서 말하는 한 문장 한 구절의 하나는 하나로써 일체에 통하
는 하나이므로 법성의 개념에 맞추어서 말한 하나이다"라고 하였다.
『찬령기』에 다음과 같은 이야기가 나온다.

경조 지방에 어떤 사람이 있었는데 성은 왕씨이며 이름은 전해지지 않는다. 그는
본래 행동이 바르지 않아 일찍이 좋은 일을 짓지 못하다가 병으로 죽게 되었다. 그는
지옥사자 두 사람에게 끌려 지옥으로 가게 되었다. 가는 도중에 지옥문 앞에서 한 스
님을 만났는데, 그 스님의 이름은 지장 보살이었다. 지장 보살은 그에게 하나의 게송
을 암송하도록 하였다.

세상에 계시는 모든 부처를
중생이 분명히 알고자 하면
법계의 성품을 관해야 한다
모두 다 마음이 만들었음을.

○

菩薩授經已 謂之曰 誦得此偈 能破地獄苦. 其人誦已 遂入見王. 王問 此人有何功德. 答云 唯受持一四句偈 具如上說. 王遂放免. 當誦此偈時 聲所至處 受苦之人 皆得解脫. 後三日方穌 憶持此偈 向諸道俗說之. 參驗偈文 方知是華嚴經夜摩天宮 無量菩薩雲集所說 即覺林菩薩偈. 意明地獄心造 了心造佛地獄自空耳. 故知 若觀此心 言下離苦. 不唯破地獄界 乃至 十法界一時破. 以入眞空一際法故 則平等眞法界 無佛無衆生.

보살이 이 게송을 전수하며, 그에게 "이 게송을 외울 수 있으면 지옥의 고통을 타파할 수 있다"고 일러주었다. 왕씨는 지장 보살의 이야기를 듣고 게송을 외워서 지옥에 들어가 염라대왕을 만나게 되었다. 염라대왕은 "이 사람에게는 무슨 공덕이 있는가" 하고 물었다. 지옥 사자는 "오직 하나의 사구(四句) 게송만을 받아 지녔을 뿐입니다" 하고 대답하면서 지장 보살과의 일을 전부 설명하게 되었다. 그러자 염라대왕은 이 사람을 지옥에서 나가도록 하였다.

또 이 게송을 암송할 때 이 소리를 들은 고통받던 사람도 모두 해탈할 수 있었다. 이 사람은 죽은 지 삼일 후 소생하였으나 이 게송을 기억하였고, 모든 사람들에게 이 일을 설명하게 되었다. 그러다가 나중에 지장 보살에게 받은 게송이 『화엄경』 야마천궁에서 한량없는 보살들이 운집하였을 때 설해진 각림 보살의 게송이란 사실을 알게 되었다. 그 뜻은 지옥도 마음이 만들었음을 밝혀, 마음이 만들어낸 부처나 지옥이 본래 공함을 알게 하는 것이다. 그러므로 만약 이 마음을 관한다면 곧바로 지옥의 고통에서 벗어남을 알아야 한다. 지옥을 타파할 뿐만 아니라 십법계(十法界)를 일시에 타파한다. 참다운 공으로 하나의 진리인 법에 들어가므로 평등한 참법계로서 부처도 없고 중생도 없다.

○

此非妙術神通 假於他勢 以法如是故 可驗自心不可思議神妙之力. 高而無上 淵
而不深 延而不長 促而非短 廣而無相 顯而無蹤 有而不常 無而不滅 照體獨立
稱性普周 妙萬物故 稱之爲神 孕一切故 名之爲母. 統御該攝 通變無窮. 任照忘
疲 若明鏡之寫像 應緣無作 猶虛谷之傳聲. 居方而方相分明 處圓而圓文顯現. 在
悟而悟成諸佛 墮迷而迷作衆生. 跡任千途 本地不動.

이것은 묘한 기술과 신통으로 다른 세력을 빌려 오는 것이 아니라, 법이 이와 같기 때문에 자기 마음의 불가사의한 신묘한 힘을 경험할 수 있다. 이 경지는 높고 높아 더 높을 것이 없으며, 깊고 깊어 더 깊을 것이 없으며, 늘려도 늘어나지 않으며, 쪼그 라뜨려도 쪼그라지지 않으며, 광범위하게 나타나나 어떤 모습이 없으며, 확 드러나더 라도 어떤 자취가 없으며, 있으면서 영원하지도 않으며, 없으면서 단멸하지도 않으며, 바탕을 비추는 작용이 낱낱이 드러나나 성품에 칭합하여 널리 두루해서 만물에 미묘 하게 작용하므로 신(神)이라 하기도 하고, 일체를 품고 있기 때문에 어머니라 하기도 한다. 전체를 통괄하여 싸안고 거두며 하나로 통하면서 변화시킴이 무궁무진한 것이 다.

일체를 비추는 작용 속에 있으면서 지칠 줄 모르니 마치 밝은 거울에 비추이는 그 림자와 같고, 인연에 응하여 작위(作爲)가 없으니 빈 골짜기의 메아리와 같다. 모난 곳에 있으면 모난 모습이 분명하고, 둥근 데에 있으면 둥글고 부드러운 모습이 나타 난다. 깨달음에 있으면 깨달아서 모든 부처를 이루고, 미혹한 데 떨어지면 미혹하여 중생이 된다. 움직이는 흔적이 여러 갈래로 나타나나 본래의 마음 자리는 조금도 움 직이지 않는다.

타향에 있지 않다

9-7-18 經 云. 舍利弗問[36] 何故 諸賢復發此言 從今日始 不以佛爲聖師. 諸比丘報曰 從今日始 自在其地 不在他鄉. 自歸於己 不歸他人. 以爲師主 不用他師. 是以故往 不以佛爲聖師. 乃至於是世尊 讚諸比丘 善哉善哉 其於諸法 無所得者 乃爲眞得. 此乃但可自知 方見眞實. 所以 千聖拱手[37] 作計校不成.

경에서는 다음과 같은 내용을 말하고 있다.

사리불이 "여러분은 무슨 이유로 오늘부터 부처님을 성스러운 스승으로 삼지 않겠다고 거듭 말하는 것입니까"라고 물었다.

그러자 모든 비구가 답변하여 "우리들은 본래의 자리에 자재하여 오늘부터 타향에 있지 않습니다.[38] 그러므로 스스로 자신에게 귀의하고 다른 사람에게 귀의하지 않습니다. 자신이 스승이나 주인이 됨으로서 다른 스승을 모시지 않습니다. 그래서 부처님을 일부러 찾아가 성스런 스승으로 삼지 않는 것입니다"라고 하였다.

여기에 세존께서 말씀하시기를 "참으로 훌륭하다. 모든 법에서 얻을 것이 없는 자가 진실로 얻은 것이다"라고 하여 모든 비구를 찬탄하셨다. 이 자리는 단지 스스로 알 수 있어야만 바야흐로 진실을 본다. 그러므로 이 자리는 천명 만명의 성인이 있어도 할 일이 없고, 계교 사량할 수 없는 것이다.

---

36) 舍利弗問은 원본에 舍利弗復問이라 되어 있다.
37) 공수(拱手)는 손을 맞잡고 가만히 있는 것이므로, 아무 할 일도 없다는 뜻이다.
38) "본래의 자리에 자재하여 타향에 있지 않다"라고 하는 말은, 깨달음을 얻었으므로 다른 곳에 매이지 않는다는 말이다.

가르침도 잘못된 것

9-7-19 問 若言無師自證者 卽墮自然之計 執從他解者 仍涉因緣之門. 且大道之性 非是自然 亦非因緣 云何開示 而乖道體. 答 爲破他求故 說須自證 爲執自解故 從他印可. 若當親省之時 迷悟悉空 自他俱絶 非限量之所及 豈言論之能詮. 所以 牛頭初祖云 夫道者 若一人得之 道卽不遍 若衆人得之 道卽有窮. 若各各有之 道 卽有數 若總共有之 方便卽空.

문 : 만약 스승 없이 스스로 증득한다고 말한다면 곧 도가 자연히 이루어진다는 계교에 떨어지며, 다른 사람의 가르침에서 도를 알았다고 집착하면 인연의 문을 섭렵하는 것입니다. 하물며 대도(大道)의 성품은 자연도 아니고 또한 인연도 아니니 당신이 어떻게 가르친다 해도 도의 본체와 어긋나지 않겠습니까.

답 : 다른 사람에게 구하는 것을 타파하기 위하여 모름지기 스스로 증득해야 한다고 설파하였고, 스스로 알았다고 집착하기 때문에 다른 사람에게 인가를 받도록 한 것이다. 만약 몸소 깨달아서 미혹과 깨달음이 다 공(空)하여 자타(自他)의 경계가 모두 끊어진 곳에 있다면 한정된 생각으로서 미칠 바가 아닌데, 어찌 이 자리를 언어의 논리로 나타낼 수가 있겠는가. 그러므로 우두종(牛頭宗)의[39] 초조(初祖)인 법융 선사는 "도를 만약 한 사람만 얻는 것이라면 곧 도는 보편적인 것이 아니며, 여러 사람이 얻는 것이라면 도는 도를 얻는 사람의 수만큼 한정된다"고 말하는 것이다. 만약 도를 여러 사람 각자가 가지고 있다면 도는 곧 여러 가지 종류가 있을 것이며, 전체가 모두 공유하고 있다면 도를 얻기 위한 방편은 곧 공허해지는 것이다.

---

39) 중국 선종의 하나로 제4조 도신(道信)의 문하 법융(法融) 선사를 종조(宗祖)로 한다. 일체개공(一切皆空)을 종지로 삼는다.

○

若修行得之 造作非眞 若本自有之 萬行虛設 何以故 離一切限量分別故. 明知 說
自說他 言得言失者. 若約聖教 則是隨世語言 破執方便 若依意解 盡是限量分別
不出情塵. 但不執教以徇情 則方見性而達道. 問 初心學人 悟入此宗 信解圓通
有何勝力.

만약 수행하여 이를 얻는다면 조작되어 참답지 않으며, 본래 스스로 존재한다면 만
가지 행이 헛된 것이니, 왜냐하면 도란 일체를 분별하는 한정된 사고방식을 벗어났기
때문이다. 그러므로 자타와 득실을 구별하여 이야기하는 뜻을 분명히 알아야 할 것이
다.

성인의 가르침을 기준한다면 세상의 언어를 수순하여 집착을 깨는 방편이 되나, 분
별하여 아는 것에 의지한다면 모두가 일체를 분별하는 한정된 사고방식으로 알음알
이를 벗어나지 않을 것이다. 단지 가르침에 집착하여 알음알이를 따르지 않는다면 바
야흐로 견성하여 도를 통달하는 것이다.

문 : 처음 배우는 학인이 종지를 깨달아 믿음과 지혜가 뚜렷하게 통한다면 어떤 수
승한 힘이 있게 됩니까.

○

答 若正解圓明 決定信入 有超劫之功 獲頓成之力. 雖在生死 常入涅槃 恆處塵勞
長居淨利 現具肉眼 而開慧眼之光明 匪易凡心 便同佛心之知見. 如太子具王儀
之相 迦陵超衆鳥之音 將師子筋爲琴絃 餘音斷絶 以善見藥而治病 衆患潛消 若
那羅箭之功 勢穿鐵鼓 似金剛鎚之力擬碎金山 則煩惱塵勞不待斷而自滅 菩提妙
果弗假修而自圓.

답 : 만일 뚜렷하고 밝은 것을 바르게 이해하여 확실하게 믿는다면 여기에 겁(劫)을
초월하는 공능이 있어 대번에 부처님이 될 수 있는 힘을 획득한다. 비록 생사에 있더
라도 항상 열반에 들어가며, 항상 번뇌에 있으면서 청정한 국토에 거주하며, 현재 육
안을 가져도 지혜로운 눈의 광명을 열 것이며, 범부의 마음을 바꾸지 않으면서 문득
부처님의 지견과 같아질 것이다.

이것은 마치 태자가 왕이 지닌 위엄을 갖춘 것과 같으며, 가릉빈가의 아름다운 노
래가 뭇 새들의 지저귀는 소리를 초월하는 것과 같으며, 사자의 힘줄을 가지고 거문
고 줄로 사용하니 다른 소리를 내는 악기의 줄이 끊어지는 것과 같으며, 선견약(善見
藥)으로40) 병을 치료하니 슬며시 모든 병환이 사라지는 것과 같으며, 나라(那羅)가41)
쏘는 화살의 공력이 힘차 철로 만든 북을 뚫는 것과 같으며, 쇠로 만든 산을 금강 철
퇴의 힘으로 부수는 것과 같다. 곧 번뇌를 끊으려 하지 않아도 저절로 사라지며, 깨달
음의 오묘한 결과로 수행하는 방편을 빌리지 않아도 스스로 원만해지는 것이다.

---

40) 일체의 병을 치료하는 약
41) 사천왕을 보좌하여 북방세계를 수호하는 신으로 힘이 강하다.

○

乃至 等冤親 和諍論 齊凡聖 泯自他 一去來 印同異 融延促 混中邊. 世出世間
不可稱不可量 不可說不可說之力 莫能過者 亦名佛力 亦名般若力 亦名大乘力
亦名法力 亦名無住力. 所以 先德 釋云 無住力持者 則大劫不離一念. 又云 色平
等是佛力 色旣平等 則唯心義成. 故知 觀心之門 理無過者 最尊最貴 絕妙絕倫.
有刹那成佛之功 頓截苦輪之力.

원수나 친한 이가 평등해져 다투는 논쟁을 화합하고, 범부와 성인의 경지가 가지런
해 자타의 구별이 사라지며, 가고 옴이 하나로써 같거나 다름을 인가하며, 늘리거나
좁힘이 원융하여 바르거나 틀린 견해가 하나로 된다. 세간과 출세간에서 무어라 칭하
고 헤아릴 수 없는 불가설불가설(不可說不可說)의 힘으로도 능가할 수 없는 이것을
부처님의 힘이라 하고, 또한 반야의 힘이나 대승의 힘이라고 하며, 또한 법력이나 머
물 것이 없는 힘이라 하기도 한다.

그러므로 옛 스님은 이것을 풀이하여 "머물 것이 없는 힘을 지닌 자는 영원한 시간
이 한 생각을 벗어나지 않는다"고 하였고, 또 "일체의 색(色)에 평등함이 부처님의 힘
이며, 색에 이미 평등하면 오직 마음이라는 이치가 성립한다"고 하였다.

그러므로 마음을 관하여 이치에 허물없는 것이 가장 존귀하고 절묘하며 차제(次第)
가 끊어졌다는 것을 알 것이다. 찰나에 성불하는 공력으로 단번에 육도 윤회의 고통
을 끊어내는 힘이 있는 것이다.

보적삼매란 무엇인가

9-15-20 入法界體性經 云. 文殊師利復白佛言 以何因緣 名以三昧爲寶積耶. 佛告 文殊師利 譬如大摩尼寶 善磨瑩已 安置淨處 隨彼地方 出諸珍寶 不可窮盡. 如是 文殊師利 我住此三昧 觀於東方 見無量阿僧祇世界現在諸佛 如來阿羅訶三藐三 佛陀. 如是南西北方 四維上下 如是十方無量阿僧祇世界 我皆現見 是諸如來 住 此三昧 爲衆說法.

『입법계체성경』에서 문수사리가 부처님께 다음과 같이 질문하였다.

문수 : 무슨 인연으로 삼매를 보적이라 부르십니까.

부처님 : 비유하면 커다란 마니보주를 잘 닦아서 투명하게 하여 깨끗한 곳에 안치하면 모든 진귀한 보배가 그 곳에서 한량없이 나오는 것과 같다.
　이와 같이 문수사리여, 내가 보적삼매에 있으면서 동방에서 무량아승지겁 세계의 현재 모든 부처님과 여래·아라가·삼막삼불타가[42] 드러나는 것을 관하였다. 이와 같이 동서남북과 사유상하(四維上下)와 시방의 무량아승지세계에서[43] 내가 나타내보이는 모든 것은 모든 여래가 이 삼매에 계시면서 중생들을 위하여 설법하시는 것이었다.

---

42) 아라가나 삼막삼불타는 범어를 중국어로 음사한 부처님의 여러 명칭 가운데 하나다.
43) 아승지는 한량없는 숫자를 나타내는 것으로 시방무량아승지세계(十方無量阿僧祇世界)는 헤아릴 수 없이 많은 세계를 말한다.

○

文殊師利 我住此三昧 不見一法 然非法界. 釋曰. 寶積三昧者 卽一切衆生心 是
無量功德聚 猶如世間寶積. 若能住此一心寶積三昧 有何功德寶而不知. 故能見十
方佛寶 普照無餘. 所以云 不見一法 然非法界. 是以 萬類之中 唯心爲貴.

문수사리여, 내가 이 삼매에 있으면서 한 법도 자연스레 법계 아닌 것을 보지 못하
였다.

이것을 풀이하여 보자. 보적삼매란 곧 일체중생의 마음으로 이 중생의 마음에 무량
한 공덕이 모여 있는 것이 마치 세간의 보물을 쌓아 놓은 것과 같다. 이 일심인 보적
삼매에 머물 수만 있다면 어떤 공덕의 보물인들 모르겠는가. 그러므로 일체 모든 세
계를 두루 남김없이 비추어 시방세계의 부처님을 볼 수 있다. 이 때문에 "한 가지 법
이라도 자연스레 법계 아님을 보지 못하였다"고 한다. 이런 이유로 우주만류 가운데
오직 마음만이 존귀하다.

일심 경계에서 나오는 힘

10-1-21 問 夫凡聖一心境界 如何是自在出生無礙之力. 答 一是法爾 二由諸佛菩薩行願 三卽衆生信解 自業感現. 又 總具十力. 一法如是力 二空無性力 三諸佛神力 四菩薩善根力 五普賢行願力 六衆生淨業力 七深信勝解力 八如幻法生力 九如夢法生力 十無作眞心所現力.

문 : 범부와 성인이 하나의 마음 경계인데 어떻게 장애가 없는 힘을 자유자재로 내는 것입니까.

답 : 첫째는 법이 그러하며, 둘째는 모든 부처님과 보살이 실천하는 원력으로 말미암으며, 셋째는 중생의 믿음과 지혜 자체에서 스스로의 업에 감응하여 나타난다.
 또한 그 힘은 총체적으로 열 가지 힘을 갖추고 있다. 첫째는 법이 항상 바른 모습으로 되어 있는 힘이다.44) 둘째는 모든 법이 공하여 결정된 성품이 없다는 힘이다. 셋째는 모든 부처님의 위신력이다. 넷째는 보살의 선근력이다. 다섯째는 보현 보살의 실천과 원력이다. 여섯째는 중생의 업을 정화시키는 힘이다. 일곱째는 깊은 믿음과 수승한 지혜를 지니는 힘이다. 여덟째는 허깨비 같은 법을 생겨나게 하는 힘이다. 아홉째는 꿈 같은 법을 생겨나게 하는 힘이다. 열째는 인위적 작용 없이 진심(眞心)이 나타내는 힘이다.

---

44) 법여시(法如是) : 법화경에 십여시(十如是)라는 말이 나오는데, 여기에서 말하는 여시(如是)는 진여에 계합하여 작용하는 항상 옳은 모습이라고 보았다.

거울 속의 그림자

10-9-22 不壞者 諸法緣集 起無所從 不異眞如 故不可壞. 如鏡中影 以因鏡故 不
可壞也.

파괴되지 않는다는 것은 무엇인가. 모든 법은 인연이 모여 일어난 것으로 자취가
없으니, 진여와 다르지 않기 때문에 파괴할 수 없다. 이것은 마치 거울 속의 그림자가
거울로 인하여 생겨났기 때문에 파괴할 수 없는 것과 같다.

종경록의 뜻은

10-12-23 問 今宗鏡錄 以鏡爲義者 是約法相宗立 約法性宗立. 答 若約因緣對待門 以法相宗卽本識爲鏡. 如楞伽經云 譬如明鏡 現衆色像 現識處現 亦復如是. 現識卽第八識. 以法性宗卽如來藏爲鏡. 如起信論云 復次覺體相者 有四種大義 與虛空等 猶如淨鏡. 又 占察善惡經 立二種觀門 爲鈍根人 立唯心識觀 爲利根人 立眞如實觀.

문 : 지금『종경록』에서 거울을 비유하여 이치로 삼는 것은 법상종(法相宗)을 기준으로 세운 것입니까, 아니면 법성종(法性宗)을 기준으로 세운 것입니까.

답 : 만약 인연의 상대적인 모습을 가지고 기준한다면 법상종은 곧 본식(本識)을 가지고 거울로 삼는다. 이것은『능가경』에서 "비유하면 깨끗한 거울에 여러 가지 색이 나타나듯이, 현식(現識)이 있는 곳에 나타나는 것도 이와 같다"고 한 것과 같다. 여기서 현식은 제팔식(第八識)을 말한다.

법성종은 여래장(如來藏)을 가지고 거울로 삼는다. 이것은『기신론』에서 "깨달음의 바탕에 관한 모습은 네 가지 큰 뜻이 있으니, 허공과 같으며 깨끗한 거울과 같다"고 말한 것과 같다.

또한『점찰선악경』에서는 두 종류의 관문(觀門)을 세웠으니 선근이 적은 둔근기를 위하여 유심식관(唯心識觀)을[45] 세웠고 총명한 근기를 위하여 진여실관(眞如實觀)을[46] 세웠다.

---

45) 유심식관(唯心識觀) : 일체가 마음에서 이루어진다고 하여, 마음의 근원을 관(觀)하는 것이다.
46) 진여실관(眞如實觀) : 관(觀)할 때에 일체가 진여로, 능소(能所)의 분리없이 한덩어리가 된 것을 말한다.

○

又 起信論云 心若馳散 卽當攝來 令住正念. 其正念者 當知唯心 無外境界 卽復
此心亦無自相 念念不可得故. 若唯心識觀 及正念唯心 當法相宗 若眞如實觀 與
其心念念不可得 卽法性宗. 若約法性融通門 皆歸一旨 無復分別. 今論正宗 取勝
而言 約法性宗說. 若總包含 如海納川 以本攝末 豈唯性相. 無有一法而遺所照.

또 『기신론』에서는 "마음이 만약 분주하고 산란하다면 곧 그 자리에서 마음을 거두
어 바른 생각에 머물도록 하라"고 하였다. 여기서 말하는 바른 생각이란 '오직 마음'
으로 마음 이외에 다른 경계가 없음을 마땅히 알아야 한다. 곧 이 마음도 또한 자체
의 모습이 없으니, 생각생각에 한 생각도 얻을 수 없기 때문이다. 만약 유심식관(唯心
識觀)과 정념유심(正念唯心)이면 법상종에 해당하나, 진여실관(眞如實觀)이나 마음에
한 생각도 얻을 수 없는 것이라면 법성종에 해당한다. 만약 법성이 원융하게 통하는
자리에서 모두가 하나의 종지로 돌아간다면 다시 분별이 없으니, 지금 바른 종지를
논하여 수승함을 취하여 말하는 것은 법성종을 기준으로 설하는 것이다.

만일 모두를 다 포함하여 말한다면 마치 바다가 모든 강물을 받아들임과 같아서 근
본을 가지고 지말을 거두는 것이니 어찌 법성종이나 법상종만을 취하여 이야기할 것
인가. 여기는 한 가지 법이라도 남아 비추어질 바가 없다.

종경을 어떻게 믿어야

10-12-24 問 此宗鏡中 如何信入. 答 但不動一心 不住諸法 無能所之證 亡智解之
心 則是無信之信 不入之入.

문 : 이 종경은 어떻게 믿어 들어가야 합니까.

답 : 단지 움직이지 않는 하나의 마음으로 일체 모든 법에 머물지 않는다. 능증(能
證)과 소증(所證)의 분별없는 증득이며 지혜와 알음알이가 사라진 마음이니, 이것이
곧 믿을 것이 없는 믿음이며 들어가는 자취가 없는 들어감이다.47)

---

47) 능소(能所)의 개념으로서 증득할 것이 없고 아는 마음이 사라진다는 것은 일체 대상에 옳고 그르다는 시비
분별이 사라졌다는 것을 말한다. 무분별지(無分別智)로 그 자체가 믿음이요 법계에 들어가 있는 것으로, 따로
믿음을 낸다거나 다른 곳에 법계가 있다 하여 들어갈 필요가 없다. 이 자리가 단지 움직이지 않는 하나의 마음
으로 종경일 따름이다.

아무런 의심이

10-13-25 大法炬陀羅尼經 云. 佛言憍尸迦 如來弟子 見諸世間 猶如幻化 無有疑網. 所以者何. 彼信如來 卽自見法. 是故自信 不唯信他. 何以故 若世間人 旣自見已 彼人終不更取他言. 憍尸迦 如人裸露 在道而行 設有一人 語衆人言 此人希有錦衣覆身 憍尸迦 於意云何 彼雖有言 自餘衆人信此言不.[48) 不也世尊. 何以故 眼親見故. 佛言 如是如是 憍尸迦 諸佛如來 諸有弟子 自見法故 不取他言 其義亦爾.

『대법거다라니경』에서 부처님께서 교시가에게 다음과 같이 말씀하셨다.

　부처님 : 여래의 제자는 모든 세간을 허깨비와 같이 보기에 아무런 의심이 없다. 왜 그런가. 그들은 여래를 믿어 곧 스스로 법을 보기 때문이다. 그러므로 스스로 믿음을 내는 것이지, 오직 다른 사람만을 의지하지 않는다. 무엇 때문인가. 그것은 마치 세간 사람이 이미 어떤 사실을 스스로 보았다면 그 사람은 끝내 다른 사람의 말을 다시 취하지 않는 것과 같기 때문이다. 교시가여, 어떤 사람이 발가벗고 걸어갈 때에, 설사 다른 사람이 '이 사람은 참으로 희유한 비단 옷을 입고 있다'고 말하더라도, 네가 생각하기에 사람들이 이 말을 믿겠느냐.
　그러자 교시가가 "세존이시여, 그렇지가 않습니다. 왜냐하면 많은 사람들이 자기 눈으로 옷 벗은 것을 직접 보았기 때문입니다"라고 답변하였다.
　그러자 부처님은 "교시가여, 너의 말이 옳다. 모든 부처님과 여래의 제자는 스스로 법을 보았기 때문에 다른 사람의 말을 취하지 않으니, 그 이치가 또한 이 비유와 같다"고 말씀하셨다.

---

48) 不는 K본과 S본은 같으나 C본은 否로 되어 있다.

중생의 마음은

11-4-26 大乘本生心地觀經 觀心品 云. 文殊師利菩薩白佛言 世尊 如佛所說 唯將 心法 爲三界主[49] 心法本元 不染塵穢 云何心法染貪瞋癡. 於三世法 誰說爲心. 過去心已滅 未來心未至 現在心不住. 諸法之內性不可得 諸法之外相不可得 諸 法中間都不可得. 心法本來 無有形相 心法本來 無有住處 一切如來 尙不見心 何 況餘人 得見心法. 一切諸法 從妄想生. 以是因緣 今者世尊 爲大衆說 三界唯心. 願佛哀愍 如實解說.

『대승본생심지관경』의 「관심품」에서 문수 보살이 부처님에게 질문하였다.

문수 : 세존이시여, 만일 부처님께서 말씀하신 것과 같이 오직 '심법(心法)으로 삼계 (三界)의 주인이 된다'고 하면 심법의 근원은 육진(六塵)의 더러움에 물들지 않는데, 어째서 심법이 탐·진·치 삼독에 물드는 것입니까. 과거·현재·미래에서 어느 것 을 마음이라 하겠습니까. 과거의 마음은 이미 멸하였고, 미래의 마음은 아직 오지 않 았으며, 현재의 마음은 잠시도 머물 것이 없습니다. 모든 법 안에서 어떠한 성품도 얻 을 수가 없으며, 모든 법 밖에서 어떠한 모습도 얻을 수가 없으며, 모든 법 중간에서 아무 것도 얻을 수가 없습니다. 심법이 본래 형상이 없으며, 심법이 본래 머물 곳이 없기 때문에 일체 여래가 오히려 마음을 보지 않는데, 하물며 어찌 다른 사람이 심법 을 볼 수 있겠습니까. 일체 모든 법이 망상으로 생겨나는 것입니다. 지금 세존께서는 이러한 인연으로 대중을 위하여 "삼계가 오직 마음이다"라고 설파하셨습니다. 바라 옵건대 저희들을 가엾게 여기시고 알아듣도록 말씀하여 주시기 바랍니다.

---

49) 唯將心法 爲三界主는 K본과 S본은 같으나 C본은 速將心法 爲三界主로 되어 있다.

○

爾時 佛告文殊師利菩薩言 如是如是 善男子 如汝所問 心心所法 本性空寂 我說
衆喩 以明其義. 善男子 心如幻法 由遍計生種種心想 受苦樂故. 心如水流 念念
生滅 於前後世 不暫住故. 心如大風 一利那間 遍歷方所故. 心如燈焰 衆和合而
得生故. 心如電光 須臾之頃 不久住故. 心如虛空 客塵煩惱 所覆障故. 心如猿猴
遊五欲樹 不暫住故. 心如畫師 能畫世間種種色故. 心如僮僕 爲諸煩惱所策役故.

부처님 : 선남자여, 너의 말이 옳다. 네가 질문한 바와 같이 심심소법(心心所法)의[50]
본래 성품은 공적한 것이니, 내가 여러 가지 비유로 그 뜻을 밝히겠다.

선남자여, 마음은 허깨비와 같은 법이니, 이것은 중생들이 두루 사량 계교하는 집착
으로 말미암아 갖가지 생각을 내어 고통과 즐거움을 받기 때문이다. 마음은 물이 흐
르는 것과 같으니, 생각생각에 생멸하는 것이 앞과 뒤로 잠시도 머무르지 않기 때문
이다. 마음은 큰 바람과 같으니, 한 찰나에 일체 모든 곳을 두루 섭렵하기 때문이다.
마음은 등잔의 불꽃과 같으니, 기름과 심지의 화합으로 불꽃이 있듯 마음도 많은 인
연의 화합으로 생겨나기 때문이다. 마음은 번개불과 같으니, 잠깐 사이에 나타났다가
사라지기 때문이다. 마음은 허공과 같으니, 허공이 구름에 의해 가리워지듯 마음도
온갖 객진번뇌로 덮여 있기 때문이다. 마음은 원숭이와 같으니, 오욕(五欲)이라는 욕
망에서 잠시도 멈추지 않기 때문이다. 마음은 화가와 같으니, 세간의 온갖 것을 그릴
수가 있기 때문이다. 마음은 하인과 같으니, 마음이 온갖 번뇌의 명령에 움직이기 때
문이다.

---

50) 심심소법(心心所法) : 마음의 작용이 하나하나의 대상에 작용하는 것을 심소법(心所法)이라 하면, 그 바탕에
심소법 하나하나의 작용을 모두 받아들여 상응하는 전체의 마음을 심(心) 또는 심왕(心王)으로 본다. 이것을
합친 개념이 심심소법(心心所法)이다.

○

心如獨行 無第二故. 心如國王 起種種事 得自在故. 乃至 善男子 如是所說 心心
所法 無內無外 亦無中間. 於諸法中 求不可得 去來現在 亦不可得.

마음은 홀로 가는 것과 같아, 한 생각이 일어나면 일어난 자기 마음 이외 다른 마음
이 없기 때문이다. 마음은 국왕과 같아, 여러 가지 일을 일으키며 거기에 자재하기 때
문이다. 선남자여, 이와 같이 설한 심(心)·심소(心所)의 법은 안에도 없고 바깥에도
없으며 또한 중간에도 없다. 모든 법 가운데에서 구하려고 하나 구할 수 없으며, 과
거·현재·미래에도 얻을 수 없는 것이다.

방편은 다르나 본질은

11-9-27 問 一心平等 理絶偏圓 云何敎中 又說諸法異. 答 隨情說異 雖異而同 對執說同 雖同而異. 將同破異 將異破同. 雖同雖異 非異非同. 如云 捉子之矛 刺子之楯 亦如騎賊馬逐賊 以聲止聲.

문 : 하나의 마음은 평등하여 이치가 '치우쳤다거나 원만하다'는 일체 상대적 개념이 끊어진 것인데, 어떻게 가르침 가운데 또 '모든 법이 다르다'고 설하십니까.

답 : 중생의 근기에 따라 다른 내용을 설파할 때 방편으로 설파하는 말이 다르더라도 그 본질적인 내용은 같으며, 중생의 집착을 상대하여 같다고 설파할 때에 그 설파하는 말이 같더라도 그 본질적인 내용은 다른 것이다. '같다'는 주장을 가지고 '다르다고 집착함'을 타파하고, '다르다'는 주장을 가지고 '같다고 집착함'을 타파하는 것이다. 그러므로 방편으로 '같다'거나 '다르다'는 말을 쓰더라도 이 말은 다른 것도 아니요 같은 것도 아니다. 이런 내용은 다음의 비유들로 설명되는 것과 같다.

옛날에 임금 앞에서 어떤 무기를 파는 상인이 창과 방패를 가지고 "이 창은 세상의 어떠한 방패도 뚫을 수 있습니다"라고 말하고 나서, 다시 "이 방패는 세상의 어떠한 창도 막아 낼 수가 있습니다"라고 자랑하였다. 그러자 임금이 "그렇다면 자네의 창으로 자네의 방패를 찌른다면 어떻게 되는가"라고 반문하여 이치가 맞지 않는 무기상의 말을 지적하였다. 또 도적의 말을 뺏어 타고 도적놈을 쫓거나, 큰 소리를 질러서 떠드는 소리를 멈추게 하는 것도 다 같은 내용을 담고 있는 방편이다.

○

所以云 朝四暮三 令衆狙而喜悅. 苦塗水洗養嬰兒 以適時 皆是俯順機宜 善權方便. 如莊子云 勞神明爲一 而不知其同也 謂之朝三.

그러므로 "조사모삼(朝四暮三)으로[51] 많은 원숭이를 기쁘게 한다"고 말하는 것이다. 아픈 아기에게 약을 먹이기 위하여 엄마의 젖에 쓴 것을 발라서 아기 젖을 떼었다가, 병이 나은 후에 발라 놓았던 쓴 것을 물로 씻어내어 다시 아기에게 젖을 먹이는 것은 적시적소(適時適所)에서 상황과 조건을 살펴 수순하는 훌륭한 방편이 되는 것이다.

이것은 마치 장자가 "온갖 정신을 쏟아서 하나의 일을 이루어 냈으나 실상 그 일이 이루어지기 전과 똑같은 줄을 알지 못하니, 이것을 조삼모사(朝三暮四)라고 한다"고 말한 것과 같다.

---

51) 조사모삼(朝四暮三) : 방법은 달라도 결과는 같은 것인데, 방법에 따라 좋아하기도 하고 싫어하기도 하여 어리석다는 뜻이다. 원숭이에게 과일을 아침에 세 개 주고 저녁에 네 개를 준다고 하자 원숭이들이 화를 냈으나, 방법을 바꾸어 아침에 네 개 주고 저녁에 세 개 준다고 하자 원숭이들이 좋아했다는 이야기이다.

범부가 있음으로써 성인이

12-4-28 問 唯心妙旨 一切無名者 若衆生之號 乃假施爲 諸佛之名 豈虛建立. 答 因凡立聖 聖本無名[52] 從俗顯眞 眞元不立. 並依世俗文字 對待而生. 文字又空 空亦無寄. 若是上機大士 胡假名相發揚. 對境而念念知宗 遇緣而心心契道.

문 : 오직 마음이라는 현묘한 종지에 일체 이름 붙일 것이 없다 하였으나, 만약 중생의 명호라면 방편으로 시설되겠으나 모든 부처님의 명호야 어찌 헛되게 만들어졌겠습니까.

답 : 범부로 인(因)하여 성인을 세우나 성인은 본래 이름 붙일 것이 없으며, 세속의 모습으로 진여가 드러나나 진여의 근원을 세우는 것은 아니다. 모두 세속의 문자에 의지하여 상대해서 생겨나는 것이다. 그러나 세속의 문자가 또한 공하며, 이 공 또한 의지할 곳이 없는 것이다. 만약 뛰어난 상근기라면 어찌 이름과 형상을 빌려 나타내려 했겠는가. 경계를 대하여도 생각생각에 종지를 알 것이며, 인연을 만나도 마음마음이 부처님의 도에 계합하는 것이다.

---

52) 因凡立聖 聖本無名은 K본과 S본은 같으나 C본은 因凡立聖 聖名無名으로 되어 있다.

○

如大智度論 云. 如經說 師子雷音佛國 寶樹莊嚴 其樹常出無量法音. 所謂 一切
法畢竟空 無生無滅等. 其土人民 生便聞此法音 故不起惡心 得無生法忍 當此之
時 何處有三寶名字. 但了無生之旨 自然一體三寶 常現世間 若取差別之名 卽失
眞常之理. 但了一切法無自性 則一切處佛出世 無一法而非宗.

이것은 『대지도론』에서 말한 다음의 내용과 같다.

경전에서 설한 것과 같이 사자뇌음 부처님의 국토는 보배나무로 장엄되었는데, 그
나무에는 항상 무량법음이 흘러나왔다. 이른바 일체 모든 법은 필경에 공한 것으로
무생(無生)이나 무멸(無滅)이라는 등의 내용이었다. 그 국토의 사람들은 태어나면서
이런 법음을 들었기 때문에 나쁜 마음을 일으키지 않고 무생법인(無生法忍)을 얻게
되었으니, 무생법인을 얻을 당시에 어느 곳에 삼보의 명자가 있었겠는가. 단지 무생
의 종지를 요달하면 자연히 명자로 분리되지 않는 일체삼보(一體三寶)가 항상 세간에
출현하는 것이나, 만약 삼보의 분리된 차별 명자를 취한다면 곧 참되고 영원한 진리
를 잃게 되는 것이다. 다만 일체 모든 법에 자성이 없음을 요지하면 일체 모든 곳에
서 부처님이 출현하시며, 한 법도 종지 아님이 없다.

존재하는 모든 상은

12-7-29 古德歌云 只爲無心學無學 亦復正修於不修 若人不知如此處 不得稱名爲比丘. 洞山和尙云 吾家本住在何方 鳥道無人到處鄕 君若出家爲釋子 能行此路萬相當.

옛 스님이 게송으로 다음과 같이 말씀하셨다.

　　무심으로 무학(無學)을 배울 뿐이니
　　닦을 곳이 없는 데서 올곧은 수행
　　수행하여 이러한 곳 알지 못하면
　　참다운 비구라고 부를 수 없다.

동산 양개(洞山良价 : 807~869) 화상이 게송으로 말씀하셨다.

　　우리 집이 본래가 어느 곳인가
　　새 나는 길 흔적 없어 고향이라네
　　그대 만일 출가하여 수행자라면
　　이 길에 많은 모습 감당하리라.[53]

---

53) 13권 4판 참조

○

所以 初祖大師云 若一切作處 卽無作處無作法 卽見佛 若見相時 則一切處見鬼.
何者. 若作時 無作者無作法 卽人法俱空 覺此成佛. 若迷無作法 則幻相現前 故經
云 凡所有相 皆是虛妄. 如熱病所見 豈非鬼耶.

그러므로 중국에 선(禪)을 처음 전한 달마 대사는 "만약 일체가 만들어지는 곳에 만들어지는 공간이나 만들어지는 대상이 없다면 곧 부처님을 보는 것이나, 만약 어떤 상(相)을 본다면 곧 일체 모든 곳에서 귀신을 본다"고 하였다. 왜 그런가. 만약 무엇이 만들어질 때 만드는 자가 없고 만들어지는 대상이 없다면 곧 인(人)과 법(法)이 함께 공(空)하기 때문이니, 이것을 깨달아야 성불하는 것이다. 만약 만들어질 것이 없는 법에 미혹하면 허깨비 같은 모습이 눈 앞에 나타나는 것이므로 경에서 "무릇 존재하는 모든 상이 다 허망하다"고 한 것이다. 이것은 마치 눈에 열병이 나서 헛것을 보는 것과 같으니, 이것이 어찌 귀신이 아니겠는가.

마음의 성품과 모습은

12-9-30 以理在一爲內 在多爲外. 事亦以一爲內 以多爲外. 何故 如是一多內外 相遍相在而無障礙. 唯是一心圓融故. 寄理事以彰之 以體寂邊 目之爲理 以用動邊 目之爲事. 以理是心之性 以事是心之相 性相俱心 所以 一切無礙.

이법(理法)이 하나로 모아질 때는 안쪽이 되고 여럿으로 갈라질 때는 바깥쪽이 된다. 사법(事法)도 하나로 모아질 때는 안쪽이 되고, 여러 갈래로 나타날 때는 바깥쪽이 된다. 어째서 이와 같이 일(一)과 다(多), 내(內)와 외(外)가 서로 두루 존재하면서도 장애가 없는가. 오직 하나의 마음으로 원융하기 때문이다. 하나의 마음이 이(理)와 사(事)에 의지하여 펼쳐지니, 체(體)로써 공적한 쪽으로 주목하면 이법(理法)이 되고, 용(用)으로써 움직이는 쪽을 주목하면 사법(事法)이 되는 것이다. 이(理)로써 마음의 성품이 되며 사(事)로써 마음의 모습이 되니, 성품과 모습이 모두 마음이기 때문에 일체에 걸림이 없다.

사법을 관하며 이법을

13-1-31 由此眞理全爲事故 如事顯現 如事差別 大小一多 變易無量. 又 此眞理卽
與一切千差萬別之事 俱時歷然顯現 如耳目所對之境 亦如芥瓶 亦如眞金. 爲佛
菩薩比丘及六道衆生形像之時 與諸像一時顯現 無分毫之隱 亦無分毫不像. 今理
性亦爾 無分毫隱 亦無分毫不事 不同眞空 但觀理奪事門中 唯是空理現也. 故菩
薩雖復看事 卽是觀理.

이 진리 자체가 온전히 사법(事法)이 되므로 사법의 모습 그대로 진리가 드러나고,
사법의 모습 그대로 진리가 차별되니 크거나 작기도 하면서 하나나 여럿으로 갈라지
는 변화가 무량하다.

또 이 진리는 일체가 모두 천차만별로 벌어지는 사법과 더불어 함께 역연하게 드러
나는 것이니, 이것은 마치 귀와 눈으로 상대하는 경계와 같고, 또한 흙으로 만든 꽃병
과도 같으며, 또한 순금과도 같다. 흙이나 순금으로 부처님이나 보살과 비구 및 육도
중생의 형상을 만들 때에, 모든 형상과 더불어 일시에 흙이나 순금으로 드러나니, 흙
이나 순금이 터럭만큼도 숨겨짐이 없고 또한 터럭만큼도 형상으로 나타나지 않는 것
이 없다.

지금 진리의 성품도 또한 그러하여 터럭만큼도 숨김이 없고 또한 터럭만큼도 사법
아님이 없으며, 진공(眞空)과도 같지 않는 것이 없다. 단지 이법(理法)만을 관하고 사
법을 버려두는 가운데 오직 공(空)의 이치만 드러난다. 그러므로 보살은 비록 사법
(事法)을 관하나 곧 이법(理法)을 관하는 것이다.

부처님 지혜는 일체종지

13-4-32 先德云 證佛地者 爲眞空無我無性是也 乃至稱理而言 非智所知. 如空中 鳥飛之時跡 不可求依止跡處也. 然空中之跡 旣無體相可得 然跡非無. 此跡尋之 逾廣 要依鳥飛 方詮跡之深廣. 當知 佛地要因心相 而得證佛地之深廣. 然證入此 地 不可住於寂滅 一切諸佛 法不應爾. 當示敎利喜 學佛方便 學佛智慧 夫佛智慧 者 卽一切種智. 所以 般若經中 以種智爲佛 則無種不知 無種不見. 斯乃 以無知 知一切知 以無見見一切見.

옛 스님은 "깨달음을 증득하는 것은 진공(眞空)·무아(無我)·무성(無性)이 된다는 것이다. 나아가 이치에 들어맞게 말하더라도 지혜로서 알 바가 아니다"라고 하였다.
이것은 마치 새가 날 때 그 자취에서 의지한 흔적을 찾을 수 없는 것과 같다. 그러므로 허공의 자취에서 이미 얻을 만한 어떤 바탕이나 모습은 원래 없으나, 그렇다고 자취가 없는 것은 아니다. 이 자취는 찾으면 찾을수록 더욱 넓어지니, 새가 난 자취를 의지하여야 바야흐로 자취가 깊고 넓다는 것을 말할 수 있다. 그러므로 마땅히 깨달음도 마음의 모습으로 인하여 깨달음의 세계가 깊고 넓음을 알 수 있다는 사실을 알아야 한다. 그러나 이 깨달음을 증득해도 적멸(寂滅)에 머물 수 없으니, 일체 모든 부처님의 법이 응당 그렇지 않은 것이다. 중생에게 이익과 기쁨을 주는 부처님의 가르침에서 부처님의 방편과 지혜를 배워야 할 것이니, 이 부처님의 지혜는 곧 일체를 아는 지혜이다.

그러므로 『반야경』에서 "일체를 아는 지혜로 부처님을 삼아 모르는 것이 없고, 보지 못하는 것이 없다"고 하였다. 이것은 앎 없는 앎으로써 일체를 아는 것이며, 봄 없는 봄으로써 일체를 보는 것이다.

일체법이 불법이다

13-10-33 問 如何是一切法 皆是佛法. 答 一切法唯心 心卽是佛 心卽是法. 如學人 問忠國師 經云 一切法皆是佛法 殺害還是佛法不.[54] 答 一切施爲 皆是佛智之用. 如人用火 香臭不嫌 亦如其水 淨穢非汚 以表佛智也. 是知 火無分別 蘭艾俱焚 水同上德 方圓任器.

문 : 일체 모든 법이 부처님 법이라는 것이 무엇입니까.

답 : 일체 모든 법이 오직 마음으로, 마음이 곧 부처님이며 법이라는 뜻이다.

이것은 마치 어떤 학인이 남양 혜충 국사에게 질문한 다음 내용과 같다.

학인 : 경에서 일체 모든 법이 부처님 법이라고 말한다면 사람을 죽이고 해치는 것도 부처님 법이라 할 수 있겠습니까.

국사 : 하는 일마다 모두 부처님 지혜의 작용이다. 이것은 마치 사람이 불을 사용하면 향기나 썩은 냄새를 가리지 않고 태우는 것과 같으며, 물을 사용하면 물 자체의 성품이 깨끗하거나 더러움에 오염되지 않고 씻어냄과 같으니, 이와 같이 부처님의 지혜를 나타내는 것이다. 이것으로 알 것이니, 분별이 없는 불은 향기로운 난초나 냄새나는 쑥들을 모두 태워 버리는 것이며, 물은 뛰어난 덕성(德性)과 같아서 모나거나 둥글거나 그릇의 형태를 따라가는 것이다.

---

54) 不는 K본과 S본은 같으나 C본은 좀로 되어 있다.

○

所以 文殊執劍於瞿曇55) 鴦掘持刀於釋氏56) 豈非佛事乎. 若心外見法 而生分別
直饒廣作勝妙之事 亦非究竟.

그러므로 세존 앞에 문수가 칼을 잡는다거나, 앙굴마라가 세존을 해하려 칼을 지닌
것들이 어찌 부처님의 일이 아니겠는가. 만약 마음 밖에서 법을 보아 분별하는 마음
을 낸다면 설사 광범하게 수승하고 현묘한 일을 하더라도 또한 구경(究竟)이라 할 수
없는 것이다.

---

55) 문수는 지혜가 제일인 부처님 제자이다. 지혜가 삿된 소견을 잘라낸다는 것은 칼로 상징한다. 문수가 칼을 부
   처님 앞에서 집어들었다는 것은 반야검으로 삿된 소견을 물리쳤다는 파사현정(破邪顯正)을 상징하는 것이다.
56) 앙굴마라는 원래 바라문교의 제자로 함정에 빠져 부처님을 해치고자 하였으나, 도리어 부처님의 감화를 받아
   부처님의 제자가 되었다. 여기에 묘한 도리가 있는 것이다.

무엇이 성불의 이치

14-1-34 問 夫釋迦文佛 開衆生心 成佛知見 達磨初祖 直指人心 見性成佛 若體此
一心 云何是成佛之理. 答 一心不動 諸法無性 以無性故 悉皆成佛. 華嚴經 云.
佛子 如來成正覺時 於其身中 普見一切衆生成正覺 乃至 普見一切衆生入涅槃.
皆同一性 所謂無性. 無何等性. 所謂 無相性 無盡性 無生性 無滅性 無我性 無非
我性 無衆生性 無非衆生性 無菩提性 無法界性 無虛空性 亦復無有成正覺性.

문 : 석가모니 부처님도 중생의 마음을 열어 불지견을 이루었고, 달마 대사도 바로
사람의 마음을 가리켜서 견성하여 성불한다고 하였는데, 만약 이 하나의 마음을 체
득한다면 무엇을 성불의 이치라 말하겠습니까.

답 : 하나의 마음을 움직이지 않으니 모든 법에 결정된 성품이 없고, 결정된 성품이
없기 때문에 모두 다 성불한 것이다. 이것을 『화엄경』에서 보현과 묘덕은 다음과 같
이 말하고 있다.

보현 : 불자여, 여래가 정각(正覺)을 이룰 때에 여래는 그의 몸에서 두루 일체중생
이 정각을 성취하고 열반에 들어감을 보았다. 모두가 동일한 성품으로서 이른바 결
정된 성품이 없었다. 결정된 어떤 성품이 없다는 것인가. 어떤 모습으로 결정된 성품
이 없으며, 어떤 모습이 다 사라졌다는 성품도 없으며, 어떤 모습이 생겨나거나 멸할
성품도 없으며, 나라는 성품도 없으며, 내가 아니라는 성품도 없으며, 중생이란 성품
도 없으며, 중생이 아닌 성품도 없으며, 깨달음의 성품도 없으며, 법계의 성품도 없
으며, 허공의 성품도 없으며, 또한 정각을 이룰 성품도 없다는 것을 말한다.

○

知一切法皆無性故 得一切智 大悲相續 救度衆生. 佛子 譬如虛空 一切世界 若成
若壞 常無增減. 何以故 虛空無生故. 諸佛菩提 亦復如是 若成正覺 不成正覺 亦
無增減. 何以故 菩提無相無非相 無一無種種故. 佛子 假使有人 能化作恆河沙等
心 一一心復化作恆河沙等佛 皆無色無形無相. 如是盡恆河沙等劫 無有休息. 佛
子 於汝意云何 彼人化心 化作如來 凡有幾何如來性起.

일체 모든 법에 결정된 성품이 없다는 것을 알기 때문에 일체를 아는 지혜를 얻어
서 지속적인 큰 자비심으로 중생을 제도하는 것이다.

불자여, 이것을 비유하면 마치 허공의 일체 모든 세계가 형성이 되든 파괴가 되든
간에 허공 자체는 항상 증감이 없음과 같다. 왜냐하면 허공은 생기지 않기 때문이다.
모든 부처님의 깨달음도 이와 같아 정각을 성취하든 성취하지 않든 간에 또한 깨달
음에 어떠한 증감도 없다. 왜냐하면 깨달음은 어떠한 상(相)도 없고 상(相) 아님도 없
으며, 동일하거나 다른 종류도 없기 때문이다.

불자여, 설사 어떤 사람이 항하사 모래알 수만큼의 마음을 만들 수 있고, 이 하나하
나의 마음에 다시 항하사 모래알 수만큼의 부처님을 만들더라도, 이 모두가 색깔도
없고 형태도 없으며 모양도 없다. 이와 같이 항하사 모래알 수만큼의 오랜 겁의 시간이 다
하도록 만들어내도 이 공능(功能)은 조금도 쉬는 법이 없다.

불자여, 네가 생각하기에 그들이 마음을 변화시켜 만들어낸 여래에 얼마나 많은 여래의 성
품이 일어나겠느냐.

○

妙德菩薩言 如我解於仁所說義 化與不化 等無有別 云何問言 凡有幾何. 普賢菩薩言 善哉善哉 佛子 如汝所說 設一切衆生 於一念中 悉成正覺 與不成正覺 等無有異. 何以故 菩提無相故 若無有相 則無增減. 佛子 菩薩摩訶薩 應如是知 成等正覺 同於菩提 一相無相.

묘덕 : 만약 제가 당신이 말씀하신 이치를 이해한다면 변화하는 마음과 변화하지 않는 마음은 평등하여 차별이 없는데, 어찌해서 얼마나 많은 여래의 성품이 일어나느냐고 물어보십니까.

보현 : 불자여, 참으로 훌륭하다. 만일 네가 말한 바와 같이 설사 일체 모든 중생이 한 생각 가운데서 모두 다 정각을 이룬다 하여도, 정각을 이루지 않은 것과 더불어 평등하여 다를 것이 없다. 왜냐하면 깨달음은 어떠한 모습도 없기 때문이며, 만약 어떠한 모습도 없다면 여기엔 증감이 없는 것이다. 불자여, 보살마하살은 응당 이와 같이 알아 등정각(等正覺)을 이루어 깨달음과 같아지니, 하나의 모습으로 다른 모습이 없는 것이다.

인연을 따르되 걸림이

14-6-35 華嚴經 直以全佛果不動智等 十智如來 示凡信修. 如有凡夫 頓昇寶位 身持王位 遍知臣下 一切群品無不該含. 華嚴經中法門 菩薩行相 亦復如是. 從初發心十住之始 頓見如是如來法身佛性無作智果 遍行普賢一切萬行. 隨緣不滯 悉皆無作.

『화엄경』에서는 바로 완전한 부처님의 과보로서 움직이지 않는 지혜 등을 갖춘 십지여래(十智如來)가57) 범부에게 어떻게 믿고 수행해야 하는가를 보여 주었다. 이것은 마치 범부가 임금의 자리에 올라서 왕의 신분을 지니게 되면 신하를 두루 알게 되면서 모든 백성이 왕의 영향권 안에 들어오는 것과 같다.

『화엄경』 가운데 보살의 행상(行相)에 관한 법문도 이와 같다. 보살이 초발심인 십주(十住)의 시작에서 이와 같은 여래의 법신과 불성이 인위적 분별이 없는 지혜의 과보임을 단번에 보아서 보현의 일체만행을 두루 행하는 것이다. 인연을 따르되 장애가 있지 않으니 모두 다 무작(無作)인 것이다.58)

---

57) 십지여래(十智如來) : 여래의 공덕이 많으나 특히 10가지 수승한 지혜로 표현되는 부처님을 십지여래라 한다.
58) 상대적 분별의 능소(能所)가 사라진 깨달음의 행을 표현하는 말이다.

마음이 부처다

14-9-36 百門義海 云. 發菩提者 今了達一切衆生及塵毛等無性之理. 以成佛菩提智 故 所以 於佛菩提身中 見一切衆生成等正覺. 又 衆生及塵毛等 全以佛菩提之理 成衆生故 所以 於衆生菩提中 見佛修菩提行. 是故 佛是衆生之佛 衆生卽佛之衆 生. 縱有開合 終無差別. 如是見者 名菩提 心起同體大悲 敎化衆生也. 又 策林問 云59) 衆生爲迷 諸佛爲悟 體雖是一 約用有差. 若以衆生通佛 佛亦合迷 若以佛通 衆生 衆生合悟.

『백문의해』에서 "깨달음을 발한다는 것은 지금 일체중생에게 결정된 성품이 없다 는 이치를 요달하는 것이다. 이것은 부처님 깨달음의 지혜를 성취하였기 때문에, 부 처님의 깨달음에서 일체중생이 등정각(等正覺)을 이루고 있음을 보는 것이다. 또 일 체중생도 온전히 부처님 깨달음의 이치로써 중생을 이루고 있기 때문에 중생의 깨달 음 가운데에 깨달음을 닦아 나가는 부처님의 행을 보는 것이다. 이런 이유로서 부처 님은 중생 속의 부처님이며, 중생은 부처님 가운데의 중생이다. 비록 중생과 부처님 을 여러 가지로 이야기하거나 하나로 모을지라도 끝내 차별이 없다. 이와 같이 봄을 깨달음이라 하니, 마음에서 중생과 함께 하는 대자대비심을 일으켜 중생을 교화하는 것이다"라고 말하였다. 또 책림은 다음과 같이 물었다.

 문 : 중생은 미혹하고 부처님은 깨달아서 바탕이 비록 하나라도, 쓰여지는 데에 차 별이 있습니다. 만약 중생으로서 부처님과 통한다면 부처님 또한 미혹한 것이며, 부 처님으로서 중생과 통한다면 중생 또한 깨달은 것이 아니겠습니까.

---

59) 策林問云에서 K본과 S본은 같으나 C본은 東林으로 되어 있다.

○

答 恆以非衆生爲衆生 亦以非佛爲佛. 不礙存而恆奪 不妨壞而常成. 隨緣且立衆
生之名 豈有衆生可得. 約體權施法身之號 寧有諸佛可求. 莫不妄徹眞原 居一相
而恆有 眞該妄末 入五道而常空. 情談則二界難通 智說乃一如易就. 然後 雙非雙
是 卽互壞互成. 見諸佛於衆生身 觀衆生於佛體. 仰山和尙問潙山和尙云 眞佛住
何處.

답 : 항상 중생이 아닌 것으로 중생을 삼고, 또한 부처가 아닌 것으로 부처를 삼는
다. 있음에 구애되지 않고 항상 그 근거를 빼앗으며, 허무는 것을 방해하지 않으면서
항상 만들어 나간다. 그러므로 인연을 따라서 중생이란 이름을 세웠지만 어찌 얻을
만한 중생의 실체가 있겠는가. 바탕을 기준하여 방편으로 법신이란 이름을 세웠지만
어찌 구할 만한 부처님의 실체가 있겠는가. 허망한 것이 진실의 근원에 확철하지 않
음이 없으니, 하나의 모습으로 있으면서 항상 존재하는 것이다. 참다운 진실이 허망
함의 세세한 부분까지 껴안고 있으니, 오도(五道)에 들어가면서도 항상 공(空)하다.
중생의 알음알이로서 이야기하면 중생의 세계와 부처님의 세계가 통하기 어려우나,
부처님의 지혜로서 설하면 하나의 여여한 세계로 쉽게 나아가는 것이다. 그런 연후에
두 가지 다 틀리거나 옳기도 하니, 곧 서로 파괴하면서 서로 만들어 나가는 것이다.
모든 부처님을 중생의 몸에서 보며, 모든 중생을 부처님의 몸에서 관(觀)하는 것이다.
  앙산 스님(807~883)은 위산 스님(771~853)에게 다음과 같이 물었다.

문 : 참다운 부처님은 어느 곳에 머뭅니까.

○

潙山云 以思無思之妙 反思靈焰之無窮.[60] 思盡還原 性相常住 事理不二 眞佛如如. 斯則 無住無離 能見眞佛 履平等道矣. 故云 六道之道 離善之惡 離惡之善 二乘之道 離漏之無漏 菩薩之道 離邊之中. 諸佛之道 無離無至 何以故 一切諸法卽是佛道故. 所以 先德云 夫大道唯心 卽心是佛. 只依一心而修 卽是根本之智 亦是無分別智 卽能分別無窮 自具一切智故 不同起心遍計.

답 : 생각으로 사량할 수 없는 묘(妙)한 자리로써 신령스런 지혜의 불꽃이 무궁함을 돌이켜 생각하는 것이다. 생각이 다하여 근원에 돌아가면 성(性)과 상(相)이 상주하여 사(事)와 이(理)가 둘이 아니면서 참다운 부처님이 여여한 것이다. 이러한즉 머물거나 떠날 것도 없으면서 참다운 부처님을 볼 수 있으니 평등한 도에 나아간다.

그러므로 육도(六道)의 도는 선을 떠나 악으로 가거나 악을 떠나 선으로 가는 것이며, 이승(二乘)의 도는 유루를 떠나 무루로 가는 것이며, 보살의 도는 변견(邊見)을 떠나 중도(中道)로 간다. 그러나 모든 부처님의 도는 떠남도 없고 도달할 것도 없으니, 왜냐하면 일체 모든 법 자체가 부처님의 도이기 때문이다.

그러므로 옛 스님은 "대도(大道)가 오직 마음이니 마음 자체가 부처님이다"라고 하였다. 단지 하나의 마음에 의지하여 닦는 그 자체가 근본 지혜이며, 또한 분별이 없는 지혜로서 한량없는 것을 분별할 수 있는 것이다. 이것은 스스로 일체를 아는 지혜를 구족하였기 때문에 마음을 일으켜서 두루 계교 사량하는 것과는 다르다.

---

60) 反思靈焰之無窮에서 C본과 같으나 K본과 S본은 思자가 누락되어 있다.

○

故知 凡有心者 悉皆成佛 如今行是佛行 坐是佛坐 語是佛語 默是佛默. 所以云 阿
鼻依正 常處極聖之自心 諸佛法身 不離下凡之一念. 此非分得 可謂全收. 以不信
故 決定爲凡 以明了故 舊來成佛. 然成佛之義 約性虛玄[61] 隨相對機 卽有多種.

그러므로 무릇 마음이 있으면 모두 다 성불하여 지금의 행이 부처님의 행과 같다는
사실을 알아야 한다. 앉아도 부처님이 앉고, 말해도 부처님이 말하며, 침묵해도 부처
님이 침묵하는 것이다. 그러므로 무간지옥의 국토와 중생이 항상 지극한 성인의 자기
마음에 거주하며, 모든 부처님의 법신이 하열한 범부의 한 생각을 벗어나지 않는다고
말한다. 이것은 나누어질 수 없기 때문에 전체로 거두어진다고 할 만하겠다.

　이것을 믿지 않았기 때문에 범부가 되었으며, 이것을 명료하게 알았기 때문에 옛부
터 성불하여 있는 것이다. 그러므로 부처님이 되는 이치는 참성품의 입장에서 허허롭
고 깊은 도리이나, 중생의 모습을 따르고 여러 근기에 맞추다 보면 여러 종류가 있게
되는 것이다.

---

61) 約性虛玄은 K본과 S본은 같으나 C본은 約信虛玄으로 되어 있다.

일체법이 도량이다

14-12-37 如悟入宗鏡中 成佛不離一念. 若前念是凡 後念是聖 此猶別教所收. 今不
動無明 全成正覺故 華嚴論云 如將寶位 直授凡庸 如夜夢千秋 覺已隨滅. 傳大士
白梁武帝云 今欲將如意寶珠 清淨解脫 照徹十方 光色微妙 難可思議 意欲施於
人主 若受者 疾得阿耨多羅三藐三菩提. 故知 若一念決定信受者 不間刹那 便登
覺位. 如維摩經云 維摩詰言 然汝等便發阿耨多羅三藐三菩提心 是卽出家 是卽
具足.

만일 종경에 깨달아 들어가면 부처님이 되는 것도 한 생각을 벗어나지 않는다. 만
약 앞의 생각이 범부인데 뒤의 생각이 성인이라면 이것은 별교에서 주장하는 것과
같다.

지금 무명을 움직이지 않고 온전히 정각을 이루기 때문에, 이것을 『화엄론』에서
"왕위를 백성에게 바로 주는 것과 같고, 꿈 속의 천년 세월이 잠을 깨어 사라진 것과
같다"고 말한 것이다. 또 부대사는 양무제에게 "지금 여의보주인 청정해탈로서 시방
세계를 확철하게 비추니, 광명의 색깔이 미묘하고 훌륭하여 참으로 생각하기 어려운
것입니다. 이 여의보주를 황제에게 드리고자 하오니, 만약 이것을 받으시면 아뇩다라
삼먁삼보리를 빠르게 얻을 것입니다"라고 하였다.

그러므로 만약 한 생각에 결정하여 믿고 받아들인 자는 찰나를 두지 않고 문득 깨
달음에 올라간다는 사실을 알아야 한다. 이것은 『유마경』에서 유마 거사가 "너희들
이 아뇩다라삼먁삼보리의 마음을 내는 자체가 곧 출가이며, 그 자리에서 모든 것을
구족한다"고 말한 것과 같다.

○

又 法華經 云. 爾時龍女 有一寶珠 價値三千大千世界 持以上佛 佛卽受之. 龍女
謂智積菩薩尊者舍利弗言 我獻寶珠 世尊納受 是事疾不.[62] 答言甚疾. 女言 以汝
神力 觀我成佛 復速於此. 故知 一切含生 心珠朗耀 理無前後 明昧隨機.

또한 『법화경』에서는 다음과 같은 내용을 말하였다.

그 때 용녀에게 삼천대천세계에 버금가는 가치가 있는 보배구슬이 하나 있었는데,
용녀가 이 구슬을 가지고 부처님께 공양하자, 부처님께서 받아들이셨다. 용녀는 지적
보살 존자사리불에게 말하였다.

용녀 : 내가 세존께 구슬을 올리니, 세존께서 받으셨습니다. 이 행동이 빠르다고 생
각하십니까.

존자 : 참으로 빠릅니다.

용녀 : 당신의 신통력으로 내가 성불하는 것을 관(觀)한다면, 이것보다 더 빠를 것
입니다.

그러므로 일체중생의 마음은 밝고 환하여 마음의 이치에 전후가 없으나, 밝거나 어
둡게 나타남은 중생의 근기에 따른다는 사실을 알아야 한다.

---

62) 是事疾不는 K본과 S본은 같으나 C본은 是事疾否로 되어 있다.

○

或因鬪而隱膚中 對明鏡而顯現 或因遊而沈水底 在安徐而得之 或處輪王髻中 建大功而受賜 或繫貧人衣裏 惺智願而猶存 宗鏡明文 同證於此. 如是信者 究竟無餘 卽是一念知一切法是道場 成就一切智故. 據此 諸聖開示 心佛了然. 設有抱疑退屈之者 雖未信受 若成佛之理 未曾暫虧. 如人不識眞金 認爲銅鐵 銅鐵但有虛名 金性未曾暫變. 如今執者 不知本是 卻謂今非 亦匪昔迷而方始悟.

혹은 다툼으로 인하여 몸 속에 숨어 있다가 밝은 거울을 대면하여 나타나기도 하며, 혹은 물에서 놀다가 물에 빠뜨리면 물살이 잔잔한 곳에서 찾기도 하며, 혹은 전륜왕의 상투 속에 있다가 큰 공을 세워 하사받기도 하며, 혹은 술 취한 가난한 사람의 옷 속에 묶여 있다가 술에서 깨어나면 지혜로 찾아지도록 보존되기도 하니, 종경의 기록 속에 나타나는 분명한 의도가 똑같이 이것을 증명하는 것이다.

이와 같이 믿는 자는 구경에 남김없이 한 생각 자체에서 일체 모든 법이 도량인 줄 아니, 일체를 아는 지혜를 성취하였기 때문이다. 이것에 근거하여 모든 성인은 마음의 부처님을 확연하게 열어 보였다. 설사 의심을 품고 도에서 물러나는 자가 비록 이것을 믿고 받아들이지 못하더라도 부처를 이루는 이치는 일찍이 잠시도 어그러진 적이 없었다.

이것은 마치 순금을 모르고 동이나 철로 알았더라도, 동이나 철은 단지 헛된 명칭일 뿐 순금의 성품은 일찍이 잠시도 변한 적이 없는 것과 같다. 이것은 지금 한쪽을 집착하는 자가 근본이 본래 모두 옳다는 사실을 알지 못하여 도리어 지금 잘못됐다고 주장하는 것과 같으나, 사실을 알고 보면 이것 또한 예전의 미혹함을 지금 비로소 깨닫는 것도 아니다.

○

如上廣引 委曲證明 只爲卽生死中 有不思議性 於塵勞內 具大菩提身. 以障重之
人 聞皆不信 甘稱絶分 唯言 我是凡夫 旣不能承紹佛乘. 弘持法器 遂乃一向順衆
生之業 背覺合塵 生死之海彌深 煩惱之籠轉密. 所以 遍集祖佛言敎 頓釋群疑 令
於言下發明 直見無生自性 方知與佛無異 萬法本同 始信眞詮有玆深益. 問 六祖
云 善惡都莫思量 自然得入心體 洞山和尙云 學得佛邊事 猶是錯用心 今何廣論
成佛之旨.

위와 같이 널리 많은 사례를 인용하여 자세하게 증명하는 것은, 다만 생사 자체 가운데에 부사의한 성품이 있어 티끌 번뇌 속에 커다란 깨달음이 구비되어 있기 때문이다. 업장이 두터운 사람은 이런 법문을 듣고도 모두가 이를 믿지 못해서 쉽게 그런 자격이 없다고 생각하여 오로지 말하기를 "나는 범부로서 이미 부처님의 가르침을 계승할 수 없다"라고 한다. 자신이 일체 모든 법을 지닌 법기(法器)인데도 마침내 중생의 업을 한결같이 수순하여 깨달음을 등지고 번뇌에 들어가니, 생사의 바다가 더욱 깊어지며 번뇌의 굴레가 더욱 치밀해진다.

그러므로 널리 부처님과 조사 스님의 가르침을 모아서 중생의 모든 의심을 단번에 풀고 말이 떨어지는 자리에서 바로 무생(無生)의 자성(自性)을 보게 해야 바야흐로 자신이 부처님과 더불어 다름이 없고 만법의 근본이 같음을 아니, 비로소 참다운 가르침 속에 이렇게 깊은 이익이 있음을 믿는다.

문 : 육조 스님은 "선이나 악을 조금도 생각하지 않으면 자연히 마음의 본질에 들어갈 수 있다"고 하였고, 동산 스님은 "부처님의 자취를 배우면 오히려 마음을 잘못 쓴다"고 하였는데, 지금 어찌 광범위하게 성불의 뜻을 논하십니까.

○

答 今宗鏡錄 正論斯義. 以心冥性佛 理合眞空 豈於心外妄求 隨他勝境. 如華嚴
記 云. 若達眞空 尙不造善 豈況惡乎. 若邪說空 謂豁達無物 或言無礙 不妨造惡.
若眞知空 善順於理 恐生動亂 尙不起心慕善 惡背於理 以順妄情 豈當可造. 若云
無礙不礙造惡 何不無礙不礙修善而斷惡耶. 厭修善法 尙恐有著心 恣情造惡 何
不懼著.

답 : 지금 『종경록』에서 바로 이 이치를 논한다. 마음으로써 자성의 부처님과 명합
하고 이치로써 참다운 공에 계합하는데, 어찌 마음 밖에 다른 수승한 경계를 허망하
게 구할 것인가. 이것은 『화엄기』에서 말한 다음 내용과 같다.

만약 참다운 공을 통달하면 오히려 착한 일도 짓지 않는데, 어찌 하물며 악한 업을
짓겠는가. 만약 삿되게 공을 설하여 '탁 트여 아무 것도 없다'고 한다면 혹 어떤 이는
'걸림이 없다'고 하면서 악한 행을 거리낌 없이 저지를 것이다. 그러나 진실로 공을
안다면 선(善)으로 이치에 수순하는 것도 동요와 산란을 일으킬까 두려워해 오히려
마음에 선을 좋아하는 생각도 일으키지 않는다. 하물며 악은 이치에 어긋나고 허망한
정식을 따라가는데, 어찌 악한 업을 지을 수 있겠는가.

만약 '장애가 없으니 방해받지 않고 악한 업을 짓는다'고 말한다면 '걸림이 없어 선
한 업을 닦아도 방해받지 않을 것인데, 어찌 선한 업을 닦아 악한 업을 끊으려 하지
않는가. 좋은 법도 닦기 꺼리는 것은 오히려 좋은 법에 집착하는 마음이 있을까 두려
워함에서인데, 멋대로 악한 업을 지으며 어찌 거기에 집착하는 마음을 두려워하지 않
을 것인가.

○

明知邪見惡象生也 乃至 入理觀佛 猶恐起心 更造惡思 特違至理.63) 故楞伽經
云. 佛告大慧 前聖所知 轉相傳授 妄想無性.64) 菩薩摩訶薩 獨一靜處 自覺觀察
不由於他 離見妄想 上上昇進 入如來地 是名自覺聖智相. 又云 一切無涅槃 無有
涅槃佛 無有佛涅槃 遠離覺所覺. 所覺是相 能覺是見 遠離覺所覺 名自覺聖智.
以亡能所處 成佛故.

이로써 삿된 견해가 중생을 나쁘게 한다는 사실을 분명히 알 것이다. 이치에 수순
하여 부처님을 관해도 오히려 부처님을 관한다는 생각을 일으킬까 두려운데, 다시 나
쁜 생각을 낸다는 것은 지극한 이치에 너무 어긋난다. 그러므로『능가경』에서 부처님
은 대혜 보살에게 다음과 같이 말씀하셨다.

옛날, 성인들이 아는 바를 서로간에 전수함도 허망한 생각으로 결정된 성품이 없다.
보살마하살이 고요한 곳에서 홀로 스스로 깨닫고 관찰하여 다른 사람을 의지하지 않
고, 본다는 망상을 떠나 공부가 진전하여 여래지(如來地)에 들어감을 이름하여 스스
로 깨달은 성스런 지혜의 모습이라 한다. 또 일체에 열반이 없으니 열반한 부처님도
없고, 부처님의 열반도 없어 능각(能覺)과 소각(所覺)을 멀리 여의었다. 소각은 상(相)
이고 능각은 견(見)으로서 능각과 소각을 멀리 여읜 것을 이름하여 스스로 깨달은 성
스런 지혜라 한다. 능(能)과 소(所)의 상대적 개념이 사라진 곳에서 성불하기 때문이
다.

---

63) 更造惡思 特違至理는 C본과 같으나 K본과 S본은 更造業思 特違至理로 되어 있다.
64) 妄想無性은 K본과 S본은 같으나 C본은 妄相無性으로 되어 있다.

○

夫限量所知 從他外學 欲窮般若海 莫得其源 如於恆河中 投一升鹽 水無鹽味 飮
者不覺. 若內照發明 徹法原底 無理不照 無事不該. 如經云 佛言 我住於無念法
中 得如是黃金色身三十二相 放大光明 照無餘世界.

한계가 있는 생각으로 바깥에서 배움을 좇아 반야의 바다를 알려는 것은 절대로 그
근원을 얻지 못하니, 마치 항하의 강물에 한 되의 소금을 뿌리는 것과 같다. 물에 짠
맛이 없으니 이를 마시는 자가 짠맛을 느낄 수 없다.

만약 자기의 마음을 비추어 깨달아서 법의 근원에 확철하면 어떠한 이치도 비추지
않음이 없고, 어떠한 일도 감싸지 않을 것이 없다.

이것은 경에서 부처님이 "내가 무념법 가운데 머물러 이와 같은 황금색신(黃金色
身)의 삼십이상(三十二相)을 얻어, 대광명을 펼치어 일체 모든 세계를 남김없이 비추
었다"고 말한 것과 같다.

제2편

신통은 반야를 장애할 수 있다

위엄과 덕을 갖춘 종족으로서
뛰어난 부처님을 보려 한다면
망상으로 진실을 잘못 보나니
최고로 수승한 법 알 수 없으리.

신통은 반야를 장애할 수 있다

15-7-38 問 若不具神變 將何攝化. 答 若純取事相神通 有違眞趣. 如輔行記云 修三昧者 忽發神通 須急棄之 有漏之法 虛妄故也. 故止觀云 能障般若. 何者 種智般若 自具諸法 能泯諸相. 未具已來 但安於理 何須事通. 若專於通 是則障理. 又不唯障理 反受其殃 如鬱頭勝意之徒 卽斯類矣.

문 : 만약 신통변화를 갖추고 있지 않으면 무엇으로 중생을 교화할 수 있겠습니까.

답 : 만일 겉으로 드러나는 신통력만 취한다면 불법의 참뜻을 찾아가는데 문제가 있다. 이것은 『보행기』에서[65] "삼매를 수행하는 자가 홀연히 신통이 생긴다면 모름지기 빠르게 이것을 버려야 할 것이니, 이것은 유루법(有漏法)으로 허망하기 때문이다"라고 말함과 같다.

그러므로 『지관』에서[66] "신통은 반야를 장애할 수 있다"고 말한다. 왜냐하면 일체종지(一切種智)의 반야는 스스로 모든 법을 갖추어 일체 모든 상을 없앨 수 있기 때문이다. 일체종지의 반야를 갖추고 있지 않으면 단지 이치에 의지해야지, 어찌 신통력으로 형상을 구하여서 통하려 하는가. 만약 신통력에 전념한다면 이것은 이치를 장애하고, 또 이치를 장애할 뿐만 아니라 오히려 재앙을 받기도 하니, 울두승의외[67] 같은 사람들이 이런 종류에 해당한다.

---

65) 보행기(輔行記) : 마하지관보행전홍결(摩訶止觀輔行傳弘決)을 말한다. 마하지관(摩訶止觀)의 주석서로 당(唐)나라 형계담연(荊溪湛然)이 지은 책으로 40권이다.
66) 지관(止觀) : 마하지관(摩訶止觀)으로 중국 천태종 천태지자 대사가 지은 20권의 책
67) 울두승의는 부처님이 출가하시기 전에 만났던 신통을 부리는 선인(仙人)이다.

○

夫言眞實神變者 無非演一乘門 談無生理 一言契道 當生死而證涅槃 目擊明宗
卽塵勞而成正覺 利那而革凡爲聖 須臾而變有歸空 如此作用 豈非神變耶. 所以
寶積經云 文殊師利白佛言 世尊 夫說法者 爲大神變 若是下劣根機之者 諸佛大
慈 不令孤棄 一期方便 黃葉止啼. 如維摩經云 以神通慧 化愚癡衆生 若上上根人
只令觀身實相 觀佛亦然.

진실한 신통변화를 말하자면 일승(一乘)의 도리를 연설하여 무생(無生)의 이치를
담론하는 것이며, 말 한 마디에 도에 계합하여 생사가 있는 자리에서 열반을 증득하
는 것이며, 밝은 종지를 목격하여 티끌 번뇌에서 정각을 이루는 것이며, 찰나에 범부
가 성인이 되는 것이며, 잠깐 사이에 유(有)에서 공(空)으로 돌아가는 것이니, 이와
같은 작용이 어찌 신통변화가 아니겠는가.

그러므로 『보적경』에서 문수사리가 부처님께 사뢰어 "세존이시여, 부처님의 설법
은 참으로 커다란 신통변화가 됩니다. 만약 중생이 하열한 근기라면 모든 부처님께서
는 대자대비로 이 중생을 외롭게 버려두지 않습니다. 상황에 맞는 방편으로 노란 잎
을 돈이라 하여 우는 아이의 울음을 그치게 하듯 중생들의 고통을 덜어 주십니다"라
고 하니, 이것은 『유마경』에서 "우매하고 어리석은 중생은 신통한 지혜로 교화한다"
고 말한 것과 같다. 그러나 상근기라면 다만 몸의 실상을 관하도록 하며, 부처님을 관
함도 또한 그렇게 한다.

○

如昔有彭城王問 諸大德等 實若證果 卽得成聖者 與我左腋出水 右腋出火 飛騰虛
空 放光動地 我卽禮拜汝爲師. 牛頭融大師答云 善哉善哉 不可思議. 今若責我 如
此證果者 恐與道乖. 審如是成佛者 幻師亦得作佛.

이런 내용은 옛날 중국의 팽성왕이 스님들에게 질문한 신통력에 대하여 우두융 대
사가 답한 내용과도 같다.

팽성왕 : 대덕 스님이시여, 진실로 도과(道果)를 증득했다면 성인(聖人)이 되는 것입
니다. 성인이 되었다면 성인의 신통력으로 나의 좌측 겨드랑이에서 물이 나오게 하
고, 우측 겨드랑이에서 불이 나오게 하십시오. 그리하여 하늘을 날게 하고 광명을 놓
아서 땅을 진동시킨다면 내가 곧 예배하고 당신들을 스승으로 모시겠습니다.

우두융 : 참 좋은 질문으로 생각하기 어려운 일을 물으셨습니다. 지금 도과를 증득
하는 것이 신통력이라고 나를 책망하신다면, 참다운 도와 어긋나는 것이 아닌가 걱정
이 됩니다. 왜냐하면 이와 같은 신통력으로 성불하는 것이라 생각하고 살핀다면 환사
(幻師) 또한 부처님이 될 수 있기 때문입니다.

○

且與諸大德及諸人士證者 昔釋迦在於僧中 演無上道 與僧不異 維摩在俗 說解脫
果 與俗不殊 勝鬘女人 說大乘法 女相不改 善星比丘 行闡提行 僧相不移. 此乃
正據其內心解與不解 以爲差隔 何關色身男女相貌衣服好醜. 若言形隨證改 貌逐
悟遷 是聖者 則瞿曇形改 方成釋迦 維摩相遷 乃成金粟. 卽知 證是心證 非是形
遷 悟是智變 非關相異.

그러나 모든 대덕 스님과 선지식과 옛날 석가모니 부처님께서도 대중 가운데서 최
고의 가르침을 설했으나 비구의 모습과 다르지 않았고, 유마 거사가 세속에 있으면서
해탈의 과보를 설했으나 속인의 모습과 같았으며, 승만 여인도 대승의 법을 이야기하
였으나 여인의 모습을 바꾸지 않았고, 선성 비구가 개망나니 짓을 하였어도 승려의 모습이
달라지지 않았습니다.

이것은 바로 그들이 쓰고 있는 마음이 도를 아는가 모르는가에 근거하여 차별이 있
는 것이지, 어찌 형상으로 나타나는 남녀의 모습과 의복의 좋고 나쁨에 관계가 있겠
습니까. 만약 형상이 증득한 도에 따라 고쳐지고 모습이 깨달음을 좇아서 변화된 것
이 성인이라 말한다면 구담 싯달타도 형상을 바꾸어서 석가모니 부처님이 되었을 것
이고, 유마 거사도 속인의 모습을 바꿔 금속여래(金粟如來)가[68] 되었을 것입니다. 곧
이것으로 알 것이니, 증득함은 마음이 증득하는 것으로서 형상이 바뀌는 것이 아니
며, 깨달음도 지혜가 변하는 것이지 모습이 달라지는 것이 아니라는 사실입니다.

---

[68] 유마거사의 다른 이름이다.

○

譬如世間 任官之人 爲遷改官 官高豈卽貌別. 又 古人云 不改舊時人 只改舊時行
履處 設或 改形換質 千變萬化 皆是一心所爲. 乃至 神通作用 出沒自在 易小令
大 展促爲長 豈離一心之內. 故知 萬事無有不由心者 但證自心 言下成聖. 若不
識道 具相奚爲. 故金剛經云 若以三十二相 觀如來者 轉輪聖王 卽是如來. 又 偈
云 若以色見我 以音聲求我 是人行邪道 不能見如來.

이것은 비유하여 세간에 관직을 맡고 있는 사람이 관직이 높아진 것과 같아서, 관
직이 높아졌다고 어찌 관직 맡은 사람의 얼굴이 달라지겠습니까. 또 옛 스님은 “예전
사람이 바뀐 것이 아니라, 다만 예전의 행이 바뀌었다”고 하였으니, 설혹 형상을 고
치고 내용을 바꾸어서 천변만화하더라도 모두 하나의 마음이 알아서 하는 것입니다.
신통작용으로 나타나고 사라짐이 자재하고, 작은 것을 바꾸어서 크게 하거나 오그라
든 것을 펼쳐서 길게 만듦이 어찌 하나의 마음을 벗어나 있겠습니까.

그러므로 알아야 할 것이니, 일체 만사가 마음으로부터 시작된다는 사실은 단지 자
기의 마음을 증득하면 바로 성인이 된다는 것입니다. 만약 이러한 도리를 알지 못한
다면 형상을 갖춘들 어찌 하겠습니까.

그러므로『금강경』에서 “만약 삼십이상으로 여래를 본다면 전륜성왕도 곧 여래이
다”라고 하며, 또 게송에서도 “만약 형상으로 여래를 보거나 음성으로 여래를 구한다
면 이 사람은 삿된 도를 쓰는 것이니 참다운 여래를 볼 수 없다”고 하는 것입니다.

○

古人云 若不達此理 縱然步步脚踏蓮華 亦同魔作. 龐居士偈云 色聲求佛道[69] 結果反成魔. 若決定取神通勝相作佛者 不唯幻士成聖 乃至 天魔外道妖狐精魅鬼神龍蝏等 皆悉成佛. 彼咸具業報五通 盡能變化故. 若不一一以實相勘之 何辯眞僞. 但先悟宗鏡 法眼圓明 則何理而不通 何事而不徹. 一切佛事 攝化之門 自然成就.

또 옛 스님께서도 "만약 이 도리를 통달하지 못한다면 설사 걸음걸음이 극락세계의 연화대를 밟더라도, 이것 또한 마구니의 장난과 같다"고 말씀하셨고, 방거사도 게송으로 "색이나 소리로 부처님의 도를 구한다면 결과가 오히려 마구니가 된다"고 하셨습니다.

만약 신통으로 나타나는 수승한 모습으로 부처가 된다고 결정하신다면 환사(幻士)도 성인이 될 뿐만 아니라, 하늘의 마구니와 외도 및 요사스런 여우나 숲속의 정령, 귀신과 용과 이무기 등이 모두 다 부처님이 될 것이니, 그들은 전부 업보로 오신통(五神通)을[70] 갖추어 모두 다 자기의 몸을 변화시킬 수 있기 때문입니다.

만약 이것들 하나하나를 진실한 모습으로 감별하지 않는다면 어떻게 그 진위를 가릴 수 있겠습니까. 단지 먼저 종경을 깨달으면 법을 보는 안목이 뚜렷하여 밝아지니, 곧 어떠한 이치엔들 통하지 않을 것이며, 어떠한 일엔들 확철하지 않겠습니까. 일체 모든 부처님의 일로서 중생을 교화하고 거둠이 자연 성취되는 것입니다.

---

69) 龐居士偈云 色聲求佛道는 명추회요와 K본 S본은 같으나 C본에는 色聲이 色身으로 되어 있다.
70) 오신통(五神通)은 육신통(六神通) 가운데서 누진통(漏盡通)을 뺀 나머지이다.

다른 사람의 깨달음이 아니다

15-11-39 淸凉華嚴疏 曰.[71] 經云 了知境界 如幻如夢 如影如響 亦如變化. 若諸菩薩 能與如是觀行相應 於諸法中 不生二解 一切佛法疾得現前 初發心時 卽得阿耨多羅三藐三菩提 知一切法卽心自性 成就慧身 不由他悟者 夫初心爲始 正覺爲終 何以初心便成正覺. 故云 知一切法 卽心自性故 覺法自性 卽名爲佛故. 經頌云 佛心豈有他 正覺覺世間 斯良證也.

청량 스님의 『화엄경소』에서 다음과 같은 내용을 말하였다.

『화엄경』에서 "모든 경계가 허깨비와 같고 꿈과 같으며, 그림자와 같고 메아리와 같으며, 또한 변화하는 것과 같다고 환하게 알아야 한다. 만약 이와 같이 모든 보살이 관(觀)하는 수행에 상응할 수 있다면 모든 법 가운데 차별하는 견해를 내지 않아서 일체 모든 부처님의 법이 빠르게 눈 앞에 나타날 것이다. 처음 발심할 때에 곧 아뇩다라삼먁삼보리를 얻어 일체 모든 법이 곧 마음의 자성임을 알아 지혜의 몸을 성취하리니, 이 깨달음은 다른 사람의 깨달음이 아니다"라고 하였다.

무릇 처음 공부하는 마음을 낸다는 것은 시작이며 바른 깨달음은 끝인데, 어떻게 처음의 마음에서 바로 정각을 이루는 것인가. 그래서 말하기를, 일체 모든 법이 곧 마음의 자성임을 안다고 하며, 모든 법의 자성을 깨친 자체를 이름하여 부처님이라 하는 것이다.

그러므로 경의 게송에서 "부처님 마음이 어찌 다른 곳에 있겠는가. 바른 깨달음으로 세간을 깨닫는다"고 하였으니, 이것이 좋은 증거이다.

---

71) 淸凉華嚴疏 曰은 K본 S본 C본에는 淸凉疏云 華嚴經云으로 되어 있다.

○

斯則 發者 是開發之發 非發起之發也. 何謂現前之相. 夫佛智非深 情迷謂遠 情
亡智現 則一體非遙. 旣言 知一切法 卽心自性 則知 此心卽一切法性. 今理現自
心 卽心之性 已備無邊之德矣. 成就慧身者 上觀法盡也. 正法當興 今諸見亡也.
佛智爰起 覺心則理現 理現則智圓. 若鏡淨明生 非前非後 非新非故 寂照湛然.
不由他悟者 成上慧身 卽無師自然智也.

이러하니 초발심(初發心)에서 말하는 발(發)은 열어제쳐 드러낸다는 발(發)이지, 시
작한다는 발기(發起)의 발(發)이 아니다.

무엇을 눈 앞에 나타나는 모습이라 하는가. 무릇 부처님의 지혜가 깊이 숨어 있는
것이 아닌데도 중생이 알음알이에 미혹하여 멀리 있다고 말한다. 그러나 중생의 알음
알이가 사라지고 지혜가 나타나면 전체가 곧 하나이니 부처님의 지혜가 멀리 있는
것이 아니다. 이미 '일체 모든 법 자체가 마음의 자성인 줄 안다'고 하는 것은 곧 이
마음 자체가 일체 모든 법의 성품이라는 것을 아는 것이다. 지금 이치가 자기의 마음
에 나타나는 것이 곧 마음의 성품으로서 한량없는 공덕을 갖춘 것이다.

'지혜의 몸을 성취했다'고 함은 위에서 모든 법이 다 사라짐을 관(觀)하는 것이다.
바른 법이 일어난 이 자리에 지금 모든 삿된 견해가 사라지는 것이다. 부처님의 지혜
가 일어나 마음을 깨달으니 이치가 나타나고, 이치가 나타나니 지혜가 원만해지는 것
이다. 만약 거울의 밝은 면이 깨끗하게 드러나면 이것은 먼저도 뒤도 아니면서, 새 것
도 옛 것도 아닌 것으로 모든 경계를 공적하게 비추며 담연한 것이다.

'다른 사람의 깨달음이 아니다'라고 하는 것은 지혜의 몸을 성취함이 곧 스승의 도
움 없이 스스로 아는 자연스런 지혜임을 말한다.

○

又 不由他悟是自覺也 知一切法是覺他也 成就慧身爲覺滿也. 成就慧身 必資理發
見夫心性 豈更有也. 若見有他 安稱爲悟. 旣曰心性 自亦不存 寂而能知 名爲正
覺. 故法華經云 爲一大事因緣故 出現於世 開示悟入佛之知見. 夫一者 卽古今不
易之一道 大者 是凡聖之心體. 故十方諸佛 爲此一大事 出現於世 皆令衆生 於自
心中 開此知見. 若立種種差別 是衆生知見 若融歸一道 是二乘知見 若一亦非一
是菩薩知見.

또한 '다른 사람의 깨달음이 아니다'라고 하는 것은 스스로의 깨달음이고, '일체 모
든 법을 안다'는 것은 다른 대상의 실체를 깨닫는 것이며, '지혜의 몸을 성취한다'는
것은 스스로 깨닫고 다른 대상의 실체를 깨달아 깨달음이 원만해진 것이다. 지혜의
몸을 성취하는 것은 반드시 이치를 도와 발현하니, 무릇 마음의 성품을 보는 것이 어
찌 다른 곳에 있겠는가. 만약 다른 곳에 있는 것을 본다면 이것을 어찌 깨달음이라
하겠는가. 이미 마음의 성품이라고 말하여도 본래가 또한 있지 않은 것이니, 공적하
면서도 일체를 알 수 있는 이것을 이름하여 바른 깨달음이라 한다.

그러므로 『법화경』에서 "부처님이 일대사인연(一大事因緣)을 위하여 세상에 출현해
서 불지견(佛知見)을 개시오입(開示悟入)한다"고 하였다. 일대사인연에서의 일(一)은
예나 지금이나 변하지 않는 하나의 도(道)를 말하며, 대(大)는 범부와 성인이 갖고 있
는 본질적 마음의 바탕이다. 그러므로 시방세계 모든 부처님은 이 일대사(一大事)로
세상에 출현하여 모두 중생으로 하여금 자기 마음에서 이러한 지견(知見)을 열게 하
신 것이다. 만약 여러 가지 차별을 일으킨다면 중생의 지견이고, 중생의 지견을 모아
원융한 하나의 도(道)로 돌아간다면 이승의 지견이며, 하나이면서 또한 하나가 아니
라면 보살의 지견이다.

○

若佛知見者 當一念 心開之時 如千日並照 不俟更言 卽是祖師西來 卽是諸佛普
現. 故云 念念釋迦出世 步步彌勒下生 何處 於自心外 別求祖佛. 則知 衆生佛智
本自具足. 若欲起心別求 卽成遍計之性 故六祖云 本性自有般若之智 自用智慧
觀照 不假文字. 若如是者 何用更立文字. 今爲未知者 假以文字指歸 令見自性.
若發明時 卽是豁然 還得本心 於本心中 無法不了.

만약 부처님의 지견이라면 한 생각이 있는 그 자리가 마음이 열리는 때다. 이것은
마치 천 개의 태양이 일제히 비추는 것과도 같아 다른 말이 필요치 않으니 곧 달마
조사가 서쪽에서 오신 뜻이며, 시방세계의 모든 부처님이 두루 나타나신 것이다.

그러므로 "생각 하나하나에 석가모니 부처님이 세상에 출현하시고, 걸음걸음에 미
륵 부처님이 내려오신 것인데, 어느 곳에서 자기 마음 이외에 달리 조사와 부처를 구
할 것인가"라고 말하였다. 이것으로 중생이 부처님의 지혜를 본래 구족하고 있다는
사실을 알 것이다.

만약 마음을 일으켜 달리 조사와 부처를 구하려 한다면 곧 중생의 집착이 되니, 그
러므로 육조 스님은 "본래의 성품에 반야 지혜를 갖추어 이 지혜를 사용하여 관조하
는 것이니, 문자의 개념을 빌리지 않는다"고 하였다.

만약 이와 같다면 어찌 여기에서 다시 문자를 쓸 것인가. 지금 아직 이런 이치를 알
지 못하는 자를 위하여 문자를 가지고 돌아갈 곳을 가리켜 그들의 자성을 보도록 하
는 것이다. 이렇게 함으로써 마음의 빛이 툭 트여 본래의 마음에 돌아간다면 본래의
마음 가운데 알지 못할 법이 없다.

여러 모습의 부처님

16-3-40 問 若一切衆生 卽心是佛者 則諸佛 何假三祇百劫 積功累德方成. 答 爲
復學一乘實法 爲復趣五性權機. 此論自證法門 非述化儀方便. 且楞伽經說有四佛
一化佛 二報生佛 三如如佛 四智慧佛 隨機赴感 名之爲化 酬其往因 名之爲報
本覺顯照 名爲智慧 理體無二. 故曰如如.

문 : 만약 일체중생의 마음 그대로가 부처라면 모든 부처님이 무엇 때문에 삼아승
지나 백겁의 오랜 세월 공덕을 쌓고 나서야 성불하는 것입니까.

답 : 일승(一乘)의 참다운 법을 배울 것인가, 아니면 중생의 근기에 따라 차별한 오
성(五性)의[72) 수준에 맞는 방편에 나아갈 것인가. 여기서는 스스로 깨달아 증득할 법
문을 논하니, 여러 가지 모습과 의식으로 중생을 교화한 방편을 서술하는 것이 아니
다.

『능가경』에서는 다음 네 분의 부처님이 있다고 설한다.

첫 번째는 중생의 근기에 따라 감응하는 부처님으로서 화불(化佛)이라 한다. 두 번
째는 지나간 인연의 과보로 나타나는 부처님으로서 보생불(報生佛)이라 한다. 세 번
째는 본래의 깨달음이 드러나 비추는 것으로서 지혜불(智慧佛)이라 한다. 네 번째는
이치와 바탕이 둘이 아니므로서 여여불(如如佛)이라 한다.

---

72) 법상종(法相宗)에서 주장하는 것으로 중생에게는 선천적으로 결정된 다섯 가지 성품이 있다고 한다. 보살정
성(菩薩定性), 독각정성(獨覺定性), 성문정성(聲聞定性), 삼승부정성(三乘不定性), 무성유정(無性有情)을 말한
다.

○

華嚴經明十種佛 所謂 於安住世間 成正覺佛 無著見 願佛 出生見 業報佛 深信
見 住持佛 隨順見 涅槃佛 深入見 法界佛 普至見 心佛 安住見 三昧佛 無量無依
見 本性佛 明了見 隨樂佛 普授見.

『화엄경』에서는 다음과 같은 열 종류의 부처님을 밝혀 놓았다.

첫 번째는 세간에 머무르며 바른 깨달음을 성취하는 정각불(正覺佛)로 집착이 없는
데서 볼 수 있는 부처님이다. 두 번째는 원불(願佛)로 중생을 제도하기 위한 원력으
로 이 세상에 태어날 때 볼 수 있는 부처님이다.

세 번째는 업보불(業報佛)로 인과를 받아들이는 깊은 신심에서 볼 수 있는 부처님
이다. 네 번째는 주지불(住持佛)로 참다운 이치에 수순하여 볼 수 있는 부처님이다.

다섯 번째는 열반불(涅槃佛)로 깊은 깨달음에 들어가서 볼 수 있는 부처님이다. 여
섯 번째는 법계불(法界佛)로 널리 가는 곳마다 볼 수 있는 부처님이다.

일곱 번째는 심불(心佛)로 자기 마음에 안주하는 데에서 볼 수 있는 부처님이다. 여
덟 번째는 삼매불(三昧佛)로서 삼매 속에 한량없는 부처님이 나타나므로 다른 곳에
의지함 없이 볼 수 있는 부처님이다.

아홉 번째는 본성불(本性佛)로서 본래의 성품이 명료함으로 볼 수 있는 부처님이다.
열 번째는 수락불(隨樂佛)로 널리 중생에게 즐거움을 주는 데서 볼 수 있는 부처님이
다.

○

又 佛總具十身 一衆生身 二國土身 三業報身 四聲聞身 五緣覺身 六菩薩身 七
如來身 八智身 九法身 十虛空身. 若別依五敎 隨敎不定. 一小乘敎 有二身佛 一
生身 二法身. 二大乘初敎 有三身佛 一法身 二應身 三化身. 三終敎 有四身佛 一
理性身 二法身 三報身 四應化身. 四頓敎 唯一佛身 一實性佛. 五一乘圓敎 有十
身佛.

또한 부처님은 다음과 같은 열 종류의 몸을 총체적으로 갖추고 있다.

첫 번째는 중생의 몸으로 나타나는 중생신이다. 두 번째는 국토로 나타나는 국토신
이다. 세 번째는 업보로 나타나는 업보신이다. 네 번째는 성문으로 나타나는 성문신
이다. 다섯 번째는 연각으로 나타나는 연각신이다. 여섯 번째는 보살로 나타나는 보
살신이다. 일곱 번째는 여래로 나타나는 여래신이다. 여덟 번째는 지혜로 나타나는
지신(智身)이다. 아홉 번째는 법계로 나타나는 법신이다. 열 번째는 허공으로 나타나
는 허공신이다.

만약 따로 오교(五敎)에 의지한다면 가르침에 따라서 내용이 일정하지 않다.

첫 번째의 소승교에서는 두 가지 몸의 부처님이 있으니, 몸으로 나타나는 부처님과
법으로 나타나는 부처님이다. 두 번째의 대승초교에서는 세 가지 몸의 부처님이 있으
니, 법신불과 응신불과 화신불이다. 세 번째의 종교(終敎)에서는 네 가지 몸의 부처님
이 있으니, 이치의 성품으로서 나타나는 부처님과 법신불과 보신불과 응화신불이다.
네 번째의 돈교에서는 오직 한 분의 부처님만 있으니, 하나의 진실한 성품인 부처님
이다. 다섯 번째의 일승원교에서는 열 분의 부처님이 있다.

○

又 約性成佛 五教差別不同. 小乘 唯悉達一人 爲佛性. 初敎 半成半不成 以有性 無性分故 爲佛. 終敎 凡有心者 當得作佛 除草木等. 頓敎 無佛無性 離言說相 爲佛. 圓敎 無所不有佛性 以三種世間 皆是爲佛. 若三種世間 皆是爲佛者 則內外 心境 無非佛矣. 又 約心成佛 小乘 以善心修所得 爲佛. 初敎 心性爲佛.

또한 결정된 성품을 기준으로 하여서 부처님이 되는 것에 오교(五敎)의 주장이 다음과 같이 다르다.

소승교에서는 '오직 싣달타 한 사람만이 부처가 될 수 있는 성품을 갖고 있다'고 주장한다. 대승초교에서는 '반은 성불하고 나머지 반은 성불하지 못한다'고 주장하니, 이것은 '불성이 있는가 없는가'로 나누어서 부처님이 될 수 있는가를 따지기 때문이다. 대승종교에서는 마음이 있는 것은 당연히 성불한다고 주장하나, 풀이나 나무 등의 무정물은 제외한다. 대승돈교에서는 부처도 자성도 없다고 주장하여, 언어로서 설명하는 것을 벗어나 있는 것이 부처라고 한다. 대승원교에서는 어떠한 곳에도 불성(佛性)이 있지 않은 곳은 없다고 주장하니, 기세간·중생세간·지정각세간 모두가 부처님이기 때문이다. 만약 세 종류의 세간이 모두 부처가 된다고 하면 마음과 경계가 부처님 아닌 것이 없다.

또 마음을 기준으로 하여서 부처님이 되는 것은 다음과 같이 있다.
소승교에서는 '착한 마음을 닦아서 얻어지는 것'으로 부처님을 삼는다. 대승초교에서는 '마음의 성품'으로 부처님을 삼는다.

○

終敎 以心相性泯 爲佛. 頓敎 心本不生 爲佛. 圓敎 以心無礙無盡 爲佛. 又 天台
明四敎佛 一藏敎佛 二通敎佛 三別敎佛 四圓敎佛. 若以如如佛心佛本性佛 誰人
不具 若以國土身法身虛空身 何法不圓 則處處而皆是寶坊 丘陵誰立 念念而咸成
正覺 妄想何分. 如盲者不睹光明 非朝陽夕魄之過咎. 似小乘不聞圓頓 豈佛心妙
旨之親疎. 但以法弱 由於根微.

대승종교에서는 '마음의 상(相)과 성(性)이 사라지는 것'으로 부처님을 삼는다. 대승
돈교에서는 '마음이 본래 생겨나지 않는 것'으로 부처님을 삼는다. 대승원교에서는
'마음을 쓰는 데에 걸림이 없고 다함이 없는 것'으로 부처님을 삼는다.

또 천태사교에서는[73] 부처님을 장교(藏敎)의 부처님과 통교(通敎)의 부처님과 별교
(別敎)의 부처님과 원교(圓敎)의 부처님으로 밝히고 있다.

만약 여여한 부처님과 마음의 부처님과 본래의 성품인 부처님이라면 어느 누가 부
처님을 갖추고 있지 않겠으며, 국토신과 법신과 허공신이라면 어떤 법이 원만하지 않
겠는가. 곧 처처가 모두 부처님이 계시는 곳이니, 어느 누가 부처님 처소를 따로 장만
할 것인가. 생각 하나하나가 모두 깨달음을 이루는 것이니, 망상이 어떻게 생겨나겠
는가. 이것은 마치 눈이 먼 자가 광명을 보지 못함이 아침 햇빛이나 저녁 달빛의 허
물이 아닌 것과 같다. 소승이 대승원교와 대승돈교의 가르침을 듣지 않는 것이, 어찌
부처님 마음의 오묘한 종지에 멀고 가까움이 있어 그렇겠는가. 이것은 단지 불법이
약해지고 중생의 근기가 미약해졌기 때문이다.

---

73) 천태사교는 중국 천태종의 교의(敎義)로 화의사교(化儀四敎)와 화법사교(化法四敎)가 있다.

○

道廣在乎量大 淺機自感 妙有證作無常 薄福所宜 珍寶化爲瓦礫 空迷己眼 錯認
他身. 分實際以千差 致化儀之百變.

도(道)가 온 우주에 꽉 차 있는데도 천박한 근기로 감응하여 묘유(妙有)를 무상(無常)이라 알고, 박복한 소치로 진귀한 보배를 기왓장이나 자갈로 만들며, 부질없이 자기 안목에 미혹하여 달리 부처가 있다고 잘못 아는 것이다.

하나의 진리를 천차만별로 나눔으로써 근기에 맞추어 중생을 교화하는 의식과 방편이 여러 형태로 나타나는 것이다.

제석천에 올라간다

16-6-41 華嚴經云 不離覺樹 而昇釋天者 疏釋 云. 佛得菩提 智無不周 體無不在 無依無住 無去無來. 然以自在卽體之應 應隨體變.74) 緣感前後 有住有昇 閻浮 有感 見在道樹 天宮有感 見昇天上 非移覺樹之佛而昇天宮. 故云 不離覺樹 而 昇釋殿.

『화엄경』에서 "보리수를 떠나지 않고 제석천에 올라갔다"고 하는 것을 『화엄경소』에서는 다음과 같이 풀이하였다.

부처님께서 깨달음을 얻으니 지혜가 법계에 두루하지 않음이 없고, 그 몸이 어느 곳이라도 존재하며, 의지할 것도 머무를 것도 없으며, 가는 것도 오는 것도 없다. 그러므로 자재하게 몸 자체가 감응하는 것으로써 감응하는 곳을 따라 거기에 맞추어서 몸이 변하였다. 앞과 뒤로 감응함에 반연하여서 머뭄도 있고 올라감도 있었으니, 사바세계에 감응이 있으면 보리수에75) 있음을 보고, 하늘의 궁전에 감응이 있으면 천상에 올라감을 보게 되나, 보리수에 계시는 부처님이 이동하여 천상(天上)으로 올라간 것은 아니다. 그러므로 "보리수를 떠나지 않고 제석천의 궁전에 올라갔다"고 말한다.

---

74) 應隨體變은 K본과 C본에는 應隨體偏으로 되어 있고, S본에는 應隨體遍으로 되어 있다.
75) 각수(覺樹)나 도수(道樹)는 보리수(菩提樹) 밑에서 깨달음을 얻었다는 인연으로 해서 부르는 보리수의 다른 명칭이다.

○

法慧 偈云 佛子汝應觀 如來自在力 一切閻浮提 皆言佛在中 此不離也 我等今見 佛 住於須彌頂 此而昇也. 不思議經 云. 若我分別 佛卽現前 若無分別 都無所見. 想能作佛 離想無有. 如是三界 一切諸法 皆不離心.

법혜는 게송으로 다음과 같이 말하였다.

　　여래의 자재하신 신통력들을
　　불자여 너희들은 관찰할지니
　　일체의 육도윤회 중생세계에
　　부처님 계신다고 말할 것이다.

이것은 부처님이 보리수에서 떠나지 않은 이치를 말한 것이며, 우리들이 지금 '부처님을 보니 수미산의 정상에 머문다'고 말함은 올라갔다는 이치를 말하는 것이다.

『부사의경』에서는 "만약 내가 분별하면 부처님이 눈 앞에 나타나나, 분별이 없으면 조금도 부처라고 볼 것이 없다. 생각이 부처님을 만들 수 있으나, 생각을 떠나면 부처님은 있을 것이 없다. 이와 같이 삼계의 일체 모든 법은 모두 마음을 벗어나지 않는다"고 하였다.

부처님의 열 가지 몸

16-11-42 就佛上自有十身 一菩提身 二願身 三化身 四力持身 五相好莊嚴身 六威
勢身 七意生身 八福德身 九法身 十智身.

부처님의 몸에서 본래부터 작용하는 열 종류의 몸이 다음과 같이 있다.

첫째, 깨달음의 몸으로서 나타나는 보리신(菩提身)이다.

둘째, 중생구제의 원력으로서 나타나는 원신(願身)이다.

셋째, 중생의 근기에 맞추어 가피력을 주시는 것으로서 나타나는 화신(化身)이다.

넷째, 대단한 힘을 지닌 부처님의 몸으로서 나타나는 역지신(力持身)이다.

다섯째, 일체를 좋은 상호로 장엄하여 나타나는 상호장엄신(相好莊嚴身)이다.

여섯째, 대단한 힘의 위세로서 마구니를 물리치고 나타나는 위세신(威勢身)이다.

일곱째, 뜻한 대로 몸을 나타내는 의생신(意生身)이다.

여덟째, 중생의 복덕이 되어 주는 것으로서 나타나는 복덕신(福德身)이다.

아홉째, 법의 몸으로서 나타나는 법신(法身)이다.

열째, 지혜의 몸으로서 나타나는 지신(智身)이다.

모든 것은 방편에 속한다

17-2-43 但悟本體五現量識 一切萬行皆悉具足 卽是菩提. 如涅槃經云 一切衆生
本來成佛 無漏智性 本自具足. 又 頓從漸得名 俱稱方便. 古釋云 若據說頓 亦是
方便 若云漸頓俱是 亦謗於佛 俱不是亦謗於佛 是以本覺體上 離頓漸離言說 何
處有頓漸名字. 第六識動有分別 不動卽等周法界. 五現量識等 一一根皆遍法界
眼見色時 色不可得 元來等法界.

단지 안·이·비·설·신(眼耳鼻舌身)의 본래 바탕인 다섯 가지 현량식(現量識)을
깨달으면 일체만행이 모두 다 구족하니 이것이 곧 깨달음이다. 이것은 『열반경』에서
"일체중생이 본래 부처님으로서 번뇌가 없는 지혜의 성품을 근본적으로 갖추고 있
다"고 한 것과 같다.

또한 돈(頓)이라는 명칭도 점(漸)을 좇아 붙여진 이름으로 모두 다 방편이다. 옛날
에는 이것을 해석하여 "만약 돈(頓)을 설하는 것에 의거하면 이 또한 방편이다. 만약
돈(頓)과 점(漸)이 모두 옳다고 하여도 부처님을 비방하는 것이요, 모두 옳지 않다고
하여도 또한 부처님을 비방하는 것이다. 이 때문에 본래의 깨달음인 바탕 위에서는
돈(頓)과 점(漸)을 떠나고 모든 언설을 벗어나는데, 어느 곳에 돈(頓)과 점(漸)이란 명
칭이 있겠는가"라고 말하였다.

제육식이 움직이면 분별하는 것이 있으나 움직이지 않는다면 곧 일체 법계에 평등
하여 두루하다. 그러나 다섯 가지 현량식은 평등하니 하나하나의 근이 모두 법계에
두루하여 눈이 색을 볼 때에도 분별되는 색을 얻을 수가 없다. 이는 모든 것이 원래
평등한 법계이기 때문이다.

○

法華經云 是法住法位 世間相常住. 卽知世間一切諸相 本來常住 何行位能知. 唯
佛於道場知已 導師方便說 爲衆生迷不知故說. 若知不俟更說 方知有說皆屬方便.

『법화경』에서 "법이 법의 자리에 머무르니 세간의 모습이 상주한다"고 하였다. 곧
이것으로 세간의 일체 모든 모습이 본래 상주하는 것임을 알 것이니, 이것을 어느 수
행의 위치에서 알겠는가. 오직 부처님만이 도량에서 아시고 인도자가 되어 방편으로
설하시며, 중생이 미혹하여 모르기 때문에 방편으로 설하시는 것이다.

 만약에 중생이 이 도리를 알아서 다시 방편으로 설함을 기다리지 않는다면, 바야흐
로 어떤 설이든 모두 다 방편에 속함을 알 것이다.

모든 법이 생각으로

17-6-44 佛在時　三人爲伯仲　聞毗耶離國婬女人　名菴羅婆利　舍衛國有婬女人　名須曼那　王舍城婬女人　名憂鉢羅槃那. 此三人各各聞　人讚三女人　端正無比　晝夜專念　心著不捨　便於夢中　夢與從事. 覺已心念　彼女不來　我亦不往　而婬事得辦　因是而悟　一切諸法　皆如是耶. 於是　往到跋陀婆羅菩薩所　問是事. 跋陀婆羅答言　諸法實爾　皆從念生. 如是種種　爲此三人　方便巧說諸法空　是時　三人卽得阿鞞跋致. 是知　人不來往　而樂事宛然. 當如是念佛.

　부처님이 세상에 계실 때에 엇비슷한 사내 세 사람이 살고 있었는데, 그들은 비야리국의 음녀 암라파리와 사위국의 음녀 수만나와 왕사성의 음녀 우발라반나에 대한 소문을 들었다. 그들은 세 여인이 예쁘고 단정하기가 어디에 비할 데 없다는 찬탄의 소리를 듣고, 밤낮으로 여인을 그리워하는 마음을 버리지 못하다가, 꿈 속에서 그녀들과 정사(情事)를 치루게 되었다.

　그리고 꿈에서 깨어나자 "그녀가 온 것도 아니요 내가 간 것도 아닌데, 정사가 치루어졌다"고 생각하였고, 이로 인하여 일체 모든 법이 모두 이와 같은 줄을 알게 되었다. 여기에 발타파라 보살이 있는 곳으로 가서 이 일에 관하여 물어 보니, 발타파라는 "모든 법이 참으로 그와 같아서 모두 생각으로 생겨난다"고 답변하였다. 그리고 이와 같은 여러 가지 사례로써 세 사람을 위하여 '모든 법이 공(空)함'을 방편으로 잘 설명하였고, 이 때에 세 사람은 곧 움직이지 않는 지혜에서 물러나지 않는 아비발치(阿鞞跋致)의[76] 경지를 얻게 되었다.

　이로써 사람이 오고 가지 않았으나 꿈 속의 즐거운 일이 분명함을 알았으니, 중생이 사는 현실도 마땅히 이와 같은 줄 알고 염불해야 할 것이다.

---

76) 범어 avinivartaniya의 음역이다. 불도(佛道)를 구하는 마음이 견고하여 악도(惡道)로 물러나지 않는 경지를 말한다.

증득해야만 안다

17-9-45　問 三寶如虛空相 非見聞之所及者 敎中云何 說見道又稱見佛. 答 約本
智發明 假稱名見 非眼所睹. 唯證乃知 離見非見 方名眞見.

문 : 삼보(三寶)는 허공의 모습과 같아 보거나 들을 수 없는데, 어떻게 가르침 가운
데 ‘도(道)를 보거나 부처님을 본다’고 말씀하십니까.

답 : 근본지(根本智)가 밝게 드러나는 것을 임시로 본다 하나, 이것은 육안으로 보
는 것이 아니다. 오직 증득해야만 아는 것이니 본다거나 보지 않는다는 상대적인 견
해를 벗어나야 ‘참으로 본다’고 한다.

허망한 생각을 떠난 지혜

17-10-46 大涅槃經云 有業有報 不見作者 如是空法 名第一義空. 所以 見性之時 性本離念 非有念而可除 觀物之際 物本無形 非有物而可遣. 故云 離念之智 等 虛空界.

『대열반경』에서 "지어진 업도 있고 과보도 있으나 지은 자를 볼 수 없다는, 이와 같이 공(空)한 법을 제일의공(第一義空)이라 한다"고 하였다. 그러므로 성품을 본다고 할 때 성품은 본래 허망한 생각을 떠나 있으니 어떤 허망한 생각이 있어 제거할 수 있는 것은 아니다. 사물을 관(觀)할 때에도 사물은 본래 형태가 없으니 어떤 사물이 있어서 제거할 수 있는 것은 아니다. 그러므로 "허망한 생각을 떠난 지혜는 허공계와 평등하다"고 한다.

무아의 이치로 분별이 없다

18-4-47 問 衆生業果 種子現行 積劫所熏 猶如膠漆 云何但了一心 頓斷成佛. 答 若執心境 是實人法不空 徒經萬劫修行 終不證於道果. 若頓了無我 深達物虛 則 能所俱消 有何不證. 猶微塵揚於猛吹 輕舸隨於迅流 只恐不信一心 自生艱阻 若 入宗鏡 何往不從. 且如勇施菩薩 因犯婬欲 尚悟無生 性比丘尼 無心修行 亦證道 果 何況信解一乘之法 諦了自心 而無剋證乎.

문 : 중생이 지은 업의 결과로 전생에 뿌려 놓은 씨앗이 금생에 나타나는 것은 오랜 세월 훈습되어 마치 아교나 옻칠과도 같아 떨어지지 않는데, 어떻게 일심(一心)만 알면 단번에 번뇌를 끊어 성불한다고 하십니까.

답 : 만약 마음과 경계에 집착하여 실재의 나와 대상이 공(空)하지 않다면 부질없이 백천만겁의 세월이 지나도록 수행해도 끝내 도과(道果)를 증득하지 못하리라. 만약 단번에 무아의 이치를 요달하여 깊이 모든 사물의 실체가 비어 있다는 걸 통달하면 곧 능소(能所)로 분리되는 일체의 대상이 사라지는 것이니, 무엇을 증득하지 못하겠는가. 미세한 먼지가 맹렬한 바람에 날리는 것과 같고, 가벼운 배가 빠른 물흐름을 타고 흘러가는 것과 같다.

다만 일심(一心)을 믿지 않고 스스로 어려운 일이라고 생각할까 걱정하니, 만약 일체의 근원인 종경에 들어간다면 어디에 간들 참다운 이치가 따르지 않겠는가.

용시 보살은 음욕을 범함으로써 무생(無生)을 깨달았고, 성비구니는 무심 수행으로써 또한 도과(道果)를 증득하였는데, 하물며 일승(一乘)의 법을 믿고 이해하여 자기의 마음을 분명히 알았는데 어찌 도과를 증득할 수 없겠는가.

○

或有疑云 豈不斷煩惱耶 解云 但諦觀殺盜婬妄 從一心上起 當處便寂 何須更斷.
是以 但了一心 自然萬境如幻. 何者 以一切諸法 皆從心幻生. 心旣無形 法何有
相. 所以 高城和尙歌云 說敎本窮無相理 廣讀元來不識心 識取心了取境 識心了
境禪河靜 若能了境便識心 萬法都如闥婆影.77)

혹 의심이 있어서 "어찌 번뇌를 끊지 않는가"라고 말하는 사람이 있다면, 이 의심에
대하여 "단지 일심에서 살(殺)·도(盜)·음(婬)·망(妄)이 일어나는 것을 자세히 관
(觀)하면 당처에 적멸하는 것인데, 여기에 어찌 다시 끊어내고자 하겠는가"라고 대답
하여 의문을 풀어 줄 것이다.

이 때문에 단지 일심만 요지하면 자연 만 가지 경계가 허깨비와 같다. 왜냐하면 일
체 모든 법이 모두 마음에서 허깨비와 같이 생겨났기 때문이다. 마음에 이미 어떤 형
태가 없는데, 마음에서 일어난 법이 어떻게 자기 모습을 가질 수 있겠는가. 그러므로
고성 화상은 다음과 같이 노래하였다.

설교로 무상의 이치 따지나
글이란 마음을 알지 못하네
마음과 경계의 사실 알아서
진실을 요지하면 편안하다네
경계가 마음이란 사실 안다면
만법은 모두가 신기루 같다.

---

77) 달파(闥婆) : 신기루를 말한다.

각(覺)으로 인해

19-1-48 因覺有不覺 若無眞 妄無所依故 如煙無火不起. 又 覺因不覺 若隨器之金
還待器顯 事能顯理故. 所以 唯眞不立 單妄不成. 唯眞不立者 佛果無生故 單妄
不成者 無所依故.

각(覺)으로 인하여 불각(不覺)이 있다. 만약 진(眞)이 없다면 망(妄)이 의지할 곳이
없기 때문이다. 이것은 마치 연기가 불이 없으면 일어나지 않는 것과 같다.

또 각(覺)은 불각(不覺)으로 인하여 있다. 이것은 그릇의 형태를 따라가는 금이 그
릇의 형태로서 모습을 나타내는 것과 같다. 현상이 이치를 드러낼 수 있기 때문이다.
그러므로 오직 진(眞)만을 세울 수도 없으며, 홀로 망(妄)만으로도 성립되지 않는다.
오직 진(眞)만을 세울 수 없다 함은 불과(佛果)가 생겨남이 없기 때문이며, 홀로 망
(妄)만으로 이룰 수 없다 함은 진(眞)이 없으면 망(妄)이 의지할 데가 없기 때문이다.

깨달음은 쉬운 일

19-2-49 處胎經云 魔梵釋女 皆不捨身不受身 悉於現身得成佛. 故偈云 法性如大海 不說有是非 凡夫賢聖人 平等無高下 唯在心垢滅 取證如反掌.

『처태경』에서 "마구니와 범천과 제석궁의 여인들이 금생의 몸을 버리지도 않고 내생의 몸을 받지도 않으면서 모두 현재의 몸에서 성불했다"고 하였다.

그러므로 게송에서 다음과 같이 말하였다.

법성은 깊고 넓어 바다와 같아
시비를 분별하여 말하지 않네
범부와 현인들과 모든 성인은
평등하여 높고 낮음 차별이 없다
오로지 마음의 때 사라진다면
깨달음을 취하는 건 쉬운 일이리.

이치로 말해지는 부처님

19-5-50 寶篋經云 佛界衆生界 一界無別界. 此是圓智 圓覺諸法 遍一 切處 無不
明了. 雖五無間 皆生解脫想 雖悟盲倒惑 其理存焉. 斯理灼然 世間常住 有佛不
能益 無佛不能損 得之不爲高 失之不爲下. 故言 衆生卽佛 此理佛.

『보협경』에서 "부처님과 중생의 세계는 하나의 세계로 다른 세계가 없다"고 하였
다. 이것이 뚜렷한 지혜이니 모든 법을 확실하게 깨달아 일체처에 두루하고 명료한
것이다.

그러므로 중생이 비록 오무간(五無間)[78] 지옥에 있더라도 모두 해탈하려는 생각을
내는 것이며, 마음과 눈이 어두워 전도 미혹하더라도 그 이치는 환하게 있는 것이다.
이 이치가 분명하여 세간에 상주하니 부처님이 있더라도 이 도리에 더 보탤 수 없고,
부처님이 없더라도 이 도리에서 더 빼낼 수 없다. 이 도리를 얻더라도 더 높아지지
않고, 이 도리를 잃더라도 더 낮아지지 않는다. 그러므로 중생이 곧 부처님이라 말하
니, 이것이 이치로 말하는 부처님이다.

---

78) 오무간(五無間) : 아비지옥의 다른 이름이다. 오역죄를 지으면 들어가는 지옥

청정하고 맑은 모습

19-6-51 如來藏經言 衆生身中 有佛三十二相八十種好 坐寶蓮華 與佛無異 但爲
煩惱所覆故 未能得用. 此是具有佛知見根性 未有知見用 卽時猶故愚 乃至譬如
小兒 具有大人六根 與大人不異 在其身中 而未能有大人用 至漸長大 復須學問
乃有大人知見力用也. 若根性是有 作用豈無. 如種子本甘 結果非苦 只恐 不知有
自認作凡夫. 眞性常了然 未曾暫隱覆 如佛言如來實無秘藏. 何以故. 如秋滿月
處空顯露 淸淨無翳 人皆睹見.

『여래장경』에서 "중생의 몸에 부처님의 삼십이상 팔십종호가 보련화에 앉아 있으
니, 부처님과 조금도 다름이 없다. 단지 번뇌로 덮여 있기 때문에 부처님의 지견을 쓸
수 없다"고 하였다.

이것은 중생이 불지견(佛知見)이란 근본 성품을 갖추고 있더라도, 아직 불지견을 쓰
지 않기 때문에 어리석다는 뜻이다. 이것을 비유하면 어린아이가 어른이 갖추고 있는
안·이·비·설·신·의 육근을 몸에 지니고 있더라도, 그 기능을 어른과 똑같이 쓸
수 없는 것과 같다. 점차적으로 커서 배워야 어른이 지닌 지견의 힘을 쓸 수 있는 것
이다.

만약 중생에게 불지견의 근본 성품이 있는 것이라면 그 작용이 어찌 없겠는가. 이
것은 마치 종자의 근본 성품이 달다면 그 열매도 쓰지 않는 것과 같이, 다만 중생이
중생에게 있는 불지견을 알지 못하여 스스로 범부라 인정할까 걱정하는 것이다. 참다
운 성품은 항상 분명하여 일찍이 잠시도 숨은 적이 없었으니, 이것은 부처님이 "여래
는 진실로 감출 것이 없다"고 말함과 같다. 무엇 때문인가.

가을에 둥근 달 허공에 떠오르니, 청정하고 맑은 모습 모든 사람 쳐다보네.

보현행원이 가득하다

19-10-52 李長者論 云. 此華嚴經 十住爲見道 十行十向十地十一地爲加行 修行令慣熟故 佛果於初. 先現以普賢悲願 令智悲大用 慣熟自在故. 以自如來根本普光明智先現故. 始終本末 總無延促時日分劑故. 以法身根本智 如實而言 不同三乘權敎情所解故 皆須約本而觀之.

이통현 장자는 그의 논에서 다음과 같이 말하였다.

이 『화엄경』은 십주(十住)를 진실한 도의 흐름을 보는 것으로 삼고 십행(十行)과 십회향(十回向) 및 십지(十地)와 십일지(十一地)를79) 진실한 도의 흐름 속에서 더욱 열심히 정진하는 것으로 삼아서, 이것을 수행하여 공부가 익어지도록 하기 때문에 부처님이 되는 과보가 처음에 나타나는 것이다. 이것은 먼저 보현의 대비와 원력으로써 지혜와 자비심을 완전하게 사용하여 공부가 익어져 자재하도록 나타내기 때문이다. 왜냐하면 여래의 근본인 보광명지(普光明智)로부터 먼저 나타나기 때문이다.

처음과 끝 및 근본과 지말에 있어서 조금도 늘어나거나 오그라드는 법이 없고, 시간이나 날짜로 분할되어 나뉘는 것이 없기 때문이다. 법신의 근본지로 여실하게 말하면 삼승(三乘)의 방편으로 가르쳐서 이해되는 알음알이로 아는 것과는 다르기 때문에, 모름지기 모두 근본에 입각하여 관(觀)해야 한다.

---

79) 십일지(十一地) : 등각(等覺)을 말한다.

○

畢竟佛果慣習已成 普賢行已滿. 一往但以敎化一切衆生 爲常恆 從初至末 無始
無終 無成無壞. 但以普遍十方一切六道 以智對現利生 爲永業也.

필경에 부처님이 되는 과보가 익어 완성되니 보현의 행원이 가득 차 있는 것이다.
그러므로 원력으로 중생이 있는 곳에 한 번 나아가 단지 일체중생의 교화만을 늘상
하는 일로 삼기 때문에, 처음부터 끝까지 시작도 끝도 없으면서 이룰 것도 허물 것도
없는 것이다. 단지 시방세계의 일체 육도에 널리 두루하기 때문에, 지혜로써 중생을
이롭게 함을 영원한 업으로 삼는다.

부처님이 나의 품에

20-7-53 大集經 云. 住一心中 能知一切衆生諸心. 觀衆生心 悉皆平等 如幻化相 本性淸淨. 觀諸衆生 身業平等 皆如水月. 見諸衆生 悉在己身 己身亦在衆生身中 猶如影現. 能令衆生悉作佛身 亦令己身作衆生身 一切無有能轉動者. 又 經頌云 諸佛一似大圓鏡 我身猶若摩尼珠 諸佛法身入我體 我身常入諸佛軀. 雖然互入 而無所入 若有所入 卽成二法.

『대집경』에서 다음과 같은 내용을 말하였다.

일심(一心)에 머물면서 일체중생의 모든 마음을 알 수 있다. 중생의 마음이 모두 다 평등함을 보니, 마치 허깨비의 모습이 본래 성품은 청정한 것과도 같다. 모든 중생의 몸으로 짓는 업이 평등하여, 모두 물 속에 비친 달과 같다. 모든 중생이 다 자기 몸 안에 있음을 보고 자기 몸 또한 모든 중생의 몸 가운데 있음을 보니, 마치 그림자가 나타나는 것과 같다. 중생이 모두 부처의 몸을 이루도록 하고 또한 자기의 몸이 중생 의 몸이 되도록 하면서도, 일체 모든 것에 주체가 되어 변화시킬 수 있는 주체는 없 다. 또 경의 게송에서는 다음과 같이 말하였다.

부처님은 하나의 거울과 같고
나의 몸은 마니주 구슬과 같아
부처님이 나의 품에 들어오시니
언제나 나의 몸이 부처님이네.

비록 서로 들어가더라도 들어가는 바가 없으니, 만약 들어가는 바가 있다면 곧 두 가지 법이 된다.

허망한 몸과 마음은

20-8-54 維摩經 觀衆生品 云. 爾時 文殊師利 問維摩詰言 菩薩云何觀於衆生. 維摩詰言 譬如幻師 見所幻人 菩薩觀衆生爲若此. 如智者見水中月 如鏡中見其面像 如熱時焰 如呼聲響 如空中雲 如水聚沫 如水上泡 如芭蕉堅 如電久住 如第五大 如第六陰 如第七情 如十三入 如十九界 菩薩觀衆生爲若此..

『유마경』「관중생품」에서 문수사리가 유마힐에게 다음과 같이 질문하였다.

문수 : 보살은 중생을 어떻게 보아야 합니까.

유마 : 비유하면 요술을 부리는 사람이 요술로 만들어 낸 사람 보듯, 보살이 중생을 보는 것도 이와 같아야 합니다. 마치 지혜로운 자가 물 속의 달 보듯, 거울에 비친 자기의 얼굴 보듯, 뜨거운 사막의 아지랑이 보듯, 골짜기의 메아리를 보듯, 허공의 구름을 보듯, 흐르는 물에 일어나는 거품을 보듯, 물 위에 있는 물방울을 보듯, 속 빈 파초의 단단한 껍질을 보듯, 번개가 오래 머무는 것을 보듯, 제오대(第五大) · 제육음(第六陰) · 제칠정(第七情) · 십삼입(十三入) · 십구계(十九界)를[80] 보듯 보살이 중생을 보는 것도 이와 같아야 합니다.

---

80) 이것들은 존재하지 않기 때문에 쓰지 않는 용어다. 여기서는 실체가 존재하지 않는 것을 본다는 뜻이니 허망함을 보는 것이다. 이들 용어는 보통 사대(四大) · 오음(五陰) · 육정(六情) · 십이입(十二入) · 십팔계(十八界)로 쓴다.

○

如無色界色 如焦穀芽 如須陀洹身見 如阿那含入胎 如阿羅漢三毒 如得忍菩薩貪
恚毀禁 如佛煩惱習 如盲者見色 如入滅盡定出入息 如空中鳥跡 如石女兒 如化
人煩惱 如夢所見已寤 如滅度者受身 如無煙之火 菩薩觀衆生爲若此. 文殊師利
言 若菩薩作是觀者 云何行慈. 維摩詰言 菩薩作是觀已 自念 我當爲衆生 說如斯
法 是卽眞實慈也.

무색계(無色界)의 색을 보듯, 타버린 곡식의 새싹을 보듯, 오온이 화합하여 이루어
진 몸을 실재한다고 잘못 아는 견해를 끊은 수다원(須陀洹)의 신견(身見)을 보듯, 다
시 태어나지 않는 아나함이 태(胎) 속에 들어가듯, 삼독(三毒)을 끊은 아라한의 삼독
을 보듯, 모든 것을 참는 득인(得忍) 보살이 탐욕과 성냄으로 금계(禁戒) 훼손하는 것
을 보듯, 부처님이 번뇌의 습기가 남아 있음을 보듯, 눈이 먼 자가 색을 보듯, 멸진정
에 들어간 사람이 들여 마시고 내쉬는 숨을 보듯, 허공에 새 지나간 흔적을 보듯, 돌
여자의 아이를 보듯, 허수아비의 번뇌를 보듯, 잠을 깬 뒤 꿈 속에 보았던 일을 보듯,
윤회를 끊은 자가 사람의 몸 받음을 보듯, 불이 없는 연기를 보듯, 보살이 중생을 보
는 것도 이와 같아야 합니다.

문수 : 보살이 이와 같이 본다면 어떻게 자비를 행하겠습니까.

유마 : 보살이 이와 같이 본다면 스스로 "나는 중생을 위하여 마땅히 이와 같은 법
을 설한다"고 생각할 것이니, 곧 이것이 진실한 자비입니다.

○

淨名私記釋 云. 今明觀衆生品大精 只依其中一句行則足 得一句攝心 常照行之
一切萬行足. 只令汝自觀 觀汝身心 如此畢竟空 卽是菩薩觀衆生. 菩薩名道 道
能通 通汝色心本性. 令離虛妄 卽是菩薩 菩薩只在汝身中. 觀汝身心如第三手
爲畢竟無身心.

『정명사기』에서 이것을 해석하여 다음과 같이 말하였다.

지금 「관중생품」의 요점을 밝히자면 다만 그 중에 한 구절만 의지하여도 충분하니,
한 구절에 마음을 거두어 항상 비추고 행하면 일체 만행이 구족하다. 단지 네가 스스
로 보아 몸과 마음을 이와 같이 필경에 공(空)하다고 보면 곧 보살이 중생을 보는 것
이다.
보살을 보살도(菩薩道)라 부르는 것은 도는 통할 수 있다는 뜻이니 너의 몸과 마음
의 본래 성품에 통한다는 것이다. 허망함을 떠나도록 하면 곧 보살이니, 보살은 단지
너의 몸 가운데에 있다. 너의 몸과 마음을 존재하지 않는 제삼의 손과 같이 본다면
필경에 허망한 몸과 마음은 없게 된다.

색과 색여와 색성

20-9-55 天台淨名疏 釋不觀色不觀色如不觀色性者. 不觀色者 心如幻師 幻作種種
色. 若知幻師是誑 則不得所幻之色 今色從心 幻師幻出 尙不得此心 何處見有此
色 故不應觀色. 不觀如者 若見色與如異 是則泯色入如 今不見色如之別 故不觀
如. 不觀性者 卽不觀佛性 不觀色是空俗 不觀如是空眞 不觀佛性是空中道.

천태의 『정명소』에서는 『유마경』 「아축불품」의 구절인 "색(色)도 보지 않고 색여
(色如)도 보지 않으며 색성(色性)도 보지 않는다"를[81] 다음과 같이 풀이하였다.

'색도 보지 않는다'는 것은 환사(幻師)와 같은 마음이 환(幻)으로 여러 가지 색을 만
드는 것이다. 만약 환사가 속인다는 것을 알면 환사가 만들어 낸 색을 취하지 않을
것이다. 지금 색이 마음을 좇아 나옴도 환사(幻師)가 환(幻)을 내놓은 것이니 오히려
이 마음도 얻을 수 없는 것인데, 어느 곳에서 마음이 만들어 낸 색을 보겠는가. 그러
므로 응당 색을 보지 않는 것이다.

'색여(色如)를 보지 않는다'는 것은 무슨 뜻인가. 만약 색(色)을 진여(眞如)와 다르다
고 보면 이것은 색을 버리고 진여에 들어가는 것이다. 그러나 지금 색과 진여를 다르
다고 보지 않기 때문에 진여를 보지 않는 것이다.

'색성(色性)을 보지 않는다'는 불성(佛性)을 보지 않는 것이다. 색을 보지 않음은 속
제(俗諦)가 공(空)한 것이고, 색여(色如)를 보지 않음은 진제(眞諦)가 공(空)한 것이며,
불성을 보지 않음은 중도(中道)가 공(空)한 것이다.

---

81) 색(色), 색여(色如), 색성(色性)은 속제(俗諦), 진제(眞諦), 중도제(中道諦)를 말한다.

○

以其計中道有佛性 而起順道愛生 是爲頂墮. 故經云 我及涅槃 是二皆空 唯有空病 空病亦空. 今不觀性 是無順道愛故. 夫受世間差別果報 皆爲一念心異分別情生 取衆生相爲凡 執諸佛境爲聖. 如經所說 觀衆生 如幻師見幻 觀如來 則三際體空. 二見於是雙消 情量爲之俱泯 則可以成諸佛之喜 除菩薩之憂. 信此一心 能入宗鏡.

사람들은 중도에 불성이 있다고 생각하므로 중도를 따르고자 하는 애틋한 마음이 일어나지만, 이것은 자기 경계에 집착하여 정상의 공부에서 추락하는 잘못된 길이다.[82] 그러므로 『유마경』에서 "나와 열반 이 두 가지가 모두 공하다. 여기에 오직 공에 집착하는 병이 있지만, 공에 집착하는 병 또한 공하다"고 하였다.

지금 '불성을 보지 않는다'는 것은 중도를 따르고자 하는 애착이 없다는 것이다. 대개 세간의 차별된 과보는 모두 한 생각에 마음이 달라져 분별된 알음알이로 생기니, 중생의 모습을 취하면 범부가 되나 부처님의 경계에 집착하면 성인이 되는 것이다.

이것은 마치 경에서 설한 것과 같이 중생 보기를 환사(幻師)가 환(幻) 보듯하며, 여래를 보면 과거·현재·미래의 바탕이 공한 것이다. 여기에서 온갖 차별되는 견해가[83] 하나로 녹고 알음알이로 행하는 모든 것들이 함께 사라지니, 곧 모든 부처님이 기뻐하는 자리이며 보살의 걱정이 없어지는 곳이다. 이 하나의 마음을 믿어서 종경에 들어갈 수 있다.

---

82) 정타(頂墮) : 공부를 잘하여서 정상의 경계에 가까이 갔다가, 자기의 수승한 경계에 집착하여 잘못된 것을 말한다.
83) 이견(二見) : 시비분별하는 상대적인 견해 모두를 지칭한다.

아(阿)자에 한량없는

21-5-56 於一心實相中　不見有世間過患障礙之法　則何所捨. 亦不見有出世殊勝尊
妙之法　則何所取. 得自己法身之髓　到一心智海之源　初阿已攝無邊　過茶無字可
說.

　일심(一心)의 실상(實相) 가운데 세간의 허물과 근심 및 장애되는 법이 있음을 보지
못하면 곧 어디에 무엇을 버리겠는가. 또한 출세간의 수승하고 존귀하며 현묘한 법이
있음을 보지 못하면 곧 어디에 무엇을 따로 취할 것이 있겠는가.
　자기 법신의 골수를 얻는다면 하나의 마음인 지혜의 바다 근원에 도달하니 처음 시
작되는 아(阿)라는 글자에서 한량없는 불법을 거두며, 마지막의 다(茶)라는[84] 글자까
지 지나쳐도 설할 만한 글자가 한 글자도 없는 것이다.

---

84) 아(阿)자와 다(茶)자는 범어에서 시작되는 글자와 마지막 글자이다. 아(阿)자에서 한량없는 불법을 거둔다는
　　것은, 말이 떨어지기 전에 일체를 알았다는 말이다. 다(茶)자를 지나간다는 것은 팔만사천 법문을 설한다는 뜻
　　이다. 한 글자도 설할 것이 없다는 말은 방편인 무량법문에 실상(實相)이 없음을 말한다.

스스로 무심하다

21-7-57 淨名經云 佛說 婬怒癡性 卽是解脫 又云 不斷婬怒癡 亦不與俱. 故云 得之者隱 傍之者現. 若於婬怒癡 情生味著 得其事者 則道隱 若傍善觀之 了其性者 則道現. 雖了而不著 故云 亦不與俱. 若非久行根熟菩薩 不能理事無礙 如先德偈云 久種善根深 逢塵塵不侵 不是塵不侵 自是我無心.

『정명경』에서 "부처님은 음욕과 성냄과 어리석음의 성품 자체가 해탈이라고 말씀하셨다"고 하였다. 또 "음욕과 성냄과 어리석음을 끊어내지도 않고 또한 그것과 더불어 같이하지도 않는다"고 하였다.

그러므로 어떤 견해를 가지면 도가 숨으나 놓아 버리면 도가 나타난다고 한다. 만약 음욕과 성냄과 어리석음에 대하여 알음알이를 내어 그 맛에 집착해서 그 일을 취한다면 도가 숨으나, 이것을 그대로 잘 관찰하여 그 성품을 요달한다면 도가 나타난다. 그 성품을 요달했을지라도 어떤 견해에 집착하지 않기 때문에, "음욕과 성냄과 어리석음과 더불어 같이하지도 않는다"고 한다. 만약 오랜 수행으로 근기가 성숙한 보살이 아니면 이(理)와 사(事)에 걸림 없을 수 없으니, 이것은 옛 스님의 게송에서 다음과 같이 말한 것과 같다.

오랜 세월 선근이 깊어진다면
번뇌를 만나도 물들지 않네
번뇌가 아무리 침범하여도
본래가 스스로 무심하니라.

○

清涼疏問 法性身土 爲別不別. 別則不名法性 性無二故 不別則無能依所依. 答
經論異說 統收法身 略有十種. 一依佛地論 唯以淸淨法界而爲法身 亦以法性而
爲其土. 性雖一味 隨身土相 而分二別. 智論云 在有情數中 名爲佛性 在非情數
中 名爲法性 假說能所而實無差. 唯識論云 雖此身土體無差別 而屬佛法 性相
異故.

청량『화엄소』에서 다음과 같이 물었다.

문 : 법성신과 법성토는 다른 것입니까, 아니면 같은 것입니까. 다르다면 곧 법성이
라 이름하지 못하리니 법성은 둘이 아니기 때문이며, 같다면 곧 의지하는 법성신과
의지되는 법성토가 나누어짐이 없어야 되지 않겠습니까.

답 : 경과 논에서 다르게 말하는 것을 법신의 개념으로 통일하여 말하면 열 가지 종
류가 있다. 여기서는 하나만 이야기하겠다.
첫 번째에 이것을『불지론』에 의거하면 오직 청정한 법계로써 법신을 삼고 또한 법
성으로써 국토를 삼는다. 법성이 본래 한 맛이라도 몸과 국토의 모습을 따라서 두 가
지로 나누어진다.
『지론』에서는 "유정에 있으면 불성이라 이름하고 무정에 있으면 법성이라 이름하
여, 임시로 능(能)과 소(所)로 나누어 설하나 실로 차별이 없다"고 하였다.
『유식론』에서는 "법성신과 법성토가 바탕에 차별이 없더라도 불(佛)에 속하고 법
(法)에 속함에 따라 성(性)과 상(相)이 달라지기 때문이다"라고 하였다.

○

謂法性屬佛 爲法性身 法性屬法 爲法性土. 性隨相異 故云爾也. 今言如虛空者
唯識論云 此之身土 俱非色攝 雖不可說形量大小 然隨事相 其量無邊 譬如虛空
遍一切處故. 如虛空言 通喩身土.

이것은 법성이 불(佛)에 속하면 법성신이 되고 법에 속하면 법성토가 되는 것을 말
한다. 법성이 상(相)에 따라 달라지므로 그렇게 말하는 것이다.

지금 법성을 허공 같다고 말하는 것을 『유식론』에서는 "이 법성신과 법성토는 모두
함께 색법으로서 거둘 것이 아니다. 비록 형량의 크고 작음을 말할 수 없더라도 나타
나는 모습을 따른다면 그 형량이 끝이 없다. 이것을 비유하면 허공이 일체처에 두루
한 것과 같다"고 하였다. 그러므로 허공 같다고 말하는 것은 법성신과 법성토에 다
통(通)하는 비유이다.

불국토는 청정하다

21-10-58 肇法師云 萬事萬形 皆由心成 心有高下 故丘陵是生. 又云 佛土常淨 豈
待變而後飾 蓋是變衆人之所見耳. 是以 衆生見爲土石山河 皆是自業之影起 菩
薩純爲妙慧 卽是眞智之所爲. 離凡聖心 無眞俗境.

승조(僧肇 : 384~414) 법사는 "만 가지 일과 만 가지 모습이 모두 마음으로 말미암
아 이루어진다. 마음에 높고 낮음이 있으므로 여러 가지 차별이 생긴다"고 하였다.
또 "불국토는 항상 청정한 것인데 어찌 바꾸어질 것을 기다려 뒷날 아름답게 꾸미려
하는가. 이것은 대개 중생의 소견이 변할 뿐이다"라고 하였다.

이런 까닭에 중생의 견해가 흙이나 돌 및 산과 강의 고정된 관념으로 변하는 것은
모두 스스로가 지은 업의 그림자가 일어남이며, 보살의 견해가 순수하게 깊고 오묘한
지혜가 되는 자체는 참다운 지혜가 하는 일이다. 범부와 성인의 개념을 떠난 마음에
진제와 속제의 경계는 없다.

○

如華嚴論 云. 此華嚴經 明緣起法界門 理事無二 無緣不寂 無事不眞. 十方世界 一眞性海 大智圓周. 爲國土境界 總爲性海 爲一眞法界 非有情無情隨業說故 爲華嚴中 純眞境界 總爲智故. 十住菩薩以慧爲國 十行菩薩以智爲國 十迴向十地 以妙爲國. 不說情與無情 二見差別 以華嚴經 爲彰本法 異三乘權學敎故. 是無情 是有情 有生有滅故.

이것은 『화엄론』에서 다음과 같이 말하는 내용과 같다.

『화엄경』에서, 연기하는 법계에 이(理)와 사(事)가 둘이 아님을 밝히니 공적하지 않은 어떠한 인연도 없고, 진여가 아닌 어떠한 현상도 없다. 시방세계가 하나의 진여 성품으로 바다를 이루니 큰 지혜가 뚜렷하고 두루하다. 국토의 경계가 되어 전체가 진여 성품의 바다가 되고 하나의 참된 법계가 되니, 유정과 무정의 업을 따라 설한 것이 아니기 때문이며, 화엄에서 참으로 순수한 경계는 모두 지혜가 되기 때문이다. 십주(十住) 보살은 혜(慧)로 국토를 삼고, 십행(十行) 보살은 지(智)로 국토를 삼으며 십회향(十迴向)과 십지(十地) 보살은 묘(妙)로 국토를 삼는다. 상대적 유정과 무정의 차별적인 견해를 설하지 않는 것은, 화엄경으로 본래의 참다운 법을 빛나게 드러내니 삼승(三乘)의 방편으로 배우고 가르치는 것과는 다르기 때문이다. 유정이다 무정이다 하는 것은 생(生)하고 멸(滅)하는 것이 있기 때문이다.

일체법에 두려워 말라

21-13-59 夫一切諸法 隨緣幻生 體用俱無. 隱顯互起 或多中現一 一中現多. 若不
知起盡之根由 則任運但隨境轉 或隨好境而忻集 或逐惡緣而怖生. 若能明了一切
凡聖等法 悉是自心境界 以此一印 衆怖潛消. 所以 持地經云 佛告阿逸多菩薩 於
一切法 於一切菩薩法 莫生恐怖. 於一切辟支佛法 亦莫恐怖. 於一切聲聞法 亦莫
恐怖. 於一切凡夫法 亦莫恐怖. 乃至 於靜於亂 亦莫恐怖.

일체 모든 법은 인연을 따라 허깨비와 같이 생겨나니 바탕과 작용 모두 실체가 없
다. 숨고 나타남이 번갈아 일어나니 혹 많은 가운데에 하나로도 나타나고, 하나 가운
데에 많은 것으로도 나타난다. 만약 일어나고 사라지는 근원을 알지 못하면 삶의 흐
름이 단지 경계를 따라 가면서, 좋은 경계를 따르게 되면 좋아하게 되고 혹 나쁜 인
연을 쫓아가게 되면 두려움을 낸다.

만약 일체 범부와 성인 등의 법이 모두 자기 마음의 경계라는 사실을 분명히 알 수
있다면 이 하나의 깨달음으로 모든 공포를 잠재울 수 있으리라. 그러므로『지지경』에
서는 부처님이 아일다 보살에게 다음과 같이 말하였다.

일체법이나 일체의 보살법에서 두려워하지 말라. 일체의 벽지불법에서도 두려워하
지 말라. 일체의 성문법에서도 두려워하지 말라. 일체의 범부법에서도 두려워하지 말
라. 고요하거나 산란한 곳에서도 두려워하지 말라.

○

於假於實 亦莫恐怖. 於信不信 亦莫恐怖. 於善念不善念 亦莫恐怖. 於住不住 亦
莫恐怖. 如是菩薩 於一切法 莫生恐怖. 阿逸多 我於往昔 修如是等無畏法故 得
成正覺 悉能了知一切衆生心之境界 而於所知 不起知相. 以我所證 隨機演說 能
令聞法諸菩薩等 獲得光明陀羅尼印. 得法印故 永不退轉. 釋曰 了一無畏法 能除
五怖畏85) 入此一心門 當生歡喜地.

거짓 경계나 진실한 경계에서도 두려워하지 말라. 믿거나 믿지 않는 곳에서도 두려
워하지 말라. 착하거나 착하지 못한 생각에도 두려워하지 말라. 어떤 경계에 머물거
나 머물지 않아도 두려워하지 말라. 이와 같이 보살은 일체법 속에서 두려워하지 말
라. 아일다여, 내가 옛날에 이와 같이 두려움 없는 법을 닦았기 때문에 바른 깨달음을
성취하여 모든 것이 일체중생이 쓰는 마음의 경계라는 사실을 요지할 수 있어서, 아
는 곳에서 안다는 상(相)을 일으키지 않았다. 내가 증득한 것으로써 보살의 근기에
따라 법을 설하여, 법을 들은 모든 보살이 광명 다라니의 깨달음을 획득하도록 하였
다. 그들은 법의 깨달음을 얻었으므로 영원히 법에서 물러나지 않았다. 이것을 게송
으로 풀이하여 다음과 같이 말하였다.

하나의 무외법을 요지한다면
다섯 가지 두려움이86) 제거된다네
보살이 일심문에 들어간다면
마땅히 환희지에 태어난다네.

---

85) 了一無畏法 能除五怖畏가 淸光緖江北本에는 了一無畏法 能持五怖畏로 되어 있다.
86) 다섯 가지 두려움은 不活畏, 死畏, 惡名畏, 惡道畏, 大衆威德畏이다.

천마와 외도도 모두 깨달음

22-4-60 不動眞際 建立諸法 則性不可壞 不壞假名 而說實相 則相不可壞. 斯則
天魔外道等 皆法印故 無能壞. 且五逆四魔 尙法界印 況無漏淨智一眞相好 而能
障實相之妙旨耶.

진여의 자리를 움직이지 않고 모든 법을 세우니 곧 어떠한 성품도 허물 수 없고, 임
시로 세운 명자를 허물지 않고 진실한 모습을 설명하니 곧 어떠한 모습도 허물 수 없
다. 이러하니 곧 천마나 외도도 모두가 다 법의 깨달음이기 때문에 파괴할 수 없는
것이다. 오역죄를 지은 사람과 네 가지 마구니도87) 오히려 법계의 깨달음이거늘, 하
물며 무루의 청정한 지혜인 한결같이 참된 상호로서 어찌 진실한 모습의 현묘한 종
지를 장애하겠는가.

---

87) 사마(四魔) : 온마(蘊魔), 사마(死魔), 번뇌마(煩惱魔), 천마(天魔)를 말한다.

무간업도 보리다

22-6-61 寶積經云 化樂天王白佛言 世尊 彼實際者 遍一切處 無有一法而非實際. 世尊謂菩提者 亦是實際 世尊 何者是菩提. 一切法是菩提 離自性故 乃至 五無間業亦是菩提. 何以故 菩提無自性 五無間業亦無自性. 是故 無間業亦是菩提. 是以 了心本性 自體無生 從無生中 建立諸法. 觀無性之心 說無性之敎.

『보적경』에서 화락천왕이 부처님에게 질문하기를, "세존이시여, 진실한 이치가 일체 모든 곳에 두루하여 한 가지 법도 진실한 이치 아님이 없습니다. 세존께서는 깨달음이 또한 진실한 이치라 하시는데 세존이시여, 어떤 것이 깨달음입니까"라고 하였다.

그러자 세존께서 답변하시기를, "일체 모든 법이 깨달음이니 자성을 벗어났기 때문이며, 나아가 다섯 가지 무간지옥의 업도 또한 깨달음이다. 왜냐하면 깨달음에 자성이 없으며 다섯 가지 무간지옥의 업도 또한 자성이 없기 때문이다. 그러므로 무간지옥의 업도 깨달음이다"라고 하였다.

그래서 마음의 본성을 요지하면 스스로의 바탕에 생겨날 것이 없으며, 생겨날 것이 없는 데에서 모든 법을 건립하는 것이다. 결정된 성품이 없는 마음을 관하여 결정된 성품이 없는 가르침을 설하는 것이다.

○

隨淨緣而無性成佛 隨染緣而無性爲凡. 不見纖塵 暫出性空之理 未有一念 能違平
等之門. 所以 大般若經 偈云 有法不成有法 無法不成無法 有法不成無法 無法不
成有法.

깨끗한 인연을 따라 가면 결정된 성품이 없는 것으로서 부처님이 되고, 더러운 인
연을 쫓아가면 결정된 성품이 없는 것으로서 범부가 된다. 한 티끌도 잠시 성품이 공
(空)한 이치에서 벗어남을 보지 못했으며, 한 생각도 평등한 도리에 어긋날 수가 없
었다. 그러므로 『대반야경』 게송에서 다음과 같이 말하였다.

> 법이 있어서, 법이 있는 것을 만들지 않으며
> 법이 없어서, 법이 없는 것을 만들지 않는다
> 법이 있어서, 법이 없는 것을 만들지 않으며
> 법이 없어서, 법이 있는 것을 만들지 않는다.[88]

---

88) 유(有)로 유(有)를 만들 수 없고 무(無)로 무(無)를 만들 수 없다는 것은, 근본 자리에서는 유(有)와 무(無)의
바탕이 하나이므로, 주체로서 만드는 자가 없고 객체로서 만들 것이 없기 때문이다. 유(有)로 무(無)를 만들 수
없고 무(無)로 유(有)를 만들 수 없다는 것은, 능소(能所)가 사라져 자체가 이미 존재하지 않는데, 존재하지 않
는 것이 어떻게 다른 대상을 만들 수 있겠는가 하는 것이다.

보리는 얻을 수 없다

22-8-62 問 菩提卽自身心者 云何敎中說 菩提者不可以身心得. 答 夫言菩提之道 卽心者 乃是自性淸淨心 湛然不動. 蓋是正覺無相之眞智 其道虛玄 妙絶常境. 聰者 無以容其聽 智者 無以運其知 辯者 無以措其言 像者 無以狀其儀. 以迷人不了 執色陰爲自身 認能知爲自心. 故經云 身如草木 無所覺知 心如幻化 虛妄不實. 所以 除其執取之心 故云89) 菩提者不可身心得也.

문 : 깨달음 자체가 자기의 몸과 마음인데, 어떻게 가르침에서 깨달음은 몸과 마음으로 얻을 수 없다고 설파하시는 것입니까.

답 : 깨달음의 도 자체가 마음이라 함은 자성이 청정한 마음으로 맑고 고요하여 움직이지 않는 것을 말한다. 대개 바른 깨달음으로서 어떠한 모습이 없는 참다운 지혜로, 그 도(道)가 깊고 허허로워 묘하게 상식적인 경계를 끊은 곳이다. 이 자리는 총명하더라도 용납하는 것으로 들을 것이 없으며, 지혜롭더라도 움직이는 것으로 알 것이 없으며, 말을 잘하더라도 어떤 의도를 담아 말할 것이 없으며, 그림을 잘 그리더라도 어떠한 모습으로 그려 낼 수가 없는 것이다. 미혹한 사람은 이곳의 참뜻을 요달하지 못하므로 물질덩어리에 집착하여 자기 몸으로 삼고, 알음알이로 아는 것을 인정하여 자기의 마음으로 삼는 것이다.

그러므로 경에서는 "몸은 초목과 같아 아는 것이 없고, 마음은 허깨비와 같아 허망하여 실제가 아니다"라고 하였다. 그러므로 집착하여 취하려는 마음을 제거해야 하나니, 깨달음은 몸과 마음으로 얻을 수가 없기 때문이다.

---

89) 認能知爲自心. 故經云 身如草木 無所覺知 心如幻化 虛妄不實. 所以 除其執取之心 故云에서, 명추회요에는 故經云 身如草木 無所覺知 心如幻化 虛妄不實. 所以 除其執取之心이란 대목이 누락되었는데 여기에서는 원문대로 보충하였다.

보리라는 마음

22-10-63 經云 佛言 菩提心者 非有非造 離於文字. 菩提卽是心 心卽是衆生 若能
如是解 是名菩薩修菩提心. 是則心外無菩提 何所求耶. 菩提外無心 何所得耶.

경전에서 부처님이 "깨달은 마음은 있거나 만들어지는 것이 아니니 문자의 개념을
벗어난다. 깨달음 자체가 마음이며, 마음 자체가 중생이다. 만약 이와 같이 알 수 있
다면 보살이 보리심(菩提心)을 닦는다고 하리라"고 말씀하셨다. 이러한즉 마음 밖에
다른 깨달음이 없으니, 없는 깨달음을 어디에서 구하겠는가. 깨달음 이외에 다른 마
음이 없으니 없는 마음을 어디에서 얻을 것인가.

집착이 없으면 생사가 없다

23-1-64 問 有念卽衆生 無念卽佛 云何言凡聖一等. 答 衆生雖起念 不覺念本無 念 與佛無念等 妄墮有念中. 佛得無念 知念本無. 衆生雖現在念中 佛知念卽無念. 斯則 佛無念 與衆生無念義同. 又 以衆生不知念空 於念成事 似有差別 若實了念 空 則於苦樂境 不生執受. 何者 以境從念生 心空則境何有.

문 : 망념이 있으면 중생이고 망념이 없으면 부처인데 어떻게 범부와 성인이 하나 같이 평등하다고 말씀하시는 것입니까.

답 : 중생은 비록 생각을 일으키더라도 그 생각에는 본래 망념이 없어 부처님의 무 념(無念)과 같음을 알지 못하므로 허망하게 망념 가운데에 떨어진다. 그러나 부처님 은 무념(無念)을 얻어 생각에 본래 망념이 없음을 안다. 중생이 비록 망념 가운데에 있더라도 부처님은 망념이 무념이란 사실을 안다. 이러한 관점에서 부처님의 무념과 중생의 무념이 뜻으로는 동일하다.

또 중생은 망념이 공(空)한 것임을 알지 못하기 때문에 망념에서 여러 가지 일을 이 루어 차별이 있는 듯하나, 만약 진실로 망념이 공한 것임을 요지하면 곧 고통과 즐거 움에 대하여 집착하여 받아들이는 마음을 내지 않는다. 왜냐하면 경계가 망념에서 생 겨났기 때문이니, 마음이 공한데 경계가 어디에 있겠는가.

○

既無有境 相縛自除. 能所俱空 誰生取著. 既不取著 生死自無. 如圓覺經云[90] 知
是空華 卽無流轉 亦無身心受彼生死.

이미 경계가 없다면 경계에 구속되는 것은 저절로 제거된다. 능과 소가 다 함께 공
(空)하니, 누가 취하고 집착하는 마음을 내겠는가. 이미 집착하여 취하는 마음이 없다
면 생사가 본래 없는 것이다.

이것은 『원각경』에서 다음과 같이 말한 것과 같다.

일체가 허공의 꽃인 줄을 알면 곧 생사의 흐름이 없으며 또한 생사를 받는 나라고
할 마음도 없다.

---

90) 如圓覺經云에서 명추회요는 단지 如經云이라고 하였다.

법계에 의지하여

23-2-65 最勝王經云 佛言 修菩提行者 於諸聖境 體非一異 不捨於俗 不離於眞 依於法界 行菩提行. 時善女天 白佛言 世尊 如上所說 菩提正行 我今當學. 時梵天王 問曰 此菩提行 難可修行 汝今云何 於菩提行 而得自在. 善天女曰 我今依於此法 得安樂住. 是實語者 願令一切五濁惡世 量無數無邊衆生 皆得金色三十二相 非男非女 坐寶蓮華 受無量樂.

『최승왕경』에서는 다음과 같이 말하였다.

부처님은 "깨달음을 닦는 수행이란 모든 성스러운 경지에서 그 바탕이 같지도 다르지도 않으며, 세속을 버리지도 진여를 떠나지도 않으면서 법계에 의지하여 깨달음을 행하는 것이다"라고 말씀하셨다.

그 때에 선녀천이 부처님께 사뢰어 "세존이시여, 위에서 말씀하신 바와 같이 깨달음의 바른 수행을 제가 지금 배웠습니다"라고 말하였다.

그러자 범천왕이 선녀천에게 "이 깨달음의 수행은 참으로 수행하기 어려운데, 당신이 지금 어떻게 깨달음의 수행에서 자재함을 얻었습니까"라고 물었다.

그러자 선녀천은 "제가 지금 이 법에 의지하여 안락하게 머물 바를 얻었습니다. 이것이 진실한 말이라면 바라옵건대, 일체 번뇌가 넘치는 더러운 세상의 한량없는 중생으로 하여금 모두 황금빛의 삼십이상을 얻어서 남자도 아니고 여자도 아니면서 보련화에 앉아 한량없는 즐거움을 받으시기 바랍니다"라고 말하였다.

○

乃至 說是語已 一切五濁惡世 所有衆生 皆悉金色 具大人相 非男非女 坐寶蓮華
受無量樂 猶如他化自在天宮. 問 此猶敍古引文 如何是卽今之佛. 答 如今一念纏
起 了不可得. 無有處所 是過去佛 過去不有 未來亦空 是未來佛 卽今念念不住
是現在佛. 但一念起時 莫執莫斷 不取不捨 則三際無蹤. 一念圓具十法界 非因非
果 而因而果之法. 若能如是一念而達者 則念念相應 念念成佛.

이 말을 마치자마자 일체 오탁악세의 모든 중생이 모두 다 황금빛으로 부처님의 상
호를 갖추어서 남자도 아니고 여자도 아니면서 보련화에 앉아 무량한 즐거움을 받았
으니 마치 천상의 타화자재천궁과도 같았다.

문 : 이것은 옛 문헌에서 인용하는 글과 같으니, 어떤 것이 지금 이 자리의 부처님
입니까.

답 : 지금 한 생각이 일어남에 어떠한 것도 얻을 수 없음을 아는 것과 같다. 어떠한
처소도 없으니 과거의 부처님이고, 과거가 있지 않아서 미래가 또한 공한 것이니 미
래의 부처님이고, 지금 이 자리의 생각생각이 머무르지 않는 이것이 현재의 부처님이
다. 단지 한 생각이 일어날 때에 집착하지도 말고 끊지도 말며 취하지도 않고 버리지
도 않으면 곧 과거와 현재와 미래의 자취가 없는 것이다.
한 생각에 십법계를 뚜렷하게 갖추어 인(因)도 아니고 과(果)도 아니면서 인(因)이
되고 과(果)가 되는 법이다. 만약 이와 같이 한 생각으로 통달할 수 있는 자는 곧 생
각마다 상응하여 생각 하나하나에 부처님이 되는 것이다.

○

凡聖悉等 今古皆齊 了了識心 惺惺見佛. 是佛是心 是心是佛 念念佛心 心心念
佛. 欲得早成 戒心自律 淨戒律心 淨心卽佛 除此心王 更無別佛. 欲求萬法 莫染
一物 心性雖空 含眞體實. 入此法門 端坐成佛.

범부와 성인이 모두 평등하고 예나 지금이나 모두 다 가지런하여, 분명히 마음을
알고 뚜렷하게 부처님을 볼 것이다. 부처가 마음이고 마음이 부처니, 생각마다 부처
님 마음이며 마음마다 부처인 것이다. 이 경지를 빠르게 성취하려면 계(戒)를 지키는
마음으로 스스로 다스려야 하며, 청정한 계율로 마음을 다스리게 되면 청정한 마음
자체가 부처님이니 이 마음을 버리고는 다시 다른 부처님이 없다.

만 가지 법을 구하고자 하면 한 물건도 더럽히지 말아야 할 것이니, 마음의 성품이
비록 공(空)할지라도 진실한 바탕을 머금고 있기 때문이다. 이 법문에 들어가면 단정
히 앉아 부처를 이룰 것이다.

참으로 부처님을 보는 것

23-3-66 問 一念成佛 已入信門 如何得目前了了分明而見. 答 目前無物 是眞見佛. 如文殊師利巡行經 以經中說 文殊遍巡五百比丘房 皆見寂定 因以爲名 最後難舍利弗 以顯甚深般若. 問舍利弗言 我時見汝 獨處一房 結跏趺坐 折伏其身 汝爲當坐禪耶否耶. 答云 坐.

문 : 한 생각에 부처님이 되면 이미 믿음의 문에 들어선 것인데, 어떻게 눈 앞에서 분명히 요지하여 볼 수 있겠습니까.

답 : 눈 앞에 한 물건도 없으면 참으로 부처님을 보는 것이다. 이것은 마치 『문수사리순행경』에서 말하는 다음 내용과 같다. 이 경의 제목은 경 가운데에서 "문수가 오백 비구의 방을 두루 돌면서 모두 적정을 보았다"고 설한 내용에서 온 것인데, 이 경의 맨 마지막은 사리불에게 나무라듯 질문하여 깊고 깊은 반야의 도리를 드러내는 것이다.

문수가 사리불에게 "내가 그 때 당신이 홀로 거처하는 수행처에서 결가부좌하여 당신의 몸을 조복받고 있는 것을 보았는데, 당신은 좌선을 하고 계셨습니까"라고 물었다.

그러자 사리불은 "그렇습니다. 좌선을 하고 있었습니다"라고 답하였다.

○

難云 爲當欲令未斷者斷故 坐禪耶等 因此廣顯性空無得之理意. 五百比丘 從座
而起 於世尊前 高聲唱言 從今已去 更不復見文殊身 不復聞其名字. 如是方處 速
應捨離. 所有文殊一切住處 亦莫趣向. 所以者何 文殊煩惱解脫一相說故等. 舍利
弗 令文殊 爲決了. 文殊言 實無文殊而可得故 若實無文殊可得者 彼亦不可見等
廣爲說法.

이 답변에 문수는 사리불을 힐난하여 "번뇌를 아직 끊지 않은 자가 번뇌를 끊도록
하기 위해 좌선을 합니까"라는 등의 질문을 하였고, 이로 인하여 성품이 공하여 얻을
수 없는 이치의 뜻을 널리 드러내고자 한 것이다.

이 때에 이런 질의 응답을 듣고 오백 비구가 자리에서 일어나 세존 앞에서 큰 소리
로 "세존이시여, 저희는 지금부터 다시는 문수의 몸을 보지 않을 것이며, 다시는 그
의 이름을 듣지 않겠습니다. 이 장소를 버리고 바로 떠날 것입니다. 문수가 있는 일체
의 어떤 장소에도 또한 나아가지 않겠습니다. 왜냐하면 문수는 번뇌와 해탈을 하나의
모습으로 설하기 때문입니다"라고 말하였다.

그러자 사리불이 문수에게 부탁하여 이들의 의심을 풀어주도록 하였다.

문수는 "실로 문수라 할 것이 없기 때문이다. 그러나 만일 문수라 할 것이 없다면
그 또한 문수를 보지 못한 것이다"라고 하여 널리 법을 설하게 되었다.

○

四百比丘 漏盡得果 一百比丘更謗 陷入地獄 後還得道 廣如彼說. 所以 無見是眞
見 無聞是眞聞 不見不聞文殊 是眞見眞聞文殊矣. 若不信此說 雖起謗而陷獄 以
曾聞故 終熏種而得道. 何況聞而信耶. 則成道不隔於一念. 故知 宗鏡見聞 無不
獲益矣.

그러자 사백 명의 비구가 누진통(漏盡通)의 과(果)를 얻었고, 나머지 일백 명의 비
구는 다시 이 법문을 비방한 과보로 지옥에 떨어졌으나, 뒷날 이 법문을 들은 공덕으
로서 도리어 도과(道果)를 얻게 되었다고 널리 이와 같이 설하였다. 그러므로 볼 것
없음이 참으로 보는 것이며, 들을 것 없음이 참으로 듣는 것이다. 문수를 보지도 듣지
도 않는 이것이 참으로 문수를 보고 듣는 것이다.

 만약 이러한 설을 듣고도 믿지 않고 비방하여 지옥에 떨어지더라도, 일찍이 법문을
들은 공덕으로 끝내 바른 법의 종자를 훈습하여 도를 얻게 된다. 하물며 이 법을 듣
고 믿는 사람에게 있어서야 어찌 더 말할 필요가 있겠는가. 곧 도를 이룸이 한 생각
을 벗어나지 않는다. 그러니 종경으로 보고 들으면 획득치 못할 이익이 없음을 알아
야 한다.

어찌 중생의 모습을 보는가

23-6-67 問 旣衆生已成 理事圓備 則諸佛何以出世更化衆生. 答 衆生不如是知 所以須化. 故經云 俱同一性 所謂無性. 大悲相續 救度衆生 隨門不同 種種有異. 約成佛門 一切成也. 同一無性 故得現成. 妄性本虛 生元是佛. 眞性叵得 非今始成 故皆成也. 物物無性 故成種智 證斯同體 而起大悲. 一得永常 故云相續. 只由不知無性 故敎化不絶.

문 : 이미 중생은 완성되어 이(理)와 사(事)가 원만하게 갖추어졌는데, 무엇 때문에 모든 부처님이 세상에 출현하시어 다시 중생을 교화하십니까.

답 : 중생이 이렇듯 알지 못하기에 교화가 필요하다. 그러므로 경에서는 다음과 같이 말하였다.

다 함께 동일한 성품을 갖추었으니 이른바 결정된 성품이 없는 것이다. 대비심을 상속하여 중생을 구제하고 제도함은 방편에 따라 같지 않으므로 여러 가지로 다르게 된다. 그러나 성불의 이치에서 본다면 일체가 성불한 것이다. 동일하게 결정된 성품이 없으므로 성불을 보일 수 있는 것이다. 허망한 성품은 본래 비어 있으니 중생이 원래 부처님이다. 참다운 성품은 얻을 수 없나니 지금 비로소 만들어진 것이 아니기 때문에 모두 성불할 수 있는 것이다.

사물 하나하나가 결정된 성품이 없기 때문에 일체를 아는 지혜를 이루어서 똑같은 바탕임을 증득하여 대비심을 일으키는 것이다. 한번 얻으면 영원히 지속되므로 대비심을 상속한다고 말한다. 다만 중생이 결정된 성품이 없음을 알지 못하기에 부처님의 교화가 끊어지지 않는 것이다.

○

雖現報化 法體不遷. 如隨色之摩尼 衆相現而本體不動 似應聲之虛谷 群響發而
起處無心 不著自他 豈見衆生之相 本非出沒 常冥大覺之原

부처님이 중생을 교화하는 보신(報身)과 화신(化身)의 몸을 나타내더라도 법신(法
身)의 바탕은 바꾸어지지 않는다. 이것은 마치 색에 따라 변하는 마니주(摩尼珠) 속에
여러 가지 모습이 나타나더라도 마니주의 본 바탕은 움직이지 않는 것과 같다.

소리에 응하는 빈 골짜기에 여러 가지 소리가 일어나더라도 소리가 일어나는 빈 골
짜기에는 메아리를 일으키려는 마음이 없음과도 같다. 자기와 남을 집착하지 않는데
어찌 중생의 모습을 보겠는가. 본래 생겨나고 사라지는 것이 아니니 항상 대각(大覺)
의 근원에 명합하는 것이다.

유심의 도로 여래가 간다

23-8-68 問 絶待眞心 本無名相 云何成佛 又作異生. 云隨順世法 立此假名 又 因
何法而得成立. 答 實際理中 本無凡聖可得 以一切衆生 迷無性理. 以無性故 不
覺起妄 於眞空中 妄立名相. 故名爲凡. 了名相空 復稱爲聖. 凡聖之號 因五法成
猶如幻化 名相非眞. 且如幻以術成 形因業有. 術業俱假 形幻同空. 但有迷悟之
名 本無凡聖之體. 五法者 瑜伽論云 一名 二相 三妄想 四正智 五眞如.

　문 : 일체의 경계가 끊어진 참마음은 본래 이름과 모습이 없는데, 어떻게 부처님이
되거나 또는 중생이 된다고 하십니까. 만약 세상의 법을 수순하여 이런 가명(假名)을
세운 것이라면 또한 어떤 법으로 인하여 이런 내용이 성립할 수 있는 것입니까.

　답 : 진실한 이치 가운데에는 본래 얻을 만한 범부나 성인이 없으나, 일체중생이 결
정된 성품이 없다는 이치에 미혹하기 때문이다. 결정된 성품이 없기 때문에 자기도
모르게 망념을 일으켜서 진공(眞空) 가운데 허망하게 이름과 모양을 세우므로 범부
라 한다. 그러나 이름과 모양이 공(空)하다는 사실을 요지하면 다시 성인이라 한다.
　범부나 성인의 호칭은 다섯 가지 법으로 인하여 성립하니, 이것은 마치 허깨비와
같아서 이름과 모습이 진실하지 않다. 마치 허깨비가 술법으로 만들어지는 것과 같이
중생의 형태도 업으로 인하여 있는 것이다. 술법과 중생의 업이 모두 거짓이라면 그
것으로 생겨나는 중생의 모습과 허깨비도 똑같이 공한 것이다. 단지 깨달았다거나 미
혹하다는 개념만 있을 뿐 본래가 범부나 성인의 어떤 바탕도 없다. 다섯 가지 법은
『유가론』에서 명칭과 모습과 망상과 바른 지혜와 진여라고 말하고 있다.

○

古釋云. 名相妄想三法成凡 正智眞如成聖. 名相妄想者 是凡夫法 名相二法 是凡夫境 妄想一法 是凡夫六識. 迷事緣境而起 故名妄想. 經偈云 不了心及緣 則生二妄想. 正智眞如者 是聖人法. 正智是聖人對治金剛緣 修無漏斷惑智 亦名能覺智. 眞如是聖人心中 所證之理. 眞如是體 正智是用. 異者未曾異 同者未曾同. 同者是眞如 異者是正智. 正智常用 故障生滅 眞如常體 故無生滅. 體用無礙 法界不思議眞實義也.

옛날에 이것을 해석하여 다음과 같이 말하였다. 명칭과 모습과 망상이라는 세 가지 법은 범부를 만들고, 바른 지혜와 진여는 성인을 만든다. 명칭과 모습은 범부의 경계이며 망상은 범부의 육식(六識)을 말하니, 명칭과 모습과 망상은 범부의 법이다. 현상에 미혹하여 경계에 반연해서 분별이 일어나므로 망상이라 한다. 이것을 경의 게송에서는 "마음과 경계를 알지 못하면 곧 명칭과 모습인 분별 경계와 분별 주관인 육식(六識)의 두 가지 망상이 생긴다"고 하였다.

바른 지혜와 진여는 성인의 법이다. 바른 지혜는 성인이 삿됨을 타파하여 정법을 드러내는 금강의 인연으로 무루법(無漏法)를 닦아 미혹을 끊는 지혜로서 능각지(能覺智)라고도 한다. 진여는 성인의 마음에서 증득될 대상으로서의 이(理)다. 진여는 바탕이며 바른 지혜는 작용이다. 진여의 움직임으로 바른 지혜가 달라 보이지만 진여의 입장에서는 일찍이 달라진 적이 없으며, 본 바탕에서는 진여로서 같지만 작용하는 바른 지혜의 입장에서는 일찍이 같아 본 적이 없다. 하나로서 같다고 하는 것은 진여이며 작용으로서 다르다고 하는 것은 바른 지혜다. 바른 지혜가 항상 작용하므로 생멸을 장애하며, 진여로서 항상 바탕을 이루고 있으므로 생멸이 없는 것이다. 진여의 바탕과 바른 지혜의 작용이 서로 걸림 없으니 법계가 부사의한 진실한 뜻이다.

○

又 凡夫心惑 不達名相空故 妄計爲有. 迷有不空 名之爲妄 從妄起心 名之爲想.
正智者 覺知名相本來空寂. 以知空故 妄想自息 息妄歸眞 顯理分明 正智現前.
不立名相故 名正智. 經偈云 了心及境界 妄想不復生. 眞如者 卽此正智心性眞故
卽名眞如. 故知 但是一法無中執有成凡 達有本空成聖. 不唯五法 乃至恆沙義出
無邊 理恆一道. 此唯心之道 卽是如來行處 步步履法空故 亦是摩訶衍處 念念無
所得故.

또한 범부의 마음이 미혹하여 이름과 모습이 공(空)함을 요달하지 못하였기 때문에
허망한 생각으로 있다고 한다. 있음에 미혹하여 공(空)하지 않다면 이를 망(妄)이라
하고, 망에서 일으키는 마음을 상(想)이라 한다.

바른 지혜는 이름과 모습이 본래 공적함을 깨달아 안다. 본래 공적한 것임을 알기
때문에 망상이 스스로 쉬어지고, 망상이 쉬어져서 진여로 돌아가니 이치가 분명하게
드러나고 바른 지혜가 눈 앞에 나타난다. 이름과 모습을 세우지 않기 때문에 바른 지
혜라고 한다. 그러므로 이것을 경의 게송에서 "마음과 경계를 요지하니, 다시 망상이
생기지 않았다"라고 하였다.

진여라는 것은 곧 바른 지혜를 쓰는 마음의 성품이 참하고 여여하므로 진여라고 이
름한다. 그러므로 알아야 할 것이니 단지 한 가지 법도 없는 가운데에서 어떤 법이
있다고 집착하면 범부가 되고, 있음도 본래 공함을 알아차리면 성인이 되는 것이다.

오직 다섯 가지 법뿐만 아니라 항하사 모래알 만큼의 많은 이치가 끝이 없이 나오
나 이치는 항상 하나의 도이다. 오직 마음이라는 이 도가 곧 여래가 가는 곳이니 걸
음 하나하나가 법이 공한 자리를 밟기 때문이다. 또한 대승(大乘)이 살아 움직이는
곳이니 생각 하나하나에 얻을 바가 없기 때문이다.

○

問 云何說入此宗鏡 一念相應 見道速疾 超過劫量. 答 實有斯理 世況可知. 若不
直下頓悟自心 功德圓滿 卽於心外妄求 徒經劫數. 若能內照 如船遇便風 一念圓
成 所作無滯. 故知 不遇宗鏡之風 有爲行船 終不能速度生死之波 直至涅槃之岸.
有茲大利 廣集無勞 唯囑後賢 轉相傳授.

문 : 어떻게 이 종경에 들어가면 일념에 상응하여 빠르게 도를 보고 영겁의 시간을
뛰어넘는다 설하시는 것입니까.

답 : 진실로 이러한 이치가 있건만 세간의 이치로 비유하여 어떻게 알 수 있겠는가.
만약 직하에 자기 마음을 돈오하여 공덕이 원만하지 못했다면 곧 마음 밖에 허망하
게 도를 구하리니, 부질없이 영겁의 시간을 보낼 것이다. 그러나 안으로 관조하는 것
이 배가 바람을 만난 듯이 순조롭다면 한 생각에 도를 원만 성취하리니, 하는 일에
걸림이 없을 것이다.

그러므로 종경이란 바람을 만나지 못하면 그 배에 탄 중생은 끝내 생사의 파도를
빠르게 건너 열반의 언덕에 바로 도달할 수 없음을 알 것이다. 종경에 이런 커다란
이익이 있으므로 널리 다른 곳에 많은 자료를 모으려 힘쓸 것이 없으니, 오직 뒷날의
현명한 사람이 이 법을 서로 전하기를 부촉할 뿐이다.

도에는 차별이 없으나 행에

23-10-69 問 此一心宗 成佛之道 還假歷地位修證不.[91] 答 此無住眞心 實不可修 不可證不可得. 何以故 非取果故 不可證 非著法故 不可得 非作法故 不可修. 以本淨非瑩 法爾天成.[92] 若論地位 卽在世諦行門 亦不失理 以無位中 論其地位 不可起決定有無之執. 經明 十地差別 如空中鳥跡.

문 : 이 일심종(一心宗)의 부처님이 되는 도는 몇 단계의 지위를 방편으로 닦아야 증득하는 것입니까.

답 : 이 머무를 것이 없는 참다운 마음은 진실로 닦을 수 없고 증득할 수 없으며 얻을 수도 없다. 왜냐하면 어떤 과보를 취득하는 것이 아니기 때문에 증득할 수 있는 것이 아니며, 어떤 법에 집착하는 것이 아니기 때문에 얻을 수 있는 것이 아니며, 어떤 법을 만드는 것이 아니기 때문에 닦을 수 있는 것이 아니다. 본래가 청정한 것으로 옥처럼 깎고 다듬어서 투명한 것이 아니니, 법이 그러하여 원래 그런 것이다.

만약 지위를 논한다면 세상의 이치가 펼쳐지는 곳에 있으면서 또한 참다운 이치를 잃지 않으니, 이는 지위가 없는 자리에서 그 지위를 논하므로 있다거나 없음을 결정하는 집착을 일으킬 수 없기 때문이다. 그러므로 『화엄경』에서는 "십지(十地)의 차별은 마치 허공을 나는 새의 자취와 같다"고 밝힌 것이다.

---

91) 不는 K본과 S본은 같으나 C본은 좀로 되어 있다.

92) 원문에 있는 以本淨非瑩 法爾天成은 명추회요에 以本淨非瑩 法爾無成으로 되어 있으나, 문장의 뜻에 따라 원문을 따랐다.

○

若圓融門寂滅眞如 有何次第 若行布門對治習氣 昇進非無. 又 染淨階位 皆依世
俗名字分別 則似分階降 不壞一心. 譬如 衆生位如土器 菩薩位如銀器 諸佛位如
金器 土銀金等 三種器量雖殊 然一一器中 虛空遍滿 平等無有差別. 虛空卽喻 一
心法身 平等之理 諸器卽況 根器地位 階降不同. 道本無差 隨行有異.

만약 원융한 곳의 적멸진여(寂滅眞如)라면 여기에 무슨 차례가 있으리오마는, 수행
을 통하여 보살행으로 중생의 나쁜 기운을 고쳐 나가는 곳이라면 수행의 지위가 점
차 올라감이 없지 않다. 또한 오염되거나 청정하다는 단계적인 지위를 모두 세속의
명자(名字)에 의한 분별로서 단계가 높고 낮은 것으로 나누는 듯하나, 이것이 하나의
마음을 허문 것은 아니다.

이것을 비유하면 중생의 지위는 흙그릇과 같고 보살의 지위는 은그릇과 같으며 모
든 부처님의 지위는 금그릇과 같다. 세 종류의 그릇이 가진 양(量)이 다르더라도 하
나하나의 그릇마다 허공이 가득 차니, 허공의 바탕은 평등하여 차별이 없는 것이다.

여기서 허공은 하나의 마음인 법신의 평등한 이치를 비유하고, 여러 그릇은 중생의
근기와 수행하는 지위에 높고 낮음이 있는 것을 비유했다. 도(道)에는 본래 차별이
없으나 행(行)에 따라 차별이 있는 것이다.

모든 지위에는 차별이 없다

23-14-70 不思議佛境界經 云. 爾時須菩提 又問言 大士 汝決定住於何地 爲住聲聞地 爲住辟支佛地 爲住佛地耶. 文殊師利菩薩言 大德 汝應知 我決定住於一切諸地. 須菩提言 大士 汝可亦決定住凡夫地耶. 答曰 如是. 何以故 一切諸法及以衆生 其性卽是決定正位 我常住此正位. 是故我言 決定住於凡夫地也.

『부사의불경계경』에서 수보리가 문수사리에게 다음과 같이 질문하였다.

수보리 : 대사여, 당신은 어떤 위치에 머물러 있습니까. 성문의 지위입니까, 아니면 벽지불의 지위입니까, 그것도 아니면 부처님의 지위입니까.

문수 : 대덕이시여, 당신은 내가 일체 모든 지위에 머물러 있다는 사실을 분명히 알아야 합니다.

수보리 : 대사여, 그렇다면 당신은 범부의 지위에 머물러 있다고도 할 수 있습니까.

문수사리 : 그렇습니다. 왜냐하면 일체 모든 법과 중생의 성품 자체가 바른 위치에 결정되어 있기 때문에, 나는 항상 이 바른 위치에 상주합니다. 그래서 내가 범부의 지위에 머물러 있다 확실하게 말하는 것입니다.

○

須菩提 又問言 若一切法及以衆生 卽是決定正位者 云何建立諸地 差別而言 此
是凡夫地 此是辟支佛地 此是佛地耶. 文殊師利菩薩言 大德 譬如世間以言說故
於虛空中 建立十方 所謂 此是東方 此是南方 乃至 此是上方 此是下方. 雖虛空
無差別 而諸方有如是如是種種差別.

수보리 : 만약 일체법과 중생이 바른 지위로 결정되어 있다면 무엇 때문에 온갖 지
위를 만들어 차별하여 말하기를, 이것은 범부의 지위이나 저것은 벽지불의 지위, 또
한 부처님의 지위라고 말씀하시는 것입니까.

문수 : 대덕이시여, 비유하면 세간에서는 말로 설명하기 때문에 허공에 열 가지 방
향을 정하여 동쪽과 서쪽, 남쪽과 북쪽, 나아가서 위쪽과 아래쪽 등으로 부르는 것과
같습니다. 비록 허공에는 차별이 없더라도 여러 방향으로 이와 같은 차별이 있게 됩
니다.

○

此亦如是 如來 於一切法決定正位中 以善方便 立於諸地 所謂 此是凡夫地 此是
聲聞地 此是辟支佛地 此是菩薩地 此是佛地. 雖正位無差別 而諸地有別耳. 所以
天台云 四敎如空中四點 四點雖歷然 不壞虛空性. 然此地位 至究竟位中 若理若
行 方可窮盡.

지위를 차별하는 것도 이와 같습니다. 여래가 일체법의 결정되어 있는 바른 지위에
다 훌륭한 방편으로써 차별을 두니, 범부의 지위 · 성문의 지위 · 벽지불의 지위 · 보
살의 지위 · 부처님의 지위가 그것입니다. 비록 바른 지위에는 차별이 없더라도 모든
지위에서 차별이 있는 것입니다.

그러므로 『천태교』에서 "네 가지의 가르침이93) 허공에 찍는 네 개의 점과 같으니,
네 개의 점이 비록 뚜렷하게 드러나더라도 허공의 성품을 부순 것은 아니다"라고 하
는 것입니다. 그러므로 범부의 지위에서 구경에 이르는 지위 가운데에서 이치이든 행
이든 간에 바야흐로 그 도리를 다할 수 있는 것입니다.

---

93) 천태사교(天台四敎) : 장교(藏敎), 통교(通敎), 별교(別敎), 원교(圓敎)를 말한다.

유정이 수기하면 무정도

23-17-71 問 若卽心是佛者 則一切含生 皆有此心 盡得成佛 敎中 云何不見 授劫
國名號之記. 答 劫國名號 乃是出世化門之中 現前別記. 欲知眞記者 淨名經云
一切衆生亦如也 一切法亦如也 華嚴經頌云 顯佛自在力 如說圓滿經 無量諸衆生
悉受菩提記.

문 : 만약 마음 자체가 부처라면 일체중생 모두에게 이 마음이 있으니 다 성불할 것
입니다. 그런데 가르침 가운데 무엇 때문에 무정(無情)에게 겁(劫)과 나라(國)와 명호
(名號)를 주어 수기하는 것을 볼 수 없습니까.

답 : 겁과 나라와 명호는 부처님이 세상에 출현하시어 중생을 교화하며 중생의 앞
에서 바로 주는 개별적인 수기다. 참다운 수기에 대하여『정명경』에서는 “일체중생
도 여여(如如)하고, 일체법도 여여하다”고 하였고,『화엄경』게송에서는 다음과 같이
말하였다.

    부처님이 자재한 힘 나투시어서
    일체법을 원만하게 설하심 같이
    여기에 한량없는 온갖 중생들
    모두 다 깨달음의 수기를 받네.

○

又 頌云 一一心念中 普觀一切法 安住眞如地 了達諸法海. 又頌云 一一微塵中
能證一切法 如是無所礙 周行十方國. 斯則 人法心境 悉記成佛 以一念具足 一塵
不虧. 念念證眞 塵塵合體 同居常寂光土 俱號毘盧遮那. 終無異土別身聖强凡劣
與三世佛 一時成道 前後情消 共十類生 同日涅槃.

하나하나 쓰여지는 마음 가운데
널리 두루 일체법을 쳐다보며는
진여의 여래 땅에 안주하여서
모든 법의 진리 바다 요달하였네.

하나하나 나타나는 미진 가운데
둘이 아닌 일체법을 증득하나니
이와 같이 걸림없는 법의 진리가
두루두루 시방국토 나아간다네.

　이런즉 주관과 객관 및 마음과 경계가 모두 다 수기하여 부처님이 되니, 한 생각에
모든 것을 갖추어 한 티끌도 어그러지지 않는 것이다. 생각마다 진여를 증득하고 티
끌마다 진여의 바탕에 계합하여 항상 고요하고 빛나는 나라에 같이 있으면서 비로자
나 부처님이라 부르는 것이다. 끝내 다른 국토나 다른 몸으로서 성인은 우수하고 범
부는 하열하다는 구별 없이, 삼세의 부처님과 더불어 일시에 도를 이루어 전후(前後)
라는 분별의 망정이 사라지며, 십법계(十法界)의 중생과 같은 날 함께 열반을 증득하
는 것이다.

○

始終見絶 免起有情無情之妄解 不生心內心外之邪思. 可謂 上無所求 下無可化
冥眞履實 得本歸宗. 俱登一際解脫之門 盡受平等菩提之記. 又 古德問云 旣色心
不二 修性一如 何不見 木石受菩提記耶. 答 一一諸色 但唯心故 心外無法 豈唯
心滅 而色猶存. 佛但記有情 攝無情也. 譬如 幻事要藉幻心 心在幻中 能持幻事.
若其心滅 幻事同無.

처음과 끝이라는 분별 견해가 끊어지니 유정과 무정이라는 허망한 견해도 일으키
지 않으며, 마음 안과 마음 밖이라는 삿된 생각도 일어나지 않는다. 위로는 구할 것이
없고 아래로는 교화할 것이 없다고 할 만하니, 진실에 명합해 들어가서 근본을 얻어
종지에 돌아간다. 다 함께 하나의 진리인 해탈문에 올라, 모두가 다 평등한 깨달음의
수기를 받는 것이다. 또한 옛 스님은 이것을 다음과 같이 물었다.

문 : 마음과 경계가 둘이 아니어서 닦는 성품이 하나같이 여여한데, 어찌 나무와 돌
이 깨달음의 수기받는 것을 볼 수 없습니까.

답 : 하나하나의 모든 경계가 단지 마음이기 때문에 마음 이외에 다른 법이 없는데,
어찌 마음만 멸하고 경계가 존재할 수 있겠는가. 그러므로 부처님은 단지 유정을 수
기하는 것만으로 무정도 거두어들이는 것이다. 이것을 비유하면 환(幻)으로 일어나는
일이 환(幻)을 일으키는 마음의 힘을 빌려야 하는 것과 같이, 마음이 환(幻) 가운데
있어야 환(幻)으로 일어나는 일을 지닐 수가 있다. 만약 환(幻)을 일으키는 마음이 멸
하면 환(幻)으로 일어나는 일도 똑같이 없어지는 것이다.

○

故但滅心 不復滅事. 衆生色心 亦復如是 皆如幻相. 一切外境 從幻心生 豈猶
滅心 而存幻色. 此卽有情得記 無情亦然 是故 無情不須別記. 夫立劫國名號授記
作佛者 爲引未發心者 令嚮慕耳.

그러므로 단지 환을 일으키는 마음을 멸하면 다시 그로 인해 일어나는 일을 멸할
필요가 없다. 중생의 마음과 경계도 또한 이와 같아 모두가 환으로 일어나는 모습과
도 같다. 일체의 바깥 경계가 환 같은 마음에서 생겨난 것인데 어찌 환 같은 마음을
멸하고 환 같은 색이 존재할 수 있겠는가. 이것은 곧 유정(有情)이 수기하면 무정(無
情)이 또한 그러하므로 무정은 따로 수기를 구할 필요가 없는 것이다.

겁(劫)과 나라 또는 명호를 세워서 수기를 받아 부처님이 된다고 함은 아직 발심(發
心)하지 못한 사람을 인도하여 부처님이 되고자 하는 마음을 불러일으키기 위한 것
이다.

인과를 동시에 증득한다

24-1-72 問 夫成佛本理 但是一心者 云何更立 文殊普賢行位之因 釋迦彌勒名號 之果 乃至 十方諸佛國土 神通變現 種種法門. 答 此是無名位之名位 無因果之因 果. 是心作因 是心成果 是心標名 是心立位. 普賢觀經云 大乘因者 卽是實相 大 乘果者 亦是實相 釋論云 初觀實相名因 觀竟名果.

문 : 부처를 이루는 본래 이치가 단지 일심(一心)일 뿐인데, 어찌해서 다시 문수나 보현의 자리를 인(因)이라 하고 석가나 미륵의 명호를 과(果)로 세우며, 나아가 시방 세계의 모든 불국토를 신통으로 변현시켜 여러 가지 법문을 세우십니까.

답 : 이것은 이름과 위치가 없는 데에서 이름과 위치를 세우고, 인과(因果)가 없는 데에서 인과를 세우는 것이다. 마음이 인(因)이 되고 마음이 과(果)가 되면서, 마음으로 명자를 표방하기도 하고 마음으로 위치를 세우기도 하는 것이다.

이것을 『보현관경』에서는 "대승의 인(因)은 곧 진실한 모습이며, 대승의 과(果) 또한 진실한 모습이다"라 하였고, 이것을 해석한 논에서는 "처음에 진실한 모습 관하는 것을 인(因)이라 하고, 진실한 모습을 관해 마치는 것을 과(果)라 한다"고 하였다.

○

故知 初後皆心 因果同證 只爲根機莫等 所見不同. 若以一法逗機 終不齊成解脫
須各各示現 引物歸心. 雖開種種之名 皆是一心之義. 若違自心 取外佛相勝妙之
境 則是顛倒. 所以 華嚴經 頌云 若以威德色種族 而見人中調御師 是爲病眼顛倒
見 復不能知最勝法.

그러므로 알라. 처음과 끝이 모두 마음으로서 인과(因果)를 함께 증득하는 것인데
다만 근기가 평등하지 못하므로 보는 견해가 달라지는 것이다.

만약 한 가지 법으로 중생의 근기를 맞춘다면 끝내 다 같이 해탈할 수 없는 것이니,
모름지기 각자 중생의 근기에 맞추어 나타내 보인 것을 가지고 중생들을 인도하여야
마음으로 돌아갈 것이다.

비록 여러 가지 이름을 펼치더라도 모두가 하나의 마음에서 나타난 이치이다. 만약
자기의 마음을 놓아두고 바깥에서 부처님의 수승하고 현묘한 경계를 찾아 취한다면
이것은 잘못된 생각이다. 그러므로 『화엄경』의 게송에서 다음과 같이 말하였다.

위엄과 덕을 갖춘 종족으로서
뛰어난 부처님을 보려 한다면
망상으로 진실을 잘못 보나니
최고로 수승한 법 알 수 없으리.

제3편

종경은 구족도이며 원돈문

설법에는 통하나 종지에 불통
구름이 해 가리듯 흐릿하구나
종지와 설법에 두루 통하면
파아란 창공에 가득한 햇살.

향반을 먹는 자는

24-8-73 香積佛國之香飯 經云 無盡戒定慧解脫解脫知見功德具足者 所食之餘 終
不可盡. 以一心眞如 無盡之理 五分法身 資熏之功 自體性空 無作妙用 豈有盡
乎. 又云 食此飯者 發大乘意 乃至 一生補處然後 乃消 猶飮藥功毒 毒滅藥消耳.

향적 여래가 계시는 국토의 음식인 향반(香飯)을94) 『유마경』에서는 "다함이 없는
계·정·혜·해탈·해탈지견의 공덕을 구족한 자가 먹다 남긴 향반을 일체중생이 배
불리 먹더라도 끝내 다 먹을 수 없다"고 하였다. 이것은 일심진여(一心眞如)의 다함
이 없는 이치인 오분법신(五分法身)으로써95) 훈습되어진 공덕이기 때문에 자체의 성
품이 공(空)하여 작위가 없는 현묘한 작용이니, 어찌 다 없어질 수 있겠는가.

또한 "이 향반을 먹는 자는 대승의 뜻을 발하여 수행 정진하다가 일생보처(一生補
處)가96) 된 연후에야 이 향반이 소화되니, 이것은 약을 먹어 생긴 약효가 독을 공격
하여 독이 멸해야 약효가 사라지는 것과 같다"고 하였다.

---

94) 향적불국(香積佛國)의 향반(香飯) : 유마경(維摩經) 향적불품(香積佛品)에 나온다. 향적여래(香積如來)가 계시
는 국토가 향적불국이고, 향반은 그 국토에서 먹는 음식인데 일심도리(一心道理)를 상징하는 용어로서 쓰인 것
이다.
95) 깨달은 사람이 갖추는 다섯가지 공덕을 말한다. 계(戒), 정(定), 혜(慧), 해탈(解脫), 해탈지견(解脫之見)이다.
96) 부처님이 되기 직전의 중생으로 마지막으로 받는 몸을 말한다.

○

諸大菩薩 雖復捨生受生 後身之中 識中有種子 種子遇緣 還生香飯 相續不斷 流
至初地 發無漏心 斷惑證眞 名之爲消. 非是食滅名爲消也. 故知 食此飯者 何法
不消也.

모든 대보살이 비록 금생을 버리고 다음 생을 받더라도 뒷날의 몸으로 받은 식(識)
에 향반의 종자가 있으니, 이것이 시절인연을 만나 다시 일심(一心)이란 향반을 만들
어내는 것이다.

향반의 종자가 상속하여 끊어지지 않고 흘러서 초지(初地)에 이르면 번뇌가 없는
마음을 발하여 미혹을 끊고 진여를 증득하니, 이것을 향반이 소화된다고 말하는 것이
다. 단순히 음식물 사라지는 것으로 소화된다고 말하는 것이 아니다. 그러므로 알라.
일심진여(一心眞如)의 향반을 먹은 자가 어떤 법인들 소화시키지 못할 것인가.

업 따라 보는 견해가 달라

24-9-74 華嚴經中 具足優婆夷 得菩薩無盡福德藏解脫門 能於如是一小器中 隨
諸衆生種種欲樂 出生種種美味飲食. 又 如明智居士 得隨意出生福德藏解脫門
爾時 居士知衆普集 須臾繫念 仰視虛空 如其所須 悉從空下 一切衆會 普皆滿足.
然後 復爲說種種法. 且如優婆夷器內 明智居士空中 隨意而出 無限珍羞 繫念而
雨 衆多美食 凡來求者 皆赴所須. 得之者 盡證法門 食之者 咸成妙道. 可謂 無一
塵而不具足佛事 無一法而不圓滿正宗.

『화엄경』 가운데에서 구족 우바이는 보살의 다함이 없는 복덕을 지닌 해탈문을 얻어 한 개의 작은 그릇에 모든 중생의 입맛에 맞는 여러 가지 맛난 음식을 내놓을 수 있었다.

또 명지 거사 같은 이는 뜻대로 무엇이나 만들어 내는 복덕을 지닌 해탈문을 얻었다. 그 때 모든 중생이 두루 모인 것을 알고서 잠시 생각을 모아 허공을 쳐다보니, 중생들이 구하려 하는 모든 것이 비오듯 하늘에서 떨어져 그 자리에 모인 중생들이 모두 만족하였다. 그런 연후에 명지 거사는 중생들을 위하여 다시 여러 가지 법을 설하였다.

우바이는 그릇에 명지 거사는 허공 가운데, 한량없이 마음대로 맛있는 음식들을 진수성찬으로 비오듯 뿌려 놓으니, 음식을 구하려는 중생들 모두가 와서는 원하는 음식을 구할 수 있었다. 이 음식을 얻은 자 모두가 법문을 증득하였고, 이 음식을 먹은 자 모두가 현묘한 도를 성취하였다. 가히 하나의 티끌이라도 부처님이 하시는 일을 충분히 갖추지 않음이 없었고, 한 가지 법이라도 바른 종지가 원만하지 않음이 없었다고 할 만하였다.

○

但隨衆生心 應所知量 循業發現 所見不同. 外道見爲自然 凡夫見爲生死 聲聞見
爲四諦 緣覺見爲因緣 小菩薩見爲但空 大菩薩見爲中道 諸佛見爲實相. 若入宗
鏡 諸見並融 色塵爲佛事.

이것은 단지 중생의 마음을 따라 중생이 아는 것만큼 응하여 중생의 업(業)을 좇아
발현하는 것이니, 중생마다 견해가 다르기 때문이다. 이것을 외도는 자연(自然)이라
고 보나 범부는 생사라고 보며, 성문은 사제(四諦)라고 보나 연각은 인연으로 보며,
작은 보살은 단지 공(空)으로만 보나 큰 보살은 중도라고 보며, 모든 부처님께서는
진실한 모습으로 보는 것이다. 만약 종경에 들어간다면 모든 견해가 원융해져서 일체
경계와 번뇌가 다 부처님의 일이 된다.

선과 악이 불사다

24-15-75 現相品云 爾時 諸菩薩光明中 同時發聲 說此頌言 諸光明中出妙音 普遍十方一切國 演說佛子諸功德 能入菩提之妙道. 乃至 逆順善惡 無非佛事 如從二乘至佛是順行 從地獄至魔王是逆行.[97] 又 如釋迦純行善 調達純行惡 身子志誠信 善星堅不信等 妍醜同歸 無非佛事.

『화엄경』의 「여래현상품」에서는 모든 보살이 광명 속에서 동시에 소리내어 게송을 다음과 같이 설하였다.

> 광명 속에 묘한 소리 울려 퍼져서
> 시방세계 일체 국토 두루하도다
> 모든 불자 무량공덕 연설하나니
> 깨달음의 현묘한 도 들어가도다

또한 나아가서 "역행과 순행 및 선과 악이 부처님의 일 아님이 없었다. 예컨대 이승(二乘)으로부터 부처님의 경지에 이르는 순행과, 지옥으로부터 마왕에 이르는 역행, 또 석가모니가 행한 순전한 선행과 조달이 행한 완전한 악행, 사리자의 지성스런 믿음과 선성의 뿌리 깊은 불신 등의 아름답고 추한 모든 것이 함께 하나의 마음으로 돌아가니 부처님의 일 아닌 것이 없는 것과 같다"고도 하였다.

---

97) 如從二乘至佛是順行 從地獄至魔王是逆行은 K본 S본 C본에는 如從二乘止佛是順行 從地獄止魔王是逆行으로 되어 있다.

○

故經云 平等眞法界 諸佛不能行不能到. 又云 實際理地 大魔王不能行不能到 以
佛魔俱不出法界之門實際之地 以是一法故. 若有行有到則有人有法 在法界之外
成二見故.

그러므로 경에서는 "평등하고 참다운 법계는 모든 부처님이 갈 수도 없고, 도달할
수도 없다"고 하였다.

또한 "진실한 이치가 있는 자리에는 대마왕이라도 갈 수가 없고, 도달할 수도 없다.
이것은 부처와 마왕이 함께 법계의 진실한 이치가 있는 자리를 벗어나지 않아 모두
가 하나의 법이기 때문이다. 만약 가거나 도달하는 것이 있다면 곧 주관과 객관의 인
(人)과 법(法)이 존재하여 법계 이외에 두 가지 견해를 이루게 된다"고도 하였다.

크고 작은 모습이 서로

25-3-76　維摩經者　此云　淨名　卽是一切衆生自性淸淨心. 此心　弗澄而自淸　弗磨
而自瑩　處凡而不垢　在聖而不淨. 故云　自性淸淨. 所言名者　以心無形　但有名故.
文中所說　以四海之渺瀰　攝歸毛孔　用須彌之高廣　納入芥中98)　飛佛土於十方　未
移本處　擲大千於界外　含識莫知　日月懸於毫端　供具現於體內　腹納劫燒之燄　火
事如然　口吸十方之風　身無損減　斯皆自心轉變　不動而遠近俄分　一念包容　無礙
而大小相入.

『유마경』에서 범어인 유마(維摩)는 번역하면 청정한 이름, 즉 정명(淨名)인데 일체
중생의 자성이 청정한 마음임을 말한다. 이 청정한 마음은 맑히지 않아도 스스로 청
정하고 다듬지 않아도 스스로 투명하며, 범부에게 있으면서도 더럽혀지지 않고 성인
에게 있으면서도 깨끗해지지 않는 것이다. 그러므로 자성이 청정하다고 한다. 정명
(淨名)에서의 명(名)이란 자성이 청정한 마음에는 형체가 없고 단지 이름만 있음을
말한다. 그러므로『유마경』에서 설하기를 "사해(四海)의 아득히 넘실대는 물을 거두
어 한 터럭 구멍에 돌아가게 하고, 수미산의 높고 광대한 크기를 한 알의 작은 겨자
씨 가운데에 들이며, 부처님의 국토를 시방세계에 날려도 본래의 있던 자리를 조금도
이동하지 않았고, 삼천대천세계를 이 세계 밖으로 내던져도 일체중생이 알지 못하며,
해와 달이 터럭 끝에 매달리고 시방세계의 공양구가 몸 안에 나타나며, 뱃속에 억겁
을 태우는 불길을 넣어도 타는 불길이 여전하고, 시방세계의 바람을 몽땅 마셔 버려
도 몸이 손상되지 않는다"고 하였다. 이것은 모두 자기 마음이 전변하는 것으로서 마
음을 움직이지 않고도 멀고 가까운 것을 순식간에 나누며, 한 생각에 모든 것을 포용
하여 걸림 없이 크고 작은 모습이 서로 상입(相入)해 들어가는 것이다.

---

98) 用須彌之高廣　納入芥中은 원문에　用須彌之高廣　內入芥中이라 되어 있다.

○

天台疏 云. 以須彌之高廣　納芥子中　無所增減[99]　須彌山王　本相如故. 而四天王
忉利諸天　不覺不知　己之所入　唯應度者　乃見須彌入芥子中　是名不可思議解脫法
門. 又　以四大海水　入一毛孔等　此是明不思議之大用也.[100]　正以實慧與眞性合故
得有斯莫測之用.

이것을 『천태소』에서는 다음과 같이 말하였다.

수미산의 높고 광대한 크기를 한 알의 작은 겨자씨 가운데에 받아들여도 수미산이
나 겨자씨에 조금도 증감이 없었던 것은 산 가운데의 왕 수미산왕의 본래 모습이 여
여(如如)하기 때문이다. 그러므로 사천왕과 도리천에 있는 모든 하늘의 신들이 자기
가 들어간 곳을 깨달아 알지 못하나, 오직 깨친 자만 수미산이 겨자씨 가운데에 들어
감을 보았으니, 이것을 불가사의한 해탈법문이라 한다. 또한 사해(四海)에 있는 많은
물을 한 터럭의 구멍에 들인다는 등의 이런 이야기는 생각할 수 없는 커다란 작용을
밝힘이니, 바로 진실한 지혜가 참다운 성품과 계합하였기 때문에 이런 헤아릴 수 없
는 작용이 있게 되는 것이다.

---

99) 以須彌之高廣　納芥子中　無所增減은 원문에 以須彌之高廣　內芥子中　無所增減으로 되어 있다.
100) 以四大海水　入一毛孔等부터 此是明不思議之大用也까지 원문이 누락된 부분은 不嬈魚鼈黿鼉水性之屬　而彼
　　大海本相如故　諸龍鬼神阿脩羅等　不覺不知己之所入　於此衆生亦無所嬈이다.

○

此如大智論偈云 水銀和眞金 能塗諸色像 功德和法身 處處應現往. 若須彌高廣
內於芥子 而無增減 亦不迫迮 不覺不知者 具不思議解脫者 迹居依報之境 得自
在也 此義難解. 有師言 神力能爾. 今謂 不思議性 非天人脩羅佛之所作 神力何
能爾. 有師言 小無小相 大無大相 故得入也 今謂 小是小 大是大 是自性小大

이것은 『대지론』의 게송에서 다음과 같이 말하는 것과 같다.

> 수은과 진금으로 칠을 하며는
> 모든 색상 아름답게 칠할 수 있듯
> 공덕과 법신으로 작용하며는
> 중생들의 부름에 응하여 간다.

만약 수미산의 높고 광대한 크기를 한 알의 작은 겨자씨에 받아들여도 조그마한 증감이 없었고 또한 억지로 작아지지도 않았으며 깨닫지 못하고 알지 못하는 사이에 그렇게 되었다고 함은, 불가사의한 해탈을 갖춘 자가 그 행적이 세간의 경계에 있으면서 자재한 힘을 얻음이니, 이 이치는 참으로 이해하기 어려운 것이다.

그러므로 어떤 사람은 "신통력으로 능히 그렇게 할 수 있다"고 말하나, 지금 말하는 불가사의한 성품은 천인과 아수라 및 부처님의 힘에 의하여 만들어지는 것도 아닌데, 어찌 신통력으로 그렇게 할 수 있겠는가.

또한 어떤 사람은 "작음은 작다는 모습이 없고 큼은 크다는 모습이 없으므로 서로 들어 갈 수 있다"고 말하나, 지금 말하는 '작음'은 작고 '큼'은 큰 것으로서 자성의 크고 작음을 말하는 것이다.

○

不得相入者 小大大小 旣是他性之小大 何得入也. 今解華嚴經 明一微塵 有大千
經卷 觀衆生一念無明心 卽是如來心. 若見此心 則能以須彌入芥子 無相妨也. 下
諸不思議事 窮劫說 不能盡 皆是此意耳.

서로 상입(相入)할 수 없다는 것은 작거나 크며 또한 크거나 작음으로서 서로 다른
성품으로 크고 작은 것이니, 어떻게 서로 상입하여 들어갈 수 있겠는가. 그러므로 지
금 이것을 풀이한 『화엄경』에서는 하나의 미진 속에 삼천대천세계만큼의 경전이 있
다고 밝히고, 중생의 한 생각인 무명의 마음이 곧 여래의 마음이라고 본 것이다. 만약
이 마음을 본다면 곧 수미산이 한 알의 작은 겨자씨에 들어갈 수 있어 서로 방해됨이
없는 것이다. 이 다음에 나오는 모든 부사의(不思議)한 일들을 겁이 다 하도록 설파하
여도 다 설할 수 없다는 것은 모두 다 이 뜻이다.

번뇌를 끊지 않고 열반에

25-4-77 輔行記 釋云. 且約一念刹那心所起 故言小也. 卽此一念 具足法身一切佛
法 卽是能容須彌之大. 大小常遍 理事無礙 本來相卽故. 所以 不斷煩惱 而入涅
槃. 只指凡夫一念刹那心 具足難思法身之體 本來相在故.

『보행기』에서는 다음과 같이 풀어서 말하였다.

한 생각 찰나의 마음에서 일어나는 것을 기준하기 때문에 작다고 말한다. 작은 이
한 생각에 법신(法身)인 일체의 부처님 법을 충분히 갖추고 있으니 곧 수미산의 크기
를 용납할 수 있는 것이다. 대(大)와 소(小)가 항상 두루하고 이(理)와 사(事)가 걸림
이 없으니 본래가 서로 상즉(相卽)하여 있기 때문이다. 그러므로 번뇌를 끊지 않고도
열반에 들어가는 것이다. 다만 범부의 한 생각인 찰나의 마음에서 생각하기 어려운
법신의 바탕을 충분히 갖추고 있다 함은 본래가 서로 존재하여 있기 때문이다.

이치에 합당하다

25-6-78 經云 凡所有相 皆是虛妄 若見諸相非相 則見如來. 以瞥有一毫起處 悉落見聞 從分別生 俱非眞實. 若不達無相卽相 則是取相凡夫 若了相卽無相 則成唯心大覺. 旣不可取相求悟 亦不可離相思眞. 不卽不離 覺性自現. 以入宗鏡中 理當絶學 百氏之說 一敎能明 萬化之端 一言可蔽.

『금강경』에서는 “무릇 존재하는 모든 상(相)은 허망하다. 모든 상(相)에 상(相) 아님을 본다면 곧 여래를 본다”고 하였다.

조그마한 생각이라도 잠깐 사이 일어난 곳이 있다면 모두 알음알이에 떨어질 것이니, 분별에서 생기는 모든 것은 진실이 아니다. 만약 무상(無相)이 곧 상(相)이라는 사실을 통달하지 않았다면 상(相)을 취하는 범부이나, 상(相)이 곧 무상(無相)이라는 사실을 요달하였다면 일체가 오직 마음뿐이라는 큰 깨달음을 이룬 것이다. 이미 어떤 상을 취하여 깨달음을 구할 수 없고, 또한 모든 상을 떠나서도 참다운 깨달음을 생각할 수 없다. 그러나 취하지도 않고 떠나지도 않는다면 깨달음의 성품은 저절로 나타나는 것이다.

종경의 이치로 배움이 끊어진 곳에 들어가면 수많은 가르침을 하나의 가르침으로 밝힐 수 있고, 만 가지 변화의 근원을 한 마디로 덮을 수 있다.

참마음을 벗어나지 못하고

25-8-79 華嚴經云 一念 於一切處 爲一切衆生 示成正覺 是菩薩園林 法身周遍 盡
虛空一切世界故. 又云 一切菩薩行 遊戱神通 皆得自在 是菩薩宮殿 善遊戱諸禪
解脫三昧智慧故. 是以 正報依報 皆成佛法. 所以 淨名私記云 取妙喜來此土者
辯於淨穢無二也 彼界雖來入此土 亦不增減 本性如故. 雖來 畢竟不動 何意如此
好自思之. 故知 萬法施爲 隱顯往復 若事若理 皆不出一眞心矣.

『화엄경』에서 "한 생각으로 일체 모든 곳의 일체 모든 중생을 위하여 바른 깨달음
을 이루어 보여 주었다"고 한 것은 보살이 숲 속에 앉아 있으면서도 그 법신이 모든
허공계와 일체세계에 두루하기 때문이다.

또한 "일체 모든 보살의 행이 신통을 마음대로 부리면서 모두 자재하다"고 한 것은
보살이 자기 수행처에서 온갖 선정의 해탈인 삼매의 지혜에서 잘 유희하기 때문이다.
이러므로 중생과 일체 모든 세간이[101] 모두 부처님 법을 이루는 것이다.

그러므로 『정명사기』에서는 "유마 거사가 묘희의 세계를 가지고 이 땅에 오게 한
것은 깨끗하거나 더러움에 다른 차별이 없다는 것을 알리기 위해서이다. 묘희의 세계
가 비록 이 사바세계에 들어왔다 할지라도 또한 조금도 두 개의 세계가 늘어나거나
줄어드는 것이 아니니, 본래의 성품이 여여(如如)하기 때문이다"고 말하였다. 비록 묘
희의 세계가 이 세계에 왔더라도 필경에 아무런 움직임도 없었으니, 왜 그런가를 스
스로 잘 생각해 보아야 할 것이다.

그러므로 만법을 베풀며 숨거나 드러나고 가고 오는 것이 이치이든 현상이든 간에
모두가 하나의 참된 마음을 벗어나지 않음을 알아야 한다.

---

101) 정보(正報)와 의보(依報) : 정보(正報)는 중생을 말하고, 의보(依報)는 중생이 의지하고 사는 세간을 말한다.

한 오라기 털 끝에

25-9-80 華嚴經頌云 金剛鐵圍數無量 悉能置在一毫端 若明至大有小相 菩薩以此
初發心. 以大小無性 廣狹隨緣. 若能明見 至大無外之相 卽至小無內之相 皆是一
毫端心地法門 名爲見道. 故云 菩薩以此初發心. 如是解者 不易凡身 生如來家
成眞佛子.

『화엄경』 게송에서는 다음과 같이 말하였다.

> 금강산이 겹겹으로 쌓여 있어도
> 한 오라기 터럭 끝에 놓을 수 있네
> 지극히 큰 모습에 작은 모습들
> 보살은 이것으로 발심한다네.

이것은 크고 작음에 결정되어 있는 성품이 없기 때문에 넓고 좁은 인연을 따르는
것이다. 만약 지극히 커서 바깥쪽으로 끝이 없는 모습이 바로 지극히 작아서 안쪽으
로 아무 공간이 없는 모습과 같음을 분명히 볼 수 있다면 모두가 한 터럭 끝에 들어
있는 마음의 법문이니, 이것을 이름하여 견도(見道)라고 한다. 그러므로 '보살은 이것
으로 처음 발심한다'고 하였다. 이와 같이 아는 자는 범부의 몸을 바꾸지 않고도 여래
의 집에 태어나서 참다운 불자가 되는 것이다.

여래의 깊은 경계

25-10-81 問 如上所說 納須彌芥 毛呑巨海 旣唯一心 須彌爲復入芥子 不入芥子.
若言入 經何故云 須彌本相如故 若言不入 又云 唯應度者 見之. 答 若有所入處
卽失諸法自性 若言不入 又成二見. 又 或云 小是大家之小 大是小家之大 或云
芥子須彌 各無自性 此皆是以空納空 有何奇特. 故知 未入宗鏡 情見難忘 局大小
於方隅 立見聞於妙道 致使一眞潛隱 萬法不融.

문 : 위에서 설한 바와 같이 겨자씨가 수미산을 거두고 한 터럭이 큰 바다를 집어삼
킴이 이미 하나의 마음일 뿐이라면 수미산이 겨자씨에 들어갑니까, 아니면 들어가지
않는 것입니까. 만약 들어간다면 경에서 무엇 때문에 수미산의 본래 모습이 여여하다
고 말하며, 들어가지 않는다면 어찌 오직 깨친 자만이 수미산이 겨자씨에 들어감을
본다고 말하는 것입니까.

답 : 만약 들어가는 곳이 있다면 곧 모든 법의 자성을 잃는 것이며, 들어가지 않는
다면 또한 상대되는 두 가지 견해를 만든다. 또 혹 어떤 이는 작은 것은 큰 것들 가운
데에서 작은 것이고, 큰 것은 작은 것들 가운데에서 큰 것이라고 말하고, 혹은 겨자씨
와 수미산에 제각기 자성이 없다고도 말하는, 이 모든 것은 공(空)으로 공(空)을 용납
하기 때문이니 여기에 무슨 기특할 것이 있겠는가. 그러므로 알라. 종경에 들어가지
않으면 알음알이를 놓기 어려워 한쪽 모서리에서 크고 작음을 한정지으며, 깊고 오묘
한 도(道)에서 중생의 알음알이를 세울 것이니, 일진(一眞)이 사라져 나타나지 않고
만법에 융통할 수 없을 것이다.[102]

---

102) 종경에 의하지 않고서는 사량분별하는 마음을 버리지 못할 것이라는 뜻이다.

○

今明正義者 所謂 入而不入 卽識須彌之本相 不入而入 能了諸法之自宗.103) 還原
觀云 所言入者 性相俱泯 體同法界 入無入相 名爲入也. 經偈云 如來深境界 其
量等虛空 一切衆生入 而實無所入. 華嚴經云 悉入法界 而無所入 若別有一入處
則入時失本相 不得說種種諸法 以當體自虛 名入法界 無別可入 則不壞種種.

지금 바른 이치를 밝힌다는 것은 이른바 들어가면서도 들어가지 않음이 곧 수미산
의 본래 모습을 아는 것이며, 들어가지 않으면서도 들어감이 모든 법의 본래 종지를
알 수 있다는 것을 말한다. 이것을 『환원관』에서 "들어간다 하는 것은 성(性)과 상
(相)이 모두 사라져서 바탕이 법계와 똑같아, 들어가도 들어가는 모습이 없는 것을
들어간다고 말한다" 하였다. 이것을 경의 게송에서 다음과 같이 말하였다.

> 자재하신 여래의 깊은 경계는
> 부사의한 해탈경계 허공과 같네
> 일체중생 이 곳에 들어갔어도
> 진실로 들어간 곳 자취 없도다.

『화엄경』에서는 "모두 법계에 들어가나 들어간 바가 없었다. 만약 따로 어느 한 곳
에 들어가는 것이 있다면 곧 들어갈 때에 본래의 모습을 잃을 것이니, 여러 가지로
모든 법을 설할 수 없다. 당체가 본래 비어 있는 것으로서 법계에 들어간다고 하기
때문에, 달리 들어갈 곳이 없으면 곧 여러 가지 모든 법을 손상시키지 않는 것이다"
고 하였다.

---

103) 不入而入 能了諸法之自宗 부분은 K본 S본 C본에는 不入而入 解了諸法之自宗으로 되어 있다.

○

又經云 雖諸法無一無異 而說一異. 故知 要由事相歷然不入 方得相資相遍耳. 若
入則失緣 則無諸緣各異義 不入則壞性用 不得力用交徹 則無互遍相資義. 若具
入不入 則成俱存無礙義. 具此三緣 方成緣起. 了此緣性 則能變通 遂乃 方而能
圓 小而能大 狹而能廣 短而能長 無非我心神德自在. 則觸目皆是須彌入芥 舉足
住不思議解脫矣. 故云 吾心常分也[104] 豈假於他術乎.

또 경에서는 "비록 모든 법이 같거나 다를 것이 없더라도, 같거나 다르다고 설한다"
하였다. 그러므로 현상계의 모습이 분명하여 서로 들이지 않아야, 바야흐로 서로 돕
고 아우를 수 있음을 알아야 한다. 만약 들어간다면 곧 서로의 반연을 잃으니 모든
반연이 제각기 다르다는 뜻이 없어지며, 들어가지 않는다면 곧 서로의 관계를 허물어
뜨리는 성품을 쓰게 되니 작용하는 힘이 서로 교차하여 스며들 수가 없으므로 곧 서
로 아우르고 돕는다는 이치가 없어질 것이다. 그러나 함께 서로 들이면서도 들이지
않으니, 같이 존재하면서도 서로 걸림 없다는 이치가 성립하는 것이다. 이 세 가지 연
(緣)을 함께 갖추어야 바야흐로 연기가 성립한다.

이러한 연기의 성품을 요지하면 곧 신통변화가 가능하니, 마침내 모난 것을 둥글게
하고 작은 것을 크게 하며 좁은 것을 넓게 하고 짧은 것을 길게 할 수 있다. 모두 내
마음의 신령스런 공덕이 자재한 것이다. 곧 보는 것마다 모두 수미산이 한 알의 작은
겨자씨에 들어가는 도리이며, 가는 곳마다 불가사의 해탈에 머무는 것이다. 그러므로
"일체 모든 것이 항상 내 마음에서 작용하는 것인데, 어찌 다른 사람의 술법을 빌리
겠는가"라고 하였다.

---

104) 舉足住不思議解脫矣. 故云 吾心常分也는 종경록 원문에서 舉足住不思議解脫矣. 故古人云 納須彌於芥中 擲大
千於方外 皆吾心常分也로 되어 있다.

도를 잃고서 덕이

25-12-82 若實親省 現證自宗 尙無能證之智心 及所證之妙理 豈況更存 能知能解 有得有趣之妄想乎. 近代 或有濫參禪門 不得旨者 相承不信卽心卽佛之言 判爲 是敎乘所說 未得幽玄. 我自有宗門向上事在 唯重非心非佛之說 並是指鹿作馬. 期悟遭迷 執影是眞 以病爲法. 只要門風緊峻 問答尖新 發狂慧而守癡禪 迷方便 而違宗旨. 立格量而據道理 猶入假之金 存規矩而定邊隅 如添水之乳.

만약 진실로 자기의 마음을 친히 살펴 본래의 종지를 증득하면 오히려 증득하는 지혜의 마음과 증득되는 오묘한 이치도 없는데, 어찌 하물며 다시금 알거나 이해할 수 있다고 하여 얻거나 취할 것이 있다는 망상이 있겠는가. 요사이 혹 외람되게 선문에 동참하나 종지를 얻지 못한 자가 '마음 자체가 곧 부처'라는 말을 믿지 못하고, 이 말은 교가에서 설해진 것으로 아직 깊고 오묘한 뜻을 얻지 못한 내용이라고 판정한다. 그리고 스스로 나에게는 종문의 으뜸가는 공부가 있다고 하면서 오로지 '마음도 아니고 부처도 아니다'는 말만 중요시하니, 이 모든 것이 사슴을 가리켜 말이라 하는 것이다. 깨달음을 기약하나 미혹을 만나며 그림자에 집착하여 진짜라 하니, 병통으로 법을 삼기 때문이다. 이들은 다만 선문의 가풍이 준엄하거나 긴장되고 문답이 날카롭고 참신하기만을 요구하니, 미친 알음알이를 내어서 어리석은 선을 지키는 것이며 방편에 미혹하여 종지에 어긋나는 것이다. 일정한 틀을 세워서 도의 이치를 삼아 근거 삼으니 마치 가짜가 섞인 금과 같으며, 잣대 자체에 의존하여 잣대의 변두리와 모퉁이를 정하니 마치 물을 탄 우유와도 같다.

○

一向於言語上取辦 意根下依通 都爲能所未亡 名相不破. 若實見性 心境自虛 匿
跡韜光 潛行密用. 是以 全不悟道 唯逐妄輪迴 起法我見 而輕忽上流 恃錯知解
而摧殘未學 毁金口所說之正典 撥圓因助道之修行 斥二乘之菩提 滅人天之善種.
但欲作探玄上士 倣無礙無修 不知返墮無知成空見外道. 唯觀影跡 莫究圓常 積
見不休 徒自疲極.

언제나 언어에서 판단을 취하고 생각에 의지하여 통하고자 하는 이들 모든 것은 능
(能)과 소(所)의 상대적 경계가 사라지지 않았고 이름과 모습을 타파하지 못하였다.
만약 진실로 참성품을 보았다면 마음과 경계가 스스로 비어 자취를 숨기고 남모르게
비밀스런 작용을 행하는 것이다.

그러므로 완전히 도를 깨치지 않았다면 오직 허망을 쫓아 윤회하면서 내가 잘났다
는 견해를 일으켜 공부 잘하는 수행자를 경멸하거나 홀대하고, 잘못된 알음알이를 믿
고서 아직 바른 가르침을 배우지 못한 후학들의 기를 꺾으며, 부처님이 설하신 바른
가르침을 훼손하면서 원만한 깨달음의 원인으로 불도(佛道)에 도움이 되는 수행을
배제하고, 이승의 깨달음을 배척하며, 인천(人天)의 착한 종자를 멸하는 것이다.

단지 깊은 도리를 찾으려는 사람이 되고자 걸릴 것이 없고 닦을 것이 없는 경지를
흉내내려 하나, 도리어 무지(無知)에 떨어져서 공에 집착하는 외도가 되는 줄 알지
못한다. 오직 그림자의 자취를 보는 것으로 영원하고 확실한 진리를 탐구하지 않으
니, 쓸데없는 견해를 늘어 놓으며 쉬지 않아 부질없이 피로만 극에 달하는 것이다.

○

如孔子迷 津問漁父 漁父曰 人有畏影惡跡 疾走不休 絶力而死 不知處陰以休影
靜處以息跡 愚亦甚矣. 何不一心爲道 息諍除非 自然過量超情 還淳返朴. 若以道
自養則不失 以道濟他則不誑 以道治國則國泰 以道修家則家安 故不可頃刻忘道
矣. 所以 道德經云 故失道而後德 失德而後仁 失仁而後義 失義而後禮 夫禮者
忠信之薄 而亂之首.

이것은 마치 공자가 길을 잃고 나루터에서 어부에게 길을 물어볼 때, 어부가 "어떤
사람이 자기의 그림자와 발자국을 두려워하고 싫어하여, 이것에서 벗어나려 쉬지 않
고 빠르게 달아나다가 기력이 다해 죽어 버렸습니다. 그는 그늘이 있는 곳에서는 그
림자와 발자국이 저절로 없어진다는 것을 알지 못했으니, 참으로 이 사람의 어리석음
이 크다 하겠습니다"라고 말한 것과 같다. 그런데 어찌 하나의 마음으로 도를 삼아서
모든 다툼을 쉬고 잘못된 견해를 제거하여, 자연히 헤아리는 알음알이를 초월하여 순
박한 자리로 돌아가지 않는 것인가.

만약 도(道)로써 자신을 양육하면 양심을 잃지 않고, 도(道)로써 남을 제도하면 남
을 속이지 않으며, 도(道)로써 나라를 다스리면 나라가 태평해지고, 도(道)로써 집안
을 다스리면 집안이 편안해지니, 그러므로 잠시라도 도를 잊을 수 없는 것이다.

그러므로 『도덕경』에서는 "도(道)를 잃고 나서 덕(德)이 생겼고 덕(德)을 잃고 나서
인(仁)이 생겼으며, 인(仁)을 잃고 나서 의(義)가 생겼고 의(義)를 잃고 나서 예(禮)가
생겼으니 무릇 예(禮)라는 것은 충직한 믿음이 쇠퇴하여 생기는 규범으로서 세상이
어지러워지는 시초가 된다"고 하였다.

○

莊子云 五色不亂 孰爲文彩 五聲不亂 孰爲律呂 白玉無瑕 孰爲珪璋 殘朴以爲器
者 工匠之罪 毁道德而爲仁義者 聖人之罪 君能焚符破璽 賊盜自止 剖斗折衡 而
民不諍 聖人生而賊盜起 聖人死而賊盜止 故仁義禮智信而利天下者少 害天下者
多矣. 曷如開示如是不思議大威德廣大法門 普廕十方 群生等潤. 可謂 深達妙旨 冥
合眞歸.

이것을 장자(莊子)는 다음과 같이 말하였다.

오색(五色)이 어지럽혀지지 않았다면 누가 문채(文彩)를 다듬으려 할 것이며, 오성
(五聲)이 어지럽혀지지 않았다면 누가 육율(六律)과 육려(六呂)를 조율하려 할 것이
며, 어떠한 백옥이라도 조그마한 티가 없었다면 누가 규장(珪璋)이라는 옥(玉)을 소
유하려 하겠는가. 박달나무를 잘라 그릇을 만드는 것은 장인의 죄이며, 도덕(道德)을
훼손하여 인의(仁義)를 삼는 것은 성인의 죄이다. 그러므로 그대가 임금이 벼슬 내린
패부(佩符)와 관인을 불살라 없앨 수 있다면 도적은 저절로 없어지고, 수량을 재는
말(斗)과 저울을 쪼개 버릴 수만 있다면 백성은 다투지 않을 것이다. 성인이 나옴에
도적이 일어나니, 성인이 죽으면 도적은 사라지는 것이다. 그러므로 인의예지신(仁義
禮智信)으로 천하를 이롭게 함은 적고, 천하를 해롭게 함은 많은 것이다.

그러니 이런 것들이 어찌 이와 같이 부사의한 큰 위덕의 광대한 법문을 열어 널리
시방세계의 음덕이 되고 평등하게 중생을 자비로 적시는 것과 같겠는가. 가히 오묘한
종지에 깊게 통달하여 진여(眞如)로 돌아감에 계합하다고 할 만하다.

○

如香象渡河 步步到底 似養由駕箭 一一穿楊 盡爲破的之文 皆是窮源之說. 此是圓頓
義 非權宜門. 如水月頓呈 更無來去 猶明鏡頓照 豈有前後.[105)]

이것은 마치 물을 건너는 코끼리의 걸음걸음이 물 바닥에 닿고, 활 잘 쏘는 양유기
가 말을 타고 쏘는 화살 하나하나가 버들가지 잎을 뚫는 것과 같으니, 모든 문장이
핵심을 찌르는 글이 되며, 이 모두가 근원을 궁구하는 이야기가 된다. 이것은 원돈(圓
頓)의 이치로서 상황에 맞추어 말하는 방편이 아니다. 이것은 마치 물 속에 달이 비
추나 허공의 달이 오고 간 자취가 없고, 밝은 거울에 모습이 문득 비치는 것과 같으
니, 여기에 어찌 전후(前後)가 있겠는가.

---

105) 猶明鏡頓照 豈有前後는 원문에서 猶明鏡頓照 豈有初終이라고 되어 있다.

공해야 육바라밀을 구족

25-14-83 經云 空心不動 具足六波羅蜜. 何者 經云 無可與者 名爲布施 豈心外有 法可住相耶. 經偈云 戒性如虛空 持者爲迷倒 寧執事法 分持犯耶. 經云 忍者 於 一利那 盡一切相及諸所緣 又云 何謂菩薩能行忍辱 佛言 見心相念念滅 豈可伏 捺自心 對治前境而爲忍受耶. 經偈云 若能心不起 精進無有涯 又云 何謂菩薩能 行精進 佛言 求心不可得 寧著有爲 妄興勞慮耶.

경에서 "마음이 공(空)하여 움직임이 없어야 육바라밀을 갖춘다"고 하였다. 왜냐하 면 경에서 "줄 만한 것이 없음을 이름하여 참된 보시라 한다" 하였으니, 어찌 마음 이외에 머물 만한 모습을 지닌 어떤 법이 있겠는가.

또 경의 게송에서 "계(戒)의 성품은 마치 허공 같아, 지닌다면 미혹하여 전도된다" 고 하였으니, 어찌 사법(事法)에 집착하여 계(戒)를 지니거나 범한다는 분별을 내겠 는가.

경에서 "참는다는 것은 한 찰나에 일체의 모든 모습과 인연되는 바를 없애는 것이 다"고 하였고, 또 "무엇을 보살이 능히 인욕을 행한다 하시는 것입니까" 하니, 부처님 은 "마음의 상(相)이 생각생각에 멸함을 본다"라고 답변하셨으니, 어찌 자기의 마음 을 꼭꼭 눌러 앞의 경계 다스림만을 인욕이 된다고 하겠는가.

경의 게송에서 "만약 마음을 일으키지 않을 수 있다면 정진(精進)은 끝이 없다"라 고 하였고, 또 경에서 "무엇을 보살이 능히 정진을 한다 하시는 것입니까" 하니, 부처 님은 "구하는 마음도 얻을 수 없다"라고 답변하셨으니, 어찌 유위법에 집착하여 허망 하게 번뇌를 일으키겠는가.

○

經云 不見心相 名爲正定 豈避喧雜而守靜塵耶. 經云 不求諸法性相因緣 是名正
慧 寧外徇文言 强生知解耶.

경에서 "마음의 모습을 보지 않는 것을 이름하여 바른 선정이라 한다"고 하였는데,
어찌 시끄럽고 복잡한 것을 피하여 고요한 것만 지키겠는가.

경에서 "모든 법의 성품과 모습의 인연을 구하지 않는 것을 바른 지혜라 한다"고
하였는데, 어찌 마음 이외의 문자와 말을 좇아서 억지로 알음알이를 내겠는가.

시비 분별이 없어서 육신통

27-1-84 台敎云 觀於一心 欻有一切心 觀一切心 倏無諸心 心無有無 通至實相 卽
神通也. 義海 云. 謂此塵無體 不動塵處 恆遍十方利海 無來去之相 是神足通. 不
起于本座 遍遊於十方. 又 見塵法界無際 而有理事敎義 一切菩薩 皆同證入 皆同
修習 此法更無別路 是他心通. 見塵法界解行現前之時 卽知過去 曾於佛所 親聞
此法 以觀心不斷 是故 今日得了 是宿命通.

천태교에서는 "하나의 마음에서 홀연히 일체의 마음을 보고, 일체의 마음에서 문득
모든 마음의 사라짐을 본다. 마음에 있다거나 없다는 시비 분별이 없어 진실한 모습
에 이르러 통함이 곧 신통이다"라고 하였다.

『백문의해』에서는 이것을 다음과 같이 말하였다.

이 번뇌는 실체가 없으니 번뇌가 있는 자리를 움직이지 않고, 시방세계의 국토에
항상 두루하면서도 오고 가는 모습이 없는 이것을 신족통(神足通)이라 한다. 본래의
자리에서 일어나지 않고도 시방세계에 두루 유희하는 것이다.

또 중생의 법계가 끝이 없으나 이(理)와 사(事)의 교의(敎義)가 있어서 일체 모든 보
살이 똑같이 깨달아 들어가고 똑같이 수습함을 보니, 이 법에 다시 다른 길이 없는
이것을 타심통(他心通)이라 한다.

세상의 일이 눈 앞에 나타나는 것을 볼 때 곧 그 일의 과거를 아니, 일찍이 부처님
처소에서 오직 마음이라는 이 법을 듣고 마음 관찰함이 끊어지지 않았기 때문에, 금
일 과거를 알 수 있는 이것을 숙명통(宿命通)이라 한다.

○

又 見塵性空寂無相可得 卽不二見. 若見相 卽爲二也. 由無相 卽無有二 名天眼
通. 經云 不以二相見 名眞天眼. 又 了塵無生 無性空寂 卽執心不起 是漏盡通.
經云 斷結空心我 是則無有生. 又 聞說塵法界差別之聲 卽知一切聲全是耳 不復
更聞也. 然此聞無緣 無得於聲 悟一切法 是常聞一切佛法 爲天耳通.

또 번뇌의 성품이 공적하여 얻을 만한 모습이 없는 것을 보니 곧 둘이 아닌 견해이
다. 만약 어떠한 모습을 본다면 곧 능(能)과 소(所)의 두 가지 모습이 되는 것이다. 어
떤 모습이 없기에 곧 두 가지 상대적 분별성이 없는 이것을 천안통이라 한다. 그러므
로 경에서 "두 가지 모습으로 보지 않음을 참된 천안통(天眼通)이라 한다"고 하였다.

또 번뇌가 생겨날 것도 없이 결정된 성품이 없는 공적한 것임을 요달하면 곧 집착
하는 마음이 일어나지 않나니 이것이 누진통이다. 그러므로 경에서 "번뇌를 끊어 마
음 속의 내가 공(空)하면 나로 인해 생겨나는 것은 없다"고 하였다.

또 중생계의 차별을 말하는 소리를 들을 때 바로 온갖 소리가 전부 귀라는 사실을
알면 다시 들리지 않을 것이다. 그러나 이 들음은 반연이 없는지라 들을 소리가 없어
도 일체법을 깨달을 것이니, 이것이 언제나 일체의 부처님 법을 듣는 천이통(天耳通)
이 된다.

다른 실체가 없다

27-2-85 於一心正觀之中 最爲樞要 少用心力 成大菩提. 故華嚴私記云 此經中總 是法身作多種名字 如人天十善五戒爲身 聲聞四諦 緣覺十二因緣 菩薩六度 佛種 智爲身 身是聚義 於法身中 隨行位功德聚處 名身. 若有情身相 皆是法身所起 若 無情國土 盡從佛智所現. 終無纖毫 於宗鏡外 別有異體 而能建立.

하나의 마음을 바로 보는 것 가운데에서 가장 요점이 되는 것은 마음을 적게 쓰고 큰 깨달음을 성취하는 것이다. 그러므로 『화엄사기』에서는 “『화엄경』의 모든 것은 법신이 여러 가지 명자(名字)를 만드니, 이것은 마치 하늘과 인간은 십선(十善)과 오계(五戒)로써 몸을 삼고 성문은 사제(四諦), 연각은 십이인연(十二因緣), 보살은 육바라밀(六波羅密), 부처님은 일체를 아는 지혜로써 몸을 삼는다는 것과 같다. 몸은 모은다는 뜻으로서 법신 가운데에서 수행의 위치와 공덕이 모여 있는 곳을 이름하여 몸이라 한다”고 하였다.

만약 유정의 몸과 모습이라면 모두 법신의 작용으로 일어나며, 무정의 모습과 국토라면 모두가 다 부처님의 지혜로서 나타나는 것이다. 그러므로 끝내 가느다란 터럭 하나도 종경 이외에 달리 실체가 있어 일체의 법을 건립할 수 있는 것은 없다.

종경은 구족도이며 원돈문

27-7-86 華嚴經 云. 爾時文殊師利菩薩 問德首菩薩言 佛子 如來所悟 唯是一法. 云何乃說無量諸法 現無量刹 化無量衆 演無量音 示無量身 知無量心 現無量神通 普能震動無量世界 示現無量殊勝莊嚴 顯示無邊種種境界 而法性中 此差別相 皆不可得. 時德首菩薩 以頌答曰 佛子所問義 甚深難可了 智者能知此 常樂佛功德.

『화엄경』에서 문수사리가 덕수 보살에게 다음과 같이 물었다.

불자여, 여래가 깨달은 것은 오직 하나의 법이었다. 무량한 모든 법을 설하여 무량한 국토를 나타내고, 무량한 중생을 교화하여 무량한 법의 소리를 연출하고, 무량한 몸을 나타내어 무량한 마음을 알고, 무량한 신통을 나타내어 널리 무량한 세계를 진동시킬 수 있으며, 한량이 없는 수승한 장엄을 시현하여 끝이 없는 여러 가지 경계를 드러내 보이면서도, 어떻게 법성 가운데에 나타나는 이 차별상 모두를 얻을 수 없다고 설하는가.

그 때에 덕수 보살이 게송으로 다음과 같이 답하였다.

불자여, 그대가 질문한 이치
매우 깊은 뜻이라 어렵긴 하나
지혜로서 이것을 알 수 있나니
부처님의 공덕을 항상 즐기네.

○

譬如地性一 衆生各別住 地無一異念 諸佛法如是. 亦如火性一 能燒一切物 火焰
無分別 諸佛法如是. 亦如大海一 波濤千萬異 水無種種殊 諸佛法如是. 亦如風性
一 能吹一切物 風無一異念 諸佛法如是.

비유하면 땅의 성품 하나이면서
중생은 제각기 따로 머무나
땅에는 같고 다른 분별이 없듯
부처님의 모든 법 이와 같도다.

비유하면 불의 성품 하나이면서
인연 따라 일체 사물 태우더라도
타오르는 불길은 분별이 없듯
부처님의 모든 법 이와 같도다.

비유하면 바다의 물 하나이면서
바람 따라 파도 모습 일렁이지만
인연 따른 물의 성품 다름이 없듯
부처님의 모든 법 이와 같도다.

비유하면 바람 성품 하나이면서
일체 사물 온갖 곳에 불어 제쳐도
부는 바람 같고 다른 분별이 없듯
부처님의 모든 법 이와 같도다.

○

亦如大雲雷 普雨一切地 雨滴無差別 諸佛法如是. 亦如地界一 能生種種芽 非地有殊異 諸佛法如是 亦如無雲曀 普照於十方 光明無異性 諸佛法如是 亦如空中月 世間靡不見 非月往其處 諸佛法如是

비유하면 천둥과 먹구름들이
내리는 빗방울로 땅을 적시며
고루고루 따슨 기운 차별이 없듯
부처님의 모든 법 이와 같도다.

비유하면 땅의 경계 하나이면서
여러 가지 싹들을 틔워 내어도
땅에는 특별히 다른 게 없듯
부처님의 모든 법 이와 같도다.

구름이 햇빛을 가리지 않아
시방세계 널리널리 비추더라도
광명에 다른 성품 특별히 없듯
부처님의 모든 법 이와 같도다.

가을 하늘 허공에 뜬 둥근 달빛을
모든 곳의 세간 사람 쳐다보아도
허공의 달 어느 장소 간 곳이 없듯
부처님의 모든 법 이와 같도다.

○

譬如大梵王 應現滿三千 其身無別異 諸佛法如是. 故知 此宗鏡一心之旨 名具足道 是圓頓門. 就緣起則無邊 約眞性則無二 一多交徹 存泯同時.

비유하면 대범왕이 몸을 나투어
일체세계 허공 가득 채우더라도
그 몸에는 특별히 다른 게 없듯
부처님의 모든 법 이와 같도다.

그러므로 하나의 마음인 종경의 뜻을 구족도(具足道)라 하며 원돈문(圓頓門)이라는 사실을 알아야 한다. 연기의 입장에서는 끝없는 차별이 있거니와 참다운 성품을 기준하면 다른 것이 아니니, 일(一)과 다(多)가 서로간에 사무치고 있거나 없음이 동시(同時)인 것이다.

열 가지 걸림없는 무애

28-1-87 華嚴宗有十種無礙. 今於事法上[106] 辯此十無礙 例餘法准知. 一 性相無礙 者 如經云 此蓮華葉卽具此十義 謂此華葉卽同眞性 不礙事相宛然. 二 廣狹無礙 卽此華葉其必普周無有邊際 而恆不捨本位分劑. 此則分卽無分　無分卽分. 經云 此諸華葉普覆法界.

화엄종에는 열 가지의 걸림없는 법이 있다. 지금 사법(事法) 위에서 열 가지 걸림이 없는 것을 설명하니, 나머지 다른 법도 이에 준하여 알 것이다.

1. 성상무애(性相無碍) : 성품과 드러나는 모습이 서로 걸림이 없다는 성상무애는 마치 경에서 "연꽃잎에 곧 열 가지 이치를 함께 갖추었다"고 말한 것과 같다. 이것은 연꽃잎이 참다운 성품과 같아서 모습이 완연하게 드러나는 것을 방해하지 않음을 말한다.

2. 광협무애(廣狹無碍) : 넓고 좁음이 서로 걸림이 없다는 광협무애는 연꽃잎이 반드시 법계에 두루함이 끝이 없으나, 항상 본래의 자리를 버리지 않으면서 나타나는 모습이다. 이것은 곧 나누어지면서 나누어지지 않고, 나누어지지 않으면서 나누어지는 것이다. 그러므로 경에서는 "이 모든 연꽃잎이 널리 법계를 덮는다"고 하였다.

---

106) 華嚴宗有十種無礙. 今於事法上은 원문에서 華嚴宗有十種無礙 一性相無礙 二廣狹無礙 三一多無礙 四相入無礙 五相卽無礙 六隱顯無礙 七微細無礙 八帝網無礙 九十世無礙 十主伴無礙 今於事法上 辯此十無礙로 되어 있다.

○

三 一多無礙 卽此華葉 具無邊德 不可言一 融無二相 不可言多. 四 相入無疑 此一華葉舒己 遍入一切差別法中 復能攝取彼一切法 令入己內. 是故 卽舒恆攝 同時無礙. 五 相卽無礙 此一華葉 必廢己同他 擧體全是彼一切法 而恆攝他同己 令彼一切 卽是己體. 是故 己卽是他 己不立 他卽是己 他不存 他己存亡 同時顯現.

3. 일다무애(一多無碍) : 하나와 여럿이 서로 걸림이 없다는 일다무애는 연꽃잎 자체가 한량이 없는 공덕을 함께 갖추고 있어서 하나라고 말할 수가 없고, 원융하여 두 가지 모습이 없으므로 많다고도 말할 수가 없는 것이다.

4. 상입무애(相入無碍) : 서로 들어가는 데에 걸림이 없다는 상입무애는 하나의 연꽃잎이 펼쳐지면 일체의 모든 차별법 가운데에 두루 들어가면서 다시 그 일체법을 거두어 자기 안으로 들어가게 할 수 있다. 이런 까닭에 법을 펼치는 자리에서 항상 거둠이 동시여서 서로 걸림이 없는 것이다.

5. 상즉무애(相卽無碍) : 서로 즉(卽)하여 걸림이 없다는 상즉무애는 하나의 연꽃잎은 반드시 자기를 버리고 상대와 같아지나니, 바탕 전체가 일체의 모든 법이면서 항상 상대를 거두어 자기와 같아지는 것이니, 일체 모든 법이 곧 자기의 바탕이 되도록 하는 것이다. 그래서 자기가 곧 상대라 자기를 세우지 않으며, 상대가 곧 자기라 상대가 따로 존재하는 것이 아니다. 상대와 자기가 존재하고 사라짐이 동시에 나타나는 것이다.

○

六 隱顯無礙 此華葉既遍一切 彼一切法 亦皆普遍. 此能遍彼 則此顯彼隱 彼能遍
此 則彼顯此隱. 如是此彼 各有隱顯無礙. 七 微細無礙 又 此華葉中 悉能顯現微
細刹土 炳然齊現 無不具足. 經云 一塵中 微細國土 曠然安住.

6. 은현무애(隱顯無碍) : 숨고 나타나는 것이 서로 걸림이 없다는 은현무애는 하나
의 연꽃잎이 일체의 모든 법에 두루하고, 일체의 모든 법 또한 모든 곳에 널리 두루
함을 말한다. 연꽃잎이 일체 모든 곳에 두루할 수 있다면 곧 연꽃잎이 드러나고 일체
의 모든 법은 숨는 것이며, 일체의 모든 법이 연꽃잎에 두루할 수 있다면 일체의 모
든 법이 드러나고 연꽃잎은 숨는 것이다. 이와 같이 피차에 각자가 숨고 나타남이 서
로 걸림이 없다.

7. 미세무애(微細無碍) : 아주 작은 것에도 서로 걸림이 없다는 미세무애는 또 이 하
나의 연꽃잎 가운데에 미세하게 아주 많은 일체의 국토가 다 드러나나, 확연하게 일
제히 나타남에 구족하지 않음이 없다. 그러므로 경에서 "하나의 티끌 가운데 아주 많
은 국토가 드넓게 안주한다"고 말한다.

○

八 帝網無礙 又 此華葉一一塵中 各有無邊諸世界海 世界海中復有微塵 此微塵
內 復有世界. 如是重重不可窮盡 非是心識思量境界. 九 十世無礙 此一華葉 橫
遍十方 豎該九世. 以時無別體 依華以立 華旣無礙 時亦如之.

8. 제망무애(帝網無碍) : 제석천의 그물인 그물코에 달려 있는 구슬들이 서로 끝이
없이 비춘다는 제망무애는 또한 이 연꽃잎이 제석천의 인드라망 구슬과 같아서 하나
하나의 티끌 가운데 각자가 끝이 없는 모든 세계의 바다를 지니고 있고, 이 모든 세
계의 바다에 다시 미세한 티끌이 있는데, 이 티끌 속에 다시 무량한 세계가 있다는
것을 말한다. 이와 같이 거듭거듭 되풀이되는 것의 끝을 볼 수가 없으니, 이것은 중생
의 알음알이로서 생각할 경계가 아니다.

9. 십세무애(十世無碍) : 하나의 생각에 과거·현재·미래가 전부 있어서 서로 걸림
이 없다는 십세무애는 하나의 연꽃잎이 공간적으로는 시방세계에 두루하고 시간적으
로는 구세(九世)를 포용한다는 것을 말한다. 이것은 시절(時節)은 별다른 실체가 없는
것으로서 꽃에 의지하여 세워지기 때문이니, 꽃에 이미 서로 걸림이 없으므로 시절
또한 이와 같은 것이다.

○

十 主伴無礙 又 此華葉理無孤起 必攝無量眷屬圍繞. 經云 此蓮華有世界海微塵
數蓮華 以爲眷屬. 此經所有眷屬 互爲主伴 具德圓滿.

10. 주반무애(主伴無碍) : 주체와 여기에 동반하는 사물이 서로 걸림이 없다는 주반
무애는 이 하나의 연꽃잎이 이치적으로 홀로 서지 못하고 반드시 한량없는 권속들에
의해 둘러싸임을 말하는 것이다. 그러므로 경에서는 "이 연꽃에는 세계의 바다에 널
려 있는 미진수만큼의 연꽃이 있어서 자기의 권속으로 삼는다"고 하였다. 이 경에 있
는 일체의 모든 권속은 서로간에 주체가 되고 동반자가 되어서 원만한 덕을 충분히
갖춘 것이다.

먼 하늘에 구름이

28-3-88 會通純雜文云 萬行紛披 比華開錦上者[107] 意取五綵相宣 華色雖異 一一
之線 皆悉通過. 通喩於純 異喩於雜. 故常通常異 名爲無礙 不同繡畫但異不通. 釋
曰 若異而不通 失一性圓融之道 若通而不異 無萬行莊嚴之門. 今常異常通 無間
無斷 則眞體冥寂 不礙隨緣 大用現前 無妨正性. 可謂比華開錦上 猶雲起長空矣.

순(純)과 잡(雜)을 모아 회통하는 글에서 "보살의 분분한 만행을 비단 위에 꽃을 피
움에 비교하는 것은 비단 위에 오색의 아름다운 색깔이 가득 펼쳐짐을 취하는 뜻이
라, 꽃의 색깔이 비록 다르더라도 꽃을 그린 하나하나의 선은 모두 비단 위를 통과하
는 것이다. 여기에서 하나하나의 선이 다 통과하는 비단은 순수를 비유하고, 꽃의 색
깔이 다름은 잡다함을 비유하는 것이다. 그러므로 항상 통하면서도 항상 다름이 있음
을 이름하여 걸림이 없다고 하는 것이니, 이 비유는 수를 놓아 그린 그림이 단지 옷
감과 수를 놓는 실의 바탕이 달라 서로 통하지 않는 것과는 다르다"고 하였다.

이것을 풀이하여 보자. 만약 달라서 통하지 않는다면 하나의 성품으로 원융한 도를
잃을 것이며, 통하여 다름이 없다면 보살의 만행으로 장엄하는 문이 없을 것이다. 그
러나 지금 항상 다르면서 항상 통하여 틈도 없고 끊어짐도 없으니 곧 참다운 바탕이
은근하게 공적한 것으로서, 인연을 따름에 걸림없이 큰 작용을 나타내며 바른 성품을
방해함이 없는 것이다. 가히 비단 위에 꽃을 피움과 비교할 만하고, 먼 하늘에 구름이
이는 것과 같다.

---

107) 會通純雜文云 萬行紛披 比華開錦上者는 원문에 없던 會通純雜文云 萬行紛披가 첨가된 것이다. 원문에는 단
　　순히 若華開錦上者로 시작된다.

유정신 가운데 법신

28-4-89 三摩地經 云. 於其一切有情身中 普能示現一有情身 又 能於一有情身中 普現一切有情之身 有情身中 能現法身. 又 能於法身中 現有情身 乃至 能以一身 隨念悟入108) 一切衆生無際劫數 普現所作業果異熟. 隨其所應 開悟有情 悉令現 見 皆得善巧.

『적조신변삼마지경』에서 다음같이 말하였다.

일체 모든 유정신(有情身) 가운데 널리 하나의 유정신을 시현할 수 있고, 또한 하나의 유정신 가운데 널리 일체의 모든 유정신을 나타낼 수 있으며, 유정신 가운데 능히 법신을 나타낼 수 있다. 또한 법신 가운데 유정신을 나타낼 수 있고, 생각하는 대로 한 몸이 일체 모든 중생에게 깨달아 들어가 일체 모든 중생이 지은 업의 과보인 결과를 널리 나타낼 수 있다. 감응되어진 곳을 따라 중생의 마음을 열어 깨닫게 하여 모든 것이 눈 앞에 드러나도록 하니, 모두가 다 선한 방편을 얻는다.

---

110) 乃至 能以一身 隨念悟入은 K본 S본 C본 원문에는 乃至 能以一心 隨念悟入으로 되어 있다.

태양 밑의 외로운 등불

28-9-90   此重玄門 名言路絶 隨智所演 以廣見聞 唯證方知 非情所解. 若親證時 悉是現量之境 處處入法界 念念見遮那. 若但隨文義所解 只是陰識依通 當逆順 境時 還成滯礙. 遇差別問處 皆墮疑情 如鹽官和尙 勘講華嚴大師云 華嚴經有幾 種法界. 對云 略而言之 有十種法界 廣而言之 重重無盡. 師豎起拂子云 是第幾 種法界.

깊은 도리가 거듭 숨어 있는 이 중현문(重玄門)은 명자와 언어의 길이 끊어지나 지혜 따라 부연되어 견문이 넓어지기 때문에, 오직 증득해야만 알 수 있지 알음알이로 이해될 것이 아니다. 만약 이 자리를 친히 증득할 때에는 모두가 현량의 경계로서, 처처에서 법계에 들어가며 생각생각에 비로자나 부처님을 보는 것이다. 만약 단지 문자의 뜻에 따라 이해될 것이라면 다만 알음알이에 의지하여 통하나, 역순의 경계를 만날 때에는 도리어 걸리고 막히는 것이다. 차별하여 묻는 곳을 만나게 되면 모두가 다 의심에 떨어지리니, 이는 마치 염관 화상이 『화엄경』을 강의하는 강사를 떠보고자 다음과 같이 질문하는 것과 같다.

염관 : 『화엄경』에는 몇 종류의 법계가 있는가.

강사 : 요약하여 말하면 열 가지 종류의 법계가 있으며, 광범위하게 말하면 중중무진의 법계가 있습니다.

염관 : (불자를 일으켜 세우면서) 이 자리는 몇 번째 법계인가.

○

當時 低頭擬祇對次 師訶云 思而知 慮而解 是鬼家活計. 日下孤燈 果然失照出去.

강사 : ·········(머리를 숙여 생각하며 대답할 말을 찾자,)

염관 : (꾸짖어 말씀하시기를) 생각해서 알거나 헤아려 이해하는 것은 깜깜한 귀신 굴 속에 살고자 꾀를 내는 짓이니라.

밝은 태양 밑의 외로운 등불! 과연 빛을 잃는구나.

하나를 알면 천 가지가

28-11-91 首楞嚴三昧經云 文殊言 若人得聞一句之法 卽解其中千萬句義 百千萬劫敷演解說 智慧辯才不可窮盡 是名多聞. 大涅槃經云 若見如來常不說法 是名具足多聞 又云 寧願少聞 多解義理 不願多聞 於義不了. 卽是入此宗鏡 一解千從 雖廣引文 只證此義. 上根一覽 已斷纖疑 中下再披 方能具信. 對根故爾 非法合然.

『수능엄삼매경』에서 "문수보살은 만약 어떤 사람이 한 구절의 법을 얻어 듣고서 곧 그 가운데 있는 천만 구절의 뜻을 이해하여, 이 뜻을 백천만겁토록 부연 해설하여도 지혜 변재로써 다 설명할 수가 없으니 이를 다문(多聞)이라 한다"고 하였다.

『대열반경』에서는 "만약 여래가 항상 설법하지 않음을 본다면 이를 이름하여 다문을 충분히 갖추었다고 한다"고 하였다. 또 "차라리 적게 듣고 많은 뜻과 이치를 알기 바라나, 많이 듣고도 뜻을 알지 못하는 것은 바라지 않는다"고 하였다. 곧 이것은 종경에 들어가 하나를 알면 천 가지 이치가 나오는 것으로서, 비록 광범위한 문장을 인용하더라도 다만 이 뜻을 증득하는 것이다.

상근기의 입장에서는 한 번 보면 미세한 의심도 끊어지는 것이나, 중근기나 하근기는 재차 열람하여야 믿음을 갖출 수가 있다. 이것은 근기에 상대하기 때문에 그런 것이지, 법이 합당하기 때문에 그러한 것은 아니다.

○

所以 勝天王般若經 云. 佛復告善思惟菩薩言 賢德天子 已於過去無量百千億劫 修習陀羅尼門 窮劫說法 亦無終盡. 善思惟菩薩白佛言 世尊 何等陀羅尼. 佛言 善男子 名衆法不入陀羅尼. 善男子 此陀羅尼 過諸文字 言不能入 心不能量 內外衆法 皆不可得. 善男子 無有少法能入此者 故名衆法不入陀羅尼. 何以故 此法平等 無有高下 亦無出入 無一文字從外來入 亦無一字從此法出.

그러므로 『승천왕반야경』에서 부처님은 선사유 보살에게 다음과 같이 말씀하셨다.

부처님 : 현덕 천자는 이미 과거 한량없는 백천억겁 동안에 다라니문을 수습하여서, 겁(劫)이 다하도록 설법하여도 또한 끝나는 법이 없다.

선사유 : 세존이시여, 어떤 다라니입니까.

부처님 : 선남자여, '온갖 법이 들어가지 못하는 다라니'라고 한다.
선남자여, 이 다라니는 모든 문자를 뛰어 넘었기에 언어로 들어갈 수 없고, 마음으로 헤아릴 수 없으며, 안과 밖의 일체 모든 법으로도 얻을 수 없는 것이다.
선남자여, 아무리 적은 법이라도 이 곳에 들어갈 수 없으므로 이를 이름하여 '온갖 법이 들어가지 못하는 다라니'라고 하는 것이다. 왜냐하면 이 법은 평등하여 높고 낮음이 없고 또한 나가고 들어옴이 없어서, 한 문장도 밖에서 들어올 수 없으며 또한 한 글자도 이 법에서 나갈 수 없기 때문이다.

○

又 無一字住此法中 亦無文字共相見者 亦不分別法與非法. 是諸文字 說亦不減
不說無增 從本以來 無起造者 無壞滅者. 善男子 如文字 心亦如是 如心 一切法
亦如是. 何以故 法離言語 亦離思量 本無生滅. 故無出入 是名衆法不入陀羅尼.
若能通達此法門者 辯才無盡 何以故 通達不斷無盡法故. 善男子 能入虛空者 則
能入此陀羅尼門.

또한 한 글자도 이 법 가운데에 머무는 것이 없고, 어떤 문자와 같은 모습으로 나타
나는 것도 없으며, 법과 법 아닌 것으로 분별하지도 않는다. 이 모든 문자로 설하여도
감해지는 것이 아니며, 설하지 않아도 늘어나는 것이 없으니, 본래부터 만들어 일으
킬 것도 없고, 허물어 멸할 것도 없는 것이다.

선남자여, 이러한 문자와 같이 마음도 또한 이와 같으며, 이러한 마음과 같이 일체
법 또한 이와 같은 것이다. 왜냐하면, 일체 모든 법은 언어를 떠났고 또한 사량분별을
떠났으며 본래 생멸이 없기 때문이다. 그러므로 일체가 나가거나 들어오는 것이 없는
이것을 '온갖 법이 들어가지 못하는 다라니'라고 이름하는 것이다. 만약 이 법문을 통
달할 수 있는 자는 변재가 무진할 것이니, 왜냐하면 끊어짐이 없는 무진장한 법을 통
달하였기 때문이다.

선남자여, 허공에 들어갈 수 있는 자는 곧 이 다라니문에 들어갈 수가 있다.

허공에 있는 것 같아

28-14-92 問 信入此法 還有退者不.[109] 答 信有二種. 一 若正信堅固 諦了無疑 理觀分明 乘戒兼急 如此則一生可辦 誰論退耶. 二 若依通之信 觀力麤浮 習重境强 遇緣卽退. 如華嚴論云 如涅槃經 聞常住二字 尙七世不墮地獄 如華嚴經云 設聞如來名及所說法 不生信解 亦能成種 必得解脫 至成佛故. 何故經言 第六住心 及從凡夫信位 猶言有退. 此意若爲和會.

문 : 이 법을 믿고 들어가면서도 물러나는 사람이 있습니까.

답 : 믿음에는 두 가지 종류가 있다. 하나는 만약 바른 믿음이 견고하고 잘 알아 의심이 없으며 이치를 관하는 것이 분명하면서 바른 생활로 부지런히 정진한다면 곧 일생에 공부를 끝낼 수 있을 것이니, 누가 물러날 것을 논하겠는가. 또 하나는 만약 바깥의 경계에 의지하여 통하려는 믿음으로서 이치를 관하는 힘이 거칠고 성글며 나쁜 습기가 많아서 경계에 끄달리는 힘이 강하다면 나쁜 인연을 만나 곧 공부에서 물러날 것이다.
이것은 『화엄론』에서 말한 것과 같고, 또한 『열반경』에서 "상주라는 두 글자만 들어도 오히려 일곱 생을 지옥에 떨어지지 않는다"고 한 것과 같으며, 『화엄경』에서 "설사 여래의 명호와 설하는 법을 듣고서 믿고 이해하지 않더라도 듣는 것만으로도 부처가 될 수 있는 종자가 이루어져 반드시 해탈하여 부처를 이룰 것이다"라고 한 것과 같다. 그런데 무슨 이유로 경의 다른 곳에서는 "제육주심(第六住心)과 범부의 신위(信位)에서는 오히려 보리심에서 물러남이 있다"고 말하는 것인가. 이 뜻을 어떻게 회통시켜야 하겠는가.

---

109) 不자는 K본 S본은 같으나 C본은 좀자로 되어 있다.

○

解云. 十信之中 勝解未成 未得謂得 便生憍慢 不近善友 不敬賢良. 爲慢怠故 久處人天 惡業便起 能成就大地獄業. 若一信不慢 常求勝友 卽無此失. 若權敎中 第六住心 可有退位 實敎中 爲稽滯者 責令進修. 如舍利弗 是示現聲聞 非實聲聞. 假作方便110) 皆度衆生 使令進策 如權敎中 第六住心 可說實退. 何以故. 爲權敎中 地前三賢 總未見道 所修作業 皆是有爲. 所有無明 皆是折伏 功不强者111) 便生退還.

이 뜻을 풀이하여 보자. 십신(十信) 가운데는 수승한 이해를 아직 이루지 않았기에 깨닫지 않은 것을 깨달았다 하여 교만한 마음으로 훌륭한 친구를 멀리하고 현명하고 어진 사람을 공경하지 않는다. 교만하고 나태하므로 오랜 동안 인천(人天)에 거주하면서도 악업을 지어 큰 지옥의 과보를 받을 수 있다. 그러나 한결같은 믿음으로 교만한 마음을 내지 않고 항상 수승한 도반을 구한다면 이런 실책은 없다.

만약 방편인 제육주심(第六住心)에서 공부가 퇴보할 수 있는 위치가 있다는 것은 진실한 가르침에서 공부에 막힘이 있는 사람을 책망하여 수행을 열심히 닦아 나가도록 하는 것이니, 이것은 사리불이 성문의 모습을 나타내나 사실은 성문이 아닌 것과 같다. 성문의 모습으로 임시방편을 지음은 모두 중생을 제도하여 그들이 공부를 지어 나가도록 하는 책략이니, 이것은 마치 방편인 제육주심(第六住心)에서 공부를 물러날 수 있다고 설하는 것과 같다. 왜냐하면 방편인 가르침에서 십지(十地) 이전의 삼현(三賢)은 모두가 참다운 도를 보지 않아서 수행하는 업이 모두 유위법이기 때문이다. 존재하는 모든 무명을 꺾어 조복받아야 할 것인데, 공력이 약한 사람은 여기에서 문득 공부에서 물러날 마음을 내는 것이다.

110) 假作方便은 C본과 같으나 K본과 S본은 所作方便으로 되어 있다.
111) 功不强者는 K본과 S본은 같으나 C본은 功不彊者로 되어 있다.

○

若折伏有力 亦不退失 如蛇有毒 爲呪力故 毒不能起. 但於佛法中 種於信心 謙下
無慢 敬順賢良 於諸惡人 心常慈忍 於諸勝己者 諮受未聞 所聞勝法 奉行無
妄[112] 所有虛妄 依敎蠲除 於三菩提道 常勤不息. 夫爲人生之法 法合如然. 但不
長惡而生 何須慮退. 華嚴疏云 深心信解 常淸淨者 信煩惱卽菩提 方爲常淨. 由
稱本性而發菩提心 本來是佛 更無所進 如在虛空 退至何所.

　만약 무명을 꺾어서 조복받을 수 있는 힘이 있다면 또한 공부에서 물러나지 않을
것이니, 이것은 마치 독사가 독이 있어도 뱀을 부리는 주력 때문에 독을 낼 수 없는
것과 같다. 단지 부처님 법 가운데에서 믿음의 씨앗을 뿌리면서 겸손하게 교만심이
없이 현명하고 어진 사람을 공경하고 따라야만 하며, 모든 악인에게는 항상 인욕하면
서 마음이 자비로와야 하며, 자기보다 수승한 모든 사람에게는 직접 물어서 듣지 못
한 가르침을 받아야 하며, 귀담아 들었던 수승한 법은 받들어 행하면서 거짓이 없게
하며, 일체 모든 허망한 것은 부처님의 가르침에 의지하여 뿌리째 뽑아야만 하며, 아
뇩다라삼먁삼보리심에서 항상 부지런히 쉬지 않고 정진해야만 하는 것이다.
　무릇 이것이 참된 인생을 살아가는 법이니 법이 합당하게 그러하기 때문이다. 단지
악한 업을 기르지 않는 삶이라, 여기에 어찌 공부에서 물러날 것을 걱정하겠는가.
『화엄소』에서 "깊은 마음으로 믿고 이해하는 것이 항상 청정하다"고 함은 번뇌가 곧
보리라는 것을 믿을 때 바야흐로 항상 청정할 수 있는 것이다. 본성에 맞게 보리심을
발하면 본래가 부처로서 더 나아갈 곳이 없이 마치 허공에 있는 듯하리니, 다시 어느
곳으로 물러나겠는가.

---

112) 所聞勝法 奉行無妄에서 K와 S본은 같으나 C본에서는 所聞勝法 奉行無忘으로 되어 있다.

중생이 지은 업에 따라

29-1-93 問 法唯心說者 云何敎立五時 聽分四衆. 答 諸佛無有色聲功德 唯有如如 及如如智獨存. 凡有見聞 皆是衆生自心影像 則說唯心說 聽唯心聽. 離心之外 何 處有法. 如思益經 云. 梵天言 何故說 不聽法者 乃爲聽經. 文殊言 眼耳鼻舌身意 不漏 是聽法也. 所以者何 於內六入 不漏色聲香味觸法 乃爲聽經.

문 : 법은 오직 마음이라고 설하는 사람이 왜 부처님의 가르침을 다섯 시기로 나누고 법을 듣는 대중을 넷으로 분리합니까.

답 : 모든 부처님은 색과 소리의 공덕에 있지 않고, 오직 여여(如如)한 경지와 여여한 지혜만 있을 뿐이다. 무릇 부처님의 모습과 말씀을 보고 들음은 모두가 중생이 자기의 마음에서 나타내는 그림자이니, 곧 설하는 것도 오직 중생의 마음이 설하며, 듣는 것도 오직 중생의 마음이 듣는 것이다. 이러하니 중생의 마음을 떠난 바깥 어느 곳에 어떤 법이 있겠는가. 이것은 『사익경』에서 범천이 문수에게 질문한 다음 내용과 같다.

범천 : 무슨 이유로 법을 듣지 않는 것이 경을 듣는 것이라고 하십니까.

문수 : 안·이·비·설·신·의에 번뇌가 없음이 부처님의 법을 듣는 것이다. 왜냐하면 안·이·비·설·신·의 육입이 색·성·향·미·촉·법의 경계에 끄달리지 않아야 곧 부처님의 경을 듣는 것이 되기 때문이다.

○

乃至 梵天問得忍菩薩 汝等 豈不聽是經耶. 答 如我等聽 以不聽爲聽. 古德云 如
來演出 八辯洪音 聞者 託起自心所現. 如依狀貌 變起毫端 本質已無 影像如在.
群賢結集 自隨見聞 依所聞見 結集自語. 良以 離自心原 無有外境 離境亦無內心
可得. 諸傳法者 非授與他 但爲勝緣 令自得法. 自解未起 無以悟他. 自解不從他
來 他解寧非自起.

범천이 득인 보살에게 다음과 같이 질문하였다.

범천 : 당신들은 어찌하여 이 경을 듣지 않습니까.

득인 : 우리들이 듣는 것은 듣지 않음으로써 들음을 삼기 때문입니다.

그러므로 옛 스님은 "여래가 여덟 가지 변재로써 많은 법음(法音)을 설하면 듣는 자
는 자기 마음이 나타내는 것에 의하여 이해한다"고 하였다. 이것은 생긴 모습에 의하
여 그림 그려가는 붓의 변화가 일어남과 같아서, 본질은 이미 없는데도 영상만 여전
히 남아 있는 것이다. 그러므로 많은 현인들이 경을 결집할 때에 자기가 보고 들은
것에 따라, 듣고 본 것에 의하여 자기들의 말로 결집한 것이다. 진실로 자기 마음의
근원을 떠나 따로 바깥 경계가 없으며, 바깥 경계를 떠나 또한 얻을 만한 안의 마음
도 없다. 모든 법을 전하는 것도 다른 사람에게 법을 주는 것이 아니니, 이는 다만 수
승한 인연이 되어 줌으로써 스스로 법을 얻도록 하기 때문이다. 스스로 알지 못하면
다른 사람을 깨우칠 수 없다. 자기의 알음알이가 다른 데서 오는 것이 아니니, 다른
것을 이해함이 어찌 자기 마음에서 일어나 알아지는 것이 아니겠는가.

○

是故 結集及傳授者 皆得影像 不得本質 無有自心得他境故. 是知 結集乃是自心
所變之經 至傳授者 傳授自心所變之法. 得影非質 思而可知. 若能常善分別 自心
所現 能知一切外性非性 此人知見 可與佛同 所說之法 與佛無異. 悟入自覺聖智
樂故.113) 寶性論偈云 天妙法鼓聲 依自業而有 諸佛說法者 衆生自業聞.

그러므로 경을 결집하고 법을 전하는 것이 모두 그림자일 뿐 본질이 아니니, 자기
의 마음에서 다른 경계를 얻을 수 없기 때문이다. 경의 결집도 자기의 마음이 변하여
나타난 경이며, 법을 전함도 자기 마음이 변하여 나타난 법을 전하는 것에 지나지 않
음을 알 것이다. 그림자를 얻는 것은 본질을 얻는 것이 아니니, 생각해 보면 알 수가
있다. 만약 자기 마음이 나타낸 바를 항상 잘 분별할 수만 있다면 일체 바깥의 성품
이 마음과 다른 성품이 아님을 알 수 있을 것이니, 이러한 사람의 지견은 부처님의
지견과 같다고 할 수 있으며 설해지는 법도 부처님 설법과 다를 것이 없다. 왜냐하면
스스로 느끼는 성스런 지혜의 즐거움에 깨달아 들어가기 때문이다. 그러므로 『보성
론』 게송에서는 다음과 같이 말하였다.

하늘의 미묘한 법고 소리가
스스로 지은 업에 따라 들리듯
모든 부처님이 설하신 법도
중생은 지은 업에 따라 듣는다.

---

113) 悟入自覺聖智樂故에서 K와 S본은 같으나 C본에서는 悟入智覺聖智樂故로 되어 있다.

○

如妙聲遠離 功用處身心 令一切衆生 離怖得寂靜. 佛聲亦如是 離功用身心 令一
切衆生 得證寂滅道. 又 偈云 譬如虛空中 雨八功德水 到鹹等住處 生種種異味.
如來慈悲雲 雨八聖道水 到衆生心處 生種種解味.

미묘한 법고 소리 멀리 있어도
뛰어난 공용이 신심(身心)에 있어
이 뜻을 알아듣는 일체중생들
두려움 떠나서 적정을 얻네.

부처님 소리도 이와 같아서
공용과 신심을 떠나 있어도
이 뜻을 알아듣는 일체중생들
적멸의 불도를 증득한다네.

비유하면 비어 있는 허공 가운데
팔공덕수 비가 되어 땅에 내려도
짜거나 싱거운 데 머무는 곳에
갖가지 다른 맛이 생기는구나.

여래의 자비로운 구름 속에서
팔성도 감로수가 비로 내리니
중생의 마음에 도달하며는
여러 가지 아는 맛을 생기게 한다.

○

釋曰. 如天鼓聲 應諸天所知之量 猶龍王雨 隨世間能感之緣. 證自法而不同 成異味而有別. 法亦如是 隨見差殊 於一乘而開出諸乘 從一法而分成多法

이것을 풀이하여 보자. 이는 마치 하늘의 북소리가 모든 하늘의 중생이 아는 만큼 감응하여 들리고, 용왕이 세간의 감응할 수 있는 인연을 따라 비를 내리는 것과 같아서 중생도 스스로 법을 증득함이 같지 않나니, 법 하나하나가 다른 맛을 이루어 차별이 있게 되는 것이다. 법도 또한 이와 같이 중생의 견해에 따라 다르니, 하나의 가르침에서 여러 가지 가르침이 열려 나오며, 하나의 법에서 여러 가지 법으로 나누어 성립되는 것이다.

부처님도 설한 바가 없다

29-3-94 又 說聽全收 生佛相在者 略擧二喩. 一者 如一明鏡 師弟同對說聽 以師取之 卽是師鏡 弟子取之 是弟子鏡. 鏡喩一心 師弟喩生佛. 是謂 弟子鏡中和尙 爲和尙鏡中弟子說法 和尙鏡中弟子聽 弟子鏡中和尙說法. 諸有知識 請詳斯喩. 此喩 猶恐未曉 又 如水乳和同一處 而互爲能和所和. 且順說聽 以能和爲說 所和爲聽. 且將水喩於佛 乳喩衆生 應言乳中之水和水中之乳 水中之乳受乳中之水.

또한 설법(說法)과 청법(聽法)이 온전히 서로 거두어 중생과 부처님의 모습으로서 서로 존재한다는 것에 대하여 간략히 두 가지 비유를 들겠다.

첫째는 마치 깨끗한 하나의 거울 앞에서 스승과 제자가 똑같이 상대하여 설법하고 청법하는 것과 같으니, 하나의 거울을 스승이 취하면 스승의 거울이 되고 제자가 취하면 제자의 거울이 되는 것이다. 여기서 거울은 하나의 마음을 비유하며, 스승과 제자는 부처님과 중생을 비유하는 것이다. 이것은 제자의 거울 속에 있는 스승이 스승의 거울 속에 있는 제자를 위하여 설법하면, 스승의 거울 속에 있는 제자가 제자의 거울 속에 있는 스승의 설법을 듣는 것을 말한다. 모든 지식 있는 사람에게 바라건대, 이 비유를 자세히 살피기 바란다. 이 비유를 이해하지 못할까 걱정이 되니, 두 번째의 비유를 들겠다.

설법과 청법은 마치 물과 우유가 같은 장소에 섞여 있으면서, 서로간에 섞기도 하며 섞여지기도 하는 것과 같다. 이것을 또 설법과 청법의 비유에 따르면 섞는 것은 설법이 되고, 섞여지는 것은 청법이 되는 것이다. 여기에서 물은 부처님을 비유하고 우유는 중생을 비유하니, 마땅히 우유 속의 물은 물 속의 우유와 섞이고 물 속의 우유는 우유 속의 물을 받아들인다 말할 수 있다.

○

雖同一味 能所宛然 雖能所宛然 而互相在相遍相攝 思以准之. 又 衆生心中佛者
此明衆生稱性普周 而佛不壞相 在衆生心內. 言爲佛心中衆生說法者 此明佛心稱
性普周 而衆生不壞相 在佛心內也. 更無別理 但說聽之異耳. 是知 一切衆生語言
皆法輪正體. 若離衆生言說 卽佛無所說.

비록 물과 우유가 섞여서 동일한 맛이라도 섞는 것과 섞여지는 것의 능(能)과 소
(所)가 완연하며, 능과 소가 완연하더라도 서로가 서로에게 존재하고 두루하면서 서
로 거두어들이니, 비유에 준하여서 생각해 보면 알 것이다.

중생의 마음 가운데 있는 부처님이라는 것은 중생이 법성에 칭합하여 널리 두루하
므로 부처님이 자기의 모습을 허물지 않은 채 중생의 마음 안에 있음을 밝히는 것이
다. 부처님 마음 가운데의 중생을 위하여 설법한다는 것은 부처님의 마음이 법성에
칭합하여 널리 두루하므로 중생이 자기의 모습을 허물지 않은 채 부처님의 마음 안
에 있음을 밝히는 것이다. 여기에 다시 별다른 이치가 없이, 단지 설하는 이와 듣는
자가 다를 뿐이다. 이것으로서 일체중생의 언어가 모두 법륜의 바른 바탕이라는 사실
을 알 것이다. 만약 중생의 언설을 떠난다면 부처님이 설할 바가 없다.

설통과 종통

29-4-95 昔人頌云 說通宗不通 如日被雲朦 宗通說亦通 如日處虛空. 故知 若先了宗 說則無過.[114] 又 凡有詮表 形於言敎者[115] 皆是明心 不詮餘法. 或言廣大自在 此約德相以明心 或言寂滅無爲 此約離過以明心. 乃至 或說事是心之事 或說理是心之理.

옛 스님은 게송에서 다음과 같이 말하였다.

> 설법에는 통하나 종지에 불통
> 구름이 해 가리듯 흐릿하구나
> 종지와 설법에 두루 통하면
> 파아란 창공에 떠 있는 햇살.

그러므로 만약 종지를 먼저 요달한다면 어떻게 설해도 허물이 없다는 사실을 알 것이다. 또 이치를 나타내는 논리와 언어로서 무엇을 가르치려고 함은 모두 마음을 밝히는 것으로 다른 법을 주장하는 것이 아니다. 혹 어떤 이가 광대하고 자재함을 말하면 공덕의 모습에서 마음을 밝히는 것이며, 혹 어떤 이가 적멸과 무위를 말하면 허물을 벗어난 자리에서 마음을 밝히는 것이다.

나아가서 혹 어떤 이가 현상을 이야기하면 마음의 현상을 이야기하는 것이며, 혹 어떤 이가 이치를 설하면 마음의 이치를 설하는 것이다.

---

114) 若先了宗 說則無過 다음에 원문내용 故法華序品偈云 又見諸菩薩 知法寂滅相 各於其國土 說法求佛道가 생략되었다.

115) 又 凡有詮表 形於言敎者는 명추회요에 又 凡有證表 形於言敎者로 되어 있으나 K본 S본 C본에 詮으로 되어 있고, 글의 흐름으로도 詮이 좋아 詮으로 고쳤다.

○

故云 千經萬論 皆是言心 豈止宗鏡耶. 如法華經云 爲一大事因緣故 出現於世.
凡言大者 莫越於心 於五大之中 虛空最大 尙爲心之所含. 故首楞嚴經云 空生大
覺中 如海一漚發 又云 寂照含虛空 此大 非對數量稱大. 又 非形待稱大 故云一
大事.

그러므로 많은 경론이 모두 이 마음을 말하는 것이니, 이것이 어찌 종경록에만 그치는 일이 되겠는가. 이것은 마치 『법화경』에서 "부처님이 일대사인연을 위하여 세상에 출현하셨다"고 말한 것과 같다.

무릇 일대사인연(一大事因緣)의 대(大)는 마음보다 큰 것이 없음을 말하니, 지·수·화·풍·공(空)의 오대(五大) 가운데 허공이 가장 크다고 하나, 오히려 이 허공도 마음에 포함되는 것이다.

그러므로 『수능엄경』의 게송에서는 "허공이 대각(大覺) 가운데에서 생겨나는 것이 마치 바다에서 하나의 거품이 일어나는 것과 같다"고 말하였고, "공적하여 신령스럽게 비추는 마음은 허공을 싸 안는다"고도 하였으니, 여기서 말하는 대(大)는 어떤 수량을 상대하여 말하는 상대적인 대(大)가 아닌 것이다.

또 어떤 형태를 상대하여 지칭하는 대(大)도 아니기 때문에 일대사(一大事)라고 말하는 것이다.

○

又 此一非一 如法句經頌云 森羅及萬像 一法之所印 一亦不爲一 爲欲破諸數.
是知 諸佛出世 祖師西來 皆明斯旨 非爲別事矣

또한 일대사인연에서 말하는 일(一)은 숫자에서 말하는 그냥 일(一)이 아니니, 이것은 마치 『법구경』 게송에서 말하는 다음 내용과 같다.

우주에 펼쳐지는 삼라만상이
하나의 법에서 이루어지니
모아지면 하나나, 하나 아니니
나타나는 모든 모습 타파하도다.

이것으로 알라. 모든 부처님께서 세상에 출현하고 조사 스님이 서쪽에서 오신 뜻은 모두 다 이 종지를 밝힘이니, 다른 일을 위한 것이 아니다.

팔식에 있는 십법계의 종자

29-8-96 如尺蠖 食黃而身黃 食蒼而身蒼 且八識藏中 十法界種子具有 隨所聞法 卽發起現行 若聞宗鏡之文 卽熏起佛乘種子. 然須染神入心 窮源見性[116] 不俟耳入口出[117] 但記浮言. 如荀卿子云 君子之學 入乎神 著乎心 布乎四支 動靜皆可爲法 小人之學 入乎耳 出乎口 口耳之間[118] 則四寸耳 何足美七尺之軀者也.

자벌레가 노란 잎을 먹으면 노랗게 되고 파란 잎을 먹으면 파랗게 되는 것과 같이, 팔식장(八識藏) 가운데에 십법계(十法界)의 종자가 갖추어져 있어 듣는 바 법의 내용에 따라 곧 발기하여 현행하니, 만일 종경에 관한 내용을 들으면 곧 부처님이 될 씨앗이 훈습되어 일어나는 것이다. 그러므로 모름지기 이 말을 마음에 착실하게 담아 근원을 파헤쳐 자기의 성품을 보아야 하니, 이것을 귀로 듣고 입으로 뱉어내는 단지 허튼 소리로 기억하여서는 안된다.

이것은 마치 순경자가 "군자의 배움은 정신에 들어가고 마음에 자리하며, 그의 몸 전체로 퍼져 그의 움직임 하나하나가 모두 본받을 만한 법이 된다. 그러나 소인배의 배움은 귀로 들어가 입으로 나오니 곧 입과 귀의 거리는 네 치로서, 어찌 칠 척이나 되는 몸 전체의 아름다움을 충족시킬 수 있겠는가"라고 말한 것과 같다.

---

116) 窮源見性은 K본과 S본은 같으나 C본은 窮原見性으로 되어 있다.
117) 不俟耳入口出은 K본과 S본은 같으나 C본은 不徒耳入口出로 되어 있다.
118) 口耳之間은 K본과 S본은 같으나 C본은 口耳之閒으로 되어 있다.

일체중생에게 이익이

29-10-97 維摩經云 法施會者 無前無後 一時供養一切衆生 是名法施之會. 什法師云 若一起慈心 則十方同緣 施中之最 莫先於此 故曰 無前後也. 肇法師云 夫以方會人 不可一息期 以財濟物 不可一時周. 是以 會通無隔者 彌綸而不漏 法澤冥被者 不易時而同覆. 故能卽無疆爲一會 而道無不潤. 虛心懷德 而物自賓 曷爲存濡沫之小慧 捨江海之大益 置一時之法養 而設前後之俗施乎.

『유마경』에서는 "법을 베푸는 모임이란 앞과 뒤의 구분 없이 한꺼번에 일체중생에게 공양하는 것이니, 이를 이름하여 법을 베푸는 모임이라 한다"고 하였다. 구마라습 법사가 "만약 한 번 자비심을 일으킨다면 곧 이 좋은 인연이 시방세계의 인연과 똑같아지니, 보시 가운데 으뜸가는 보시로서 이보다 더 좋은 보시는 없다"고 하였는데, 그러므로 "앞과 뒤의 구분이 없다"고 한 것이며, 승조 법사도 "사방의 사람을 한꺼번에 모을 수 없듯 아무리 많은 재물일지라도 한꺼번에 중생을 다 구제할 수가 없다"고 한 것이다.

그래서 시방세계에 두루 통하여 소홀한 구석이 없다는 법보시는 일체중생에게 가득하여 조금도 빠짐이 없으며, 법의 혜택으로서 은근하게 가피를 주는 것도 한 순간을 바꾸지 않으면서 중생계를 동시에 덮어 버리는 것이다. 그러므로 곧 어떤 경계 없이 일체세계를 하나의 모임으로 만들어, 부처님의 도(道)로 일체 모든 중생을 윤택하게 적시지 않는 것이 없다. 마음을 비워 덕을 품으면 중생이 스스로 귀해지는 것인데, 어찌 오줌에 이는 거품 같은 작은 지혜에 머물러 강과 바다와 같은 커다란 이익을 버릴 것이며, 일시에 중생을 제도하는 뛰어난 법공양을 제쳐 놓고 앞 뒤 차례가 있는 속된 보시를 베풀겠는가.

○

夫財養養身 法養養神 養神之道 存乎冥益. 何則 群生流轉以無窮 爲塵路冥冥 相
承莫能自返. 故大士建德 不自爲身 一念之善 皆爲群生. 以爲群生 故行願俱果
行果則已功立 願果則群生益. 已功立則有濟物之能 群生益則有返流之分. 然則
菩薩始建德於內 群生以蒙益於外矣. 何必待哺養啓導然後 爲益乎. 菩提者 弘濟
之道也.[119) 是以 爲菩提而起慈者 一念一時 所益無際矣. 則是承宗鏡之光 遍法
界之照 寧有遺餘乎.

무릇 재물의 공양은 몸을 기르나 법의 공양은 마음을 바르게 기르는 것으로, 마음
을 기르는 도가 훨씬 심오한 이익이 있는 것이다. 왜냐하면 중생들은 육도에 윤회하
는 잘못된 삶으로 무한한 세월을 보냄으로써 고통의 세월이 깊고 깊게 이어져 자신
을 돌이킬 수 없기 때문이다. 그러므로 부처님께서 덕을 세우심이 자기의 몸을 위한
것이 아니요, 한 생각의 선한 생각이 모두 중생을 위하는 것이다. 모든 중생을 위하기
때문에 실행과 원력의 과보가 함께 갖추어지나니, 실행의 과보로는 공덕이 세워지고
원력의 과보로는 모든 중생에게 이익이 있는 것이다. 이미 공덕이 세워진즉 중생을
제도하는 능력이 생길 것이며, 중생에게 이익이 있음은 곧 자신의 삶을 반성하고 돌
이킬 분수가 생길 것이다. 그리하여 보살이 마음에 덕을 쌓기 시작하면 중생은 바깥
에서 이익을 얻게 되는 것이다. 그런데 하필 중생을 먹여주고 길러주며 가르쳐서 인
도한 후에야 이익이 된다고 하겠는가.

그러므로 깨달음이란 널리 중생을 제도하는 도이다. 그래서 깨달음을 위하여 자비
심을 일으킴은 한 생각 한 순간일지라도 끝없는 이익이 있는 것이다. 곧 이것은 종경
의 빛을 계승하여 법계에 두루 비추는 것이니, 여기에 어찌 법의 이익을 혜택받지 못
할 중생이 있겠는가.

---

119) 菩提者 弘濟之道也는 K본과 S본은 같으나 C본은 菩提者 宏濟之道也로 되어 있다.

탐욕에서 탐욕을 벗어나

29-12-98 大莊嚴論偈云 遠離於法界 無別有貪法 是故諸佛說 貪出貪餘爾. 如佛先 說 我不說有異貪之法 能出於貪 瞋癡亦爾.120) 此義 是經旨趣. 又 頌云 於貪起 正思 於貪得解脫 故說貪出貪 瞋癡出亦爾.

『대장엄론』의 게송에서는 다음과 같이 말하였다.

중생계인 법계를 벗어나서는
별달리 존재하는 탐욕이 없네
때문에 부처님이 설하시기를
탐·진·치 삼독에서 벗어났도다.

부처님이 먼저 설하신 것과 같이 나도 탐욕과 다른 법이 있다고 설하지 않으니, 탐 욕에서 나올 수만 있다면 어리석음과 성냄도 또한 마찬가지일 것이다. 이 뜻이 곧 경 전의 취지이다. 또 게송에서 다음과 같이 말하였다.

탐욕에서 바른 생각 일으킨다면
탐욕에서 해탈을 얻게 되리니
탐욕에서 탐욕을 벗어남이라
성냄과 어리석음 마찬가지네.

---

120) 瞋癡亦爾 다음에 나오는 원문 由離法界 別法無體故 是故 貪等法性得貪等名 此說貪等法性 能出貪等이 생략 되었다.

득력하면 자재하다

29-13-99   楞伽經 偈云. 不生現於生 不退常現退 同時如水月 萬億國土現. 一身及 無量 燃火及霪雨 心心體不異 故說但是心. 心中但是心 心無心而生 種種色形相 所見唯是心.

『능가경』 게송에서는 다음과 같이 말하였다.

불생멸이 생멸에서 나타난다면
불퇴심은 물러남에 나타난다네
비유하면 물 속에 비추인 달이
동시에 일체 국토 나타나듯이.

한 몸과 더불어 무량한 몸들
타오르는 불길과 쏟아지는 비
마음과 마음 바탕 다르지 않아
그러므로 마음이라 이야기하네.

마음 속에 다만 이 마음뿐이니
마음은 무심에서 생겨난다네
여러 가지 색깔과 온갖 모습들
보이는 그대로가 오직 마음뿐.

○

又 偈云 心中無斷常 身資生住處 唯心愚無智 無物而見有. 又 偈云 佛子見世
間121) 唯心無諸法 種類非身作 得力自在成. 何以故 若得心王 一切自在 要成卽
成 非他所礙.

또 다른 게송에서는 다음과 같이 말하였다.

　　마음에 단상(斷常)이 없는 것인데
　　우리 몸은 태어나 생멸한다네
　　마음이 어리석어 지혜 없으니
　　존재하지 않는 것을 있다고 보네.

또 다른 게송에서는 다음과 같이 말하였다.

　　불자여 세간의 모습을 보라
　　마음일 뿐 모든 법 존재 않으니
　　모든 형태 고의로 짓지 않아도
　　득력하면 자재하게 이루어진다.

　무엇 때문인가. 만약 심왕(心王)을 얻는다면 일체가 자재하여, 이루고자 하면 곧 이
루어져서 다른 것에 의하여 장애를 받지 않기 때문이다.

---

121) 佛子見世間은 K본과 S본은 같으나 C본은 佛子見世閒으로 되어 있다.

무생의 마음을 요지하면

30-9-100 卽是心行中 求得三種解脫 衆生心性卽眞性解脫 癡愛卽實慧解脫 諸不
善行卽是方便解脫. 是知 此一心眞性解脫 能空煩惱繫縛九結十使等. 如一栴檀樹
改四十由旬伊蘭林悉香 能令煩惱卽菩提故. 又 若斷惑懺罪 比餘漸敎 如甎華千
斤 不如眞金一兩. 故云 若欲懺悔者 端坐念實相 則直了無生之心 當處解脫.

중생의 마음이 작용하는 가운데 세 종류의 해탈을 구할 수가 있으니, 중생이 쓰는
마음의 성품 그대로가 참성품인 진성해탈(眞性解脫)과, 어리석음과 애욕이 곧 진실한
지혜인 실혜해탈(實慧解脫)과, 모든 선하지 못한 행이 곧 중생을 구제하는 방편인 방
편해탈(方便解脫)이다.

이것으로 하나의 마음인 참성품의 해탈이 번뇌로 엮어진 구결(九結)과122) 십사(十
使)123) 등을 사라지게 할 수 있음을 알 것이다. 이는 마치 한 그루의 전단향이 사십
유순이나 되는 이란 숲의 악취를 모두 다 전단향으로 바꾸어 놓는 것과 같이, 하나의
마음인 참성품의 해탈이 번뇌 자체가 깨달음이 되도록 할 수 있기 때문이다.

또 만약 단번에 미혹을 끊어서 죄를 참회하는 것을 여타의 점교에 비교한다면 마치
고운 색깔로 만든 꽃 천 근이 황금 한 냥의 값에도 미치지 못하는 것과 같다. 그러므
로 만약 참회하려고 하는 자가 단정히 앉아서 진실한 모습을 생각한다면 곧바로 무
생의 마음을 요지하여 당처에 해탈하는 것이다.

---

122) 九結 : 愛·恚·慢·無明·見·取·疑·嫉·慳
123) 十使 : 貪·瞋·癡·慢·疑·有身見·邊執見·邪見·見取見·戒禁取見

밝은 마음에 실체가

31-1-101 首楞嚴經云 知見立知 卽無明本 知見無見 斯卽涅槃 無漏眞淨 云何是中 更容他物.124) 是知 世間生死 出世涅槃等 無量差別之名 皆從知見文字所立. 若 無知見文字 名體本空 於妙明心中 更有何物. 如六祖偈云 菩提本無樹 明鏡亦非 臺 本來無一物 何用拂塵埃.125)

『수능엄경』에서는 "지견을 세워 아는 것은 무명의 근본이며, 지견 없이 보는 것은 열반으로 번뇌가 없는 참다운 청정이니, 어떻게 이 가운데에 다시 다른 것을 용납하 겠는가"라고 하였다. 이것으로 세간의 생사와 출세간의 열반 등 무량한 차별로 이루 어진 명칭 모두가 지견과 문자에 의해서 세워진 것임을 알 것이다. 만약 지견과 문자 가 없다면 모든 명칭의 바탕이 본래가 공한 것인데, 밝고 묘한 마음 가운데에서 다시 어떤 것이 있을 수 있겠는가. 이것은 마치 육조 스님이 게송에서 다음과 같이 말한 뜻과 같다.

깨달음은 잡혀지는 존재가 없고
밝은 마음 이름뿐 실체가 없네
본래가 한 물건도 있지 않거늘
무엇을 티끌이라 먼지를 터나.

---

124) 云何是中 更容他物 다음에 원문에 있는 如上所說이 생략되었다.
125) 何用拂塵埃는 K본과 S본은 같으나 C본은 何處惹塵埃로 되어 있다.

자기도 깨치고 남도 깨치며

31-10-102 迦葉問 涅槃解脫之義 世尊答 一百句解脫.126) 釋曰. 上來一百句解脫
文現不繁 更釋大意 只明一心眞性解脫. 以實慧解脫 顯此眞性 然後成方便慧解
脫 故能自覺覺他 名之爲佛 卽是平等法身 天眞之佛.

가섭이 열반과 해탈의 뜻을 물으니, 세존께서는 일백 구절로서 해탈의 뜻을 설명하
였다. 이것을 풀이하여 보자. 위에서 설명한 해탈에 관한 일백 구절의 문장을 드러내
는 것이 번거롭지 않게 다시 대의를 해석하면, 다만 하나의 마음이 참성품이라는 진
성해탈(眞性解脫)을 밝힌 것이다. 진실한 지혜인 실혜해탈(實慧解脫)로써 참성품을
드러낸 연후에 지혜로운 방편을 쓰는 방편해탈(方便解脫)을 이루기 때문에 자기도 깨
치고 남도 깨칠 수 있는 것이니, 이것을 이름하여 부처가 된다고 한다. 이는 곧 평등
한 법신으로 천진한 부처님이다.

---

126) 迦葉問 涅槃解脫之義 世尊答 一百句解脫은 앞에서 나오는 내용을 추려 명추회요에서 첨가한 내용이다.

보살이 닦는 필경공

32-4-103 華嚴論 云 若也但修空 無想法身[127] 即於智不能起用 若但一向生想 不見無相法身 即純是有爲. 又云 如是大悲 如是智慧 如是萬行 皆爲長養初發心住 初生佛家之智慧大悲 令慣習自在. 故時亦不改 法亦不異 智亦不遷 猶如竹葦 依舊而成 初生與終 無有麤細. 亦如小兒 初生而後 長爲大 無異大也. 是知 差別行門 皆入畢竟空中 無有分別. 如龍樹菩薩問曰.

『화엄론』에서는 "만약에 단지 공(空)만을 수행하여 아무런 생각이 없는 법신이라면 곧 지혜에서 어떠한 작용도 일으킬 수 없을 것이며, 반대로 하나같이 단지 어떤 생각만을 일으켜서 어떠한 모습도 지니지 않는 법신을[128] 보지 않았다면 곧 모두가 유위법이 된다"고 하였다. 또 "올바른 대비심과 지혜와 만행은 모두 수행자의 초발심을 증장시키기 때문에, 처음 불가에 발심한 사람의 지혜와 자비가 익숙해져 자재하도록 하는 것이다. 그러므로 초발심이 있는 자리에서 시간이 바뀌는 것도 아니고, 어떤 법이 달라지는 것도 아니며, 지혜가 옮겨가는 것도 아니다. 이것은 마치 대나무와 갈대가 옛 모습 그대로 성장하여서 처음 생겨날 때의 모습과 뒤에 자라난 모습이 조금도 달라지지 않은 것과 같다. 이것은 또 어린아이가 처음 태어날 때의 모습이 뒷날 자라서 어른이 되었을 때의 모습과 다르지 않음과도 같다"고 하였다.

 이 비유로서 차별화된 수행문이 모두 필경공 가운데에 들어가서 어떠한 분별도 없음을 알 것이다. 이것은 용수 보살이 질문하는 다음 내용과도 같다.

---

127) 若也但修空 無想法身은 K본과 S본은 같으나 C본에는 若也但修空 無相法身으로 되어 있다.
128) 무상법신(無想法身)은 무기공(無記空)에 떨어지는 것을 말하는 것이며, 무상법신(無相法身)은 참다운 법신으로서 깨달음을 말하는 것이다.

○

若菩薩知佛是福田 衆生非福田 是非菩薩法 菩薩以何力故 能令佛與畜生等. 答
曰 菩薩 以般若波羅蜜力故 一切法中 修畢竟空心. 是故 於一切法 無分別. 如畜
生 五陰十二入十八界和合生 名爲畜生 佛亦如是 從諸善法和合 假名爲佛. 若人
憐愍衆生 得無量福德 於佛著心 起諸惡因緣 得無量罪. 是故 知一切法畢竟空 故
不輕畜生 不著心貴佛. 復次 諸法實相 是一切法無相 是無相中 不分別是佛是畜
生. 若分別 卽是取相.

문 : 만약 보살이 부처님은 복전(福田)이고 중생은 복전이 아니라고 안다면 보살의
법이 아닙니다. 보살은 무슨 힘으로 부처님과 축생을 평등하게 할 수 있습니까.

답 : 보살은 반야바라밀의 힘으로 일체 모든 법 가운데에서 필경에 공(空)한 마음을
닦는다. 그래서 일체 모든 법에 분별이 없다. 마치 축생을 오음과 십이입과 십팔계가
화합하여 생겨난 것을 이름하여 축생이라고 하듯, 부처님도 이와 같이 모든 좋은 법
으로부터 화합하여 생겨난 것을 임시로 부처님이라 한다. 만약 어떤 사람이 중생을
불쌍하게 생각한다면 무량한 복덕을 얻을 것이나, 마음으로 부처님에게 집착하여 나
쁜 인연을 일으킨다면 한량없는 죄를 지을 것이다.
이러므로 일체 모든 법이 필경에 공(空)한 것임을 알아 축생을 경멸하지도 말며, 집
착하는 마음으로 부처님을 귀하게 여기지도 말아야 한다. 모든 법의 진실한 모습은
일체 모든 법에 어떠한 상(相)도 없음이니, 어떠한 상(相)도 없는 가운데에 부처님이
나 축생이라고 분별하지 않는 것이다. 만약 분별한다면 그 자체가 곧 어떤 모습을 취
하는 것이기 때문이다.

중론의 팔불(八不)

33-6-104 論偈云 不生亦不滅 不常亦不斷 不一亦不異 不來亦不去 能說是因緣 善滅諸戲論 我稽首禮佛 諸說中第一. 今以因果 會釋八不義. 言不生者 如二十時爲因 三十時爲果. 若離二十 有今三十 可言有生 若離二十 則三十不可得 是故不生.

『중론』 게송에서는 다음과 같이 말하였다.

생(生)도 아니요 멸(滅)도 아니며
상(常)도 아니요 단(斷)도 아니다
일(一)도 아니요 이(異)도 아니며
래(來)도 아니요 거(去)도 아니다.

이러한 인연들을 설할 수 있어
세간의 모든 희론 멸해 버리신
부처님께 머리 숙여 예배하오니
모든 설법 가운데 최상의 설법.

이제 인과로써 팔불(八不)의 뜻을 다음과 같이 해석하겠다.

불생(不生)이라는 것은, 스무 살 때를 인(因)이라 하고 서른 살 때를 과(果)라고 하는 것과 같다. 만약 스무 살이란 인(因)을 떠나서 지금 서른 살이란 과(果)가 있다면 생겨났다고 말할 수가 있겠지만, 스무 살이란 인(因)을 떠난다면 서른 살이란 과(果)도 얻을 수가 없기 때문에 불생(不生)이라고 한다.

○

故中論云 離劫初穀 今穀不可得 是故不生. 不滅者 則二十時不無 故不滅. 若二
十時滅 今不應有三十時. 中論云 若滅 今應無穀 而實有穀 是故 不滅也. 不常者
則三十時 無二十時 是故 不常 中論云 如穀芽時 種則變壞 是故 不常 不斷者 因
二十 有三十相續 是故 不斷 中論云 如從穀有芽 是故不斷 若斷 不應相續

그러므로 『중론』에서는 "아주 옛날 겁초(劫初)의 곡식을 떠나서는 지금의 곡식을
얻을 수가 없으니, 이런 이유로서 불생이다"라고 하였다.

불멸(不滅)이라는 것은, 서른 살이란 과(果)에는 곧 스무 살이란 인(因)이 없지 않기
때문에 불멸(不滅)이라고 한다. 만약 스무 살 때의 인(因)이 멸하였다면 지금 응당 서
른 살의 과(果)는 존재하지 않았을 것이다. 이것을 『중론』에서는 "아주 옛날 겁초의
곡식이 멸하였다면 지금 응당 곡식이 없어야 하나 실재로 곡식이 있으니, 이런 이유
로 불멸(不滅)이다"라고 하였다.

불상(不常)이라는 것은, 서른 살의 과(果)로 있을 때에는 스무 살의 인(因) 그대로가
없기 때문에 불상(不常)이라고 한다. 이것을 『중론』에서는 "마치 곡식의 싹이 틀 때
에는 씨앗이 변하여 허물어지는 것이니, 이런 이유로 불상(不常)이다"라고 하였다.

부단(不斷)이라는 것은, 스무 살인 인(因)에서 서른 살인 과(果)로 계속 이어지기 때
문에 부단(不斷)이라고 한다. 이것을 『중론』에서는 "마치 곡식에서 싹이 나와 있는
것과 같으니, 이런 이유로 부단(不斷)이라 한다. 만약 곡식이 단멸하였다면 응당 곡식
이 싹으로 나와서 서로 이어질 수 없었을 것이다"라고 하였다.

○

不一者 二十不與三十同體 各性而住故 不一. 中論云 如穀不作芽 芽不作穀 是故
不一. 不異者 不離二十 有三十. 若二十姓張 三十不異. 中論云 若異 何故 分別
穀芽穀莖穀葉. 是故 不異. 不來者 二十不至三十時 是故 不來. 不去者 二十時
當處自寂 不復更生故 不去也. 達此理者 則離一切戲論 契會中道 則眞諦矣.

불일(不一)이라는 것은, 인(因)이었던 스무 살 때의 몸이 과(果)인 서른 살의 몸과
같은 몸이 아니라, 스무 살과 서른 살의 제각기 특성을 가지고 머물기 때문에 불일
(不一)이라고 한다. 이것을 『중론』에서는 "마치 곡식이 싹일 수 없으며 싹이 곡식일
수 없으니, 이런 이유로 불일(不一)이다"라고 하였다.

불이(不異)라는 것은, 스무 살의 인(因)을 벗어나지 않고서 서른 살의 과(果)가 있는
것이다. 만약 스무 살 때의 성(姓)이 장(張)씨라면 서른 살때의 성(姓)도 장(張)씨로
달라지지 않는다. 이것을 『중론』에서는 "만약 곡식과 다르다면 무슨 이유로 싹과 줄
기와 잎을 곡식의 싹과 곡식의 줄기와 곡식의 잎이라고 분별하는가. 이런 이유로 불
이(不異)이다"라고 하였다.

불래(不來)라는 것은, 스무 살인 인(因)이 서른 살인 과(果)에 도달하는 것이 아니기
때문에 불래(不來)라고 한다. 불거(不去)라는 것은, 스무 살인 인(因)은 당처에 스스로
공적하여 다시 생겨나지 않기 때문에 불거(不去)라고 한다.

이 이치를 통달한 자는 곧 일체의 모든 희론을 떠나 중도에 계합하니 곧 진실한 진
리이다.

제4편

공양 목탁을 올려라

누군가 반야를 보게 된다면
이치를 논할 마음 다 끊어지니
동쪽에 햇님이 떠 오를 때에
아침 이슬 일시에 사라지듯이.

따지면 참다운 이치 아니니
참다운 이치는 논할 수 없네
이치를 논하려 마음 먹으면
끝끝내 참다운 이치 아니리.

여래의 마음을 안다

33-12-105 問 諸佛單住眞如 名無垢識者 無垢淨識卽是常住眞心 爲復諸佛決定有心 決定無心. 答 據體 則言亡四句 意絶百非 約用 則唯智能明 非情所及. 華嚴經云 佛子 如來心意識俱不可得 但應 以智無量故 知如來心.

문 : 모든 부처님이 오로지 진여에 머무는 것을 이름하여 무구식(無垢識)이라 함은 더러움이 없는 청정한 알음알이 자체가 상주진심(常住眞心)이라는 말인데, 그렇다면 모든 부처님은 결정코 마음이 있습니까, 아니면 마음이 없습니까.

답 : 진여의 바탕에 의거한다면 언어에서는 사구(四句)의 논리가 사라지고 뜻으로는 수많은 추론이 끊어지나, 진여의 작용에서 이야기한다면 오직 지혜로만 밝힐 수 있는 것으로 알음알이를 가지고 알 것이 아니다. 이것을 『화엄경』에서는 "불자여, 여래의 심의식(心意識)은 도무지 얻을 수 없는 것이니, 다만 지혜의 무량함에 감응하므로 여래의 마음을 안다"고 하였다.

상락아정의 네 가지 덕

34-1-106　問 夫境識俱遣 衆生界空 諸佛究竟 成得何法. 答 一切異生 因識對境 於生死中 妄生執著 起常等四倒. 二乘之人 於涅槃中 妄求解脫 起無常等四倒. 諸佛如來 因境識俱空 能離八倒 成得眞常樂我淨四波羅蜜. 寶性論 云 依二種法 如來法身有淨波羅蜜 一者 本來自性淸淨 以同相故 二者 離垢淸淨 以勝相故.

문 : 무릇 경계와 마음을 다 함께 버리면 중생의 세계가 공(空)한 것이니, 모든 부처님께서는 구경에 무슨 법을 성취할 수 있겠습니까.

답 : 일체 모든 중생은 마음이 경계를 대함으로 생사 가운데 허망하게 집착하는 마음을 내고, 상·락·아·정에 관한 네 가지 잘못된 견해를 일으킨다. 그리고 이승(二乘)의 사람은 열반 가운데 허망하게 해탈을 구하여서 상·락·아·정이 없다는 네 가지 잘못된 견해를 일으킨다. 그러나 모든 부처님과 여래께서는 경계와 마음이 모두 공(空)함으로 앞에서 말한 여덟 가지 잘못된 견해를 벗어날 수가 있어서, 참된 상·락·아·정의 네 가지 바라밀을 성취하는 것이다. 이것을 『보성론』에서는 다음과 같이 말하였다.

두 종류의 법에 의하여 여래의 법신에 청정한 바라밀이 있으니, 하나는 본래 자성이 청정하여 그와 같은 모습이기 때문이요, 또 하나는 더러움을 벗어난 청정으로 뛰어난 모습이기 때문이다.

○

有二種法 如來法身有我波羅蜜. 一者 遠離諸外道邊 以離虛妄我戲論故 二者 遠
離諸聲聞邊 以離無我戲論故. 有二種法 如來法身有樂波羅蜜.129) 一者 遠離一切
苦 二者 遠離一切煩惱習氣. 有二種法 如來法身有常波羅蜜. 一者 不滅一切諸有
爲行 以離斷見邊故 二者 不取無爲涅槃 以離常見邊故.

두 종류의 법이 있음으로 여래의 법신에는 참된 나의 바라밀이 있다. 하나는 모든
외도의 잘못된 견해를 멀리 벗어남으로서 허망하게 내가 있다는 희론을 여의었기 때
문이며, 또 하나는 모든 성문의 잘못된 견해를 멀리 벗어남으로서 내가 없다는 희론
도 떠났기 때문이다.

두 종류의 법이 있음으로 여래의 법신에는 즐거움의 바라밀이 있다. 하나는 일체의
모든 고통을 멀리 벗어났기 때문이며, 또 하나는 일체 모든 번뇌의 습기를 멀리 떠났
기 때문이다.

두 종류의 법이 있음으로 여래의 법신에는 영원한 바라밀이 있다. 하나는 일체 모
든 유위의 행을 없애지 않아서 단견의 잘못된 견해를 벗어났기 때문이며, 또 하나는
무위(無爲)의 열반을 취하지 않아서 상견의 잘못된 견해도 벗어났기 때문이다.

---

129) 如來法身有樂波羅蜜은 C본과 같으나 K본과 S본은 如來身有樂波羅蜜로 되어 있다.

○

勝鬘經 云. 世尊 見諸行無常 是斷見非正見 見涅槃常 是常見非正見. 妄想見故
作如是見. 所以 如來 唯證四德涅槃 祕密之藏.

이것을 『승만경』에서는 다음과 같이 말하였다.

세존이시여, 모든 법의 흐름이 무상하다고 보는 것은 단견으로서 바른 견해가 아니
며, 열반이 영원하다고 보는 것도 상견으로서 바른 견해가 아닙니다. 망상으로 보기
때문에 이와 같은 견해를 내는 것입니다. 그러므로 여래께서는 오직 상·락·아·정
의 네 가지 덕을 갖춘 열반의 비밀장을 증득하신 것입니다.

마음이 바르면 성인

34-3-107 起信論云 或有衆生無善根力 則爲諸魔外道鬼神之所惑亂 若於坐中 現形恐怖 或現端正男女等相 當念唯心境界則滅 終不爲惱. 是知 聖者正也 心正卽聖. 故云 心正可以辟邪 如日月正當天 草木無邪影. 故知 此心是凡聖之宅 根境之原. 只爲凡夫執作賴耶之識 成生死苦惱之因 聖者達爲如來藏心 受涅槃常樂之果.

『기신론』에서는 "혹 중생에게 선근의 힘이 없다면 온갖 마구니와 외도와 귀신에게 홀려서 어지럽게 될 것이다. 만일 좌선 중에 있다면 공포감을 조성하는 모습으로 나타나기도 하며, 혹은 단정한 남녀의 모습으로 나타나서 홀리기도 한다. 그러나 이것을 오직 마음이 나타내는 경계라고 생각한다면 이러한 경계는 곧 사라질 것이니, 마침내 중생을 번거롭게 하지 못한다"고 하였다.

이로써 성인은 마음이 올바르며, 마음이 올바르면 곧 성인이라는 사실을 알 수 있을 것이다. 그러므로 "마음이 올바르면 삿된 것을 물리칠 수 있음이, 마치 해와 달이 바로 하늘 복판에 떠 있으면 초목에 삿된 그림자 따위가 없는 것과 같다"고 하였다. 그러므로 이 마음은 성인과 범부의 집이며 육근과 육경의 근원임을 알 것이다.

다만 범부는 아뢰야식에 집착하여 생사 고뇌의 원인을 만들거니와, 성인은 여래장의 마음을 통달하여 열반의 참된 상·락·아·정에 대한 과보를 받는 것이다.

세간의 일을 쉬는 것

34-5-108　佛言 但覺自心現量 妄想不生 安隱快樂 世事永息. 安隱快樂者 則寂靜
妙常 世事永息者 則攀緣已斷. 可謂 遇圓滿寶藏 頓絶希求 到常樂涅槃 更無所
至. 是凡聖之際 如達家鄕 爲迷悟之依 已窮根本.

부처님께서 "단지 자기 마음의 현량만 깨달으면 허망한 생각이 일어나지 않고, 안
온하고 즐거워서 세간의 일을 영원히 쉴 것이다"라고 말씀하셨다.

안온한 즐거움은 고요하고 공적한 자리에서 묘하게 상주하는 것이며, 세간의 일을
영원히 쉰다는 것은 이미 세상의 반연이 끊어진 것이다. 가히 원만한 여래의 보물 창
고를 만나 문득 희구하는 마음을 끊어 항상 즐거운 열반에 도달할 뿐, 다시 더 나아
갈 바가 없음을 말한다 할 수 있겠다.

이는 범부와 성인이 같아지는 자리로 마치 가고픈 고향집에 도달한 것과 같아서 미
혹과 깨달음의 의지처가 되나니, 이미 그 근본을 궁구한 것이다.

선재와 문수와 보현

34-6-109 心垢則娑婆現相 心淨則華藏含空. 迴轉而恆起識輪 交羅而匪離心網. 故
海幢不起寂定 廣作十方佛事之門 善財不出道場 遍歷一百十城之法. 是以 文殊
卽自心能證之妙慧. 善財至彌勒 一心佛果滿後 却令見文殊 因位將極 令返照心
原. 更無有異 未始動念故. 再訪文殊 不見其身者 但了自心空般若故 是眞見文殊.
普賢是自心所證法界無盡妙行. 善財 雖遍法界 參諸善友 欲見普賢 不假別指. 便
於初會 始成之處.

마음에 번뇌가 있으면 사바세계의 모습이 나타나나, 마음이 청정하면 허공 가득 꽃
으로 장엄한 세계니라. 육도에 윤회하면서도 항상 알음알이를 일으키고, 꽃으로 장엄
한 세계가 중중무진으로 펼쳐지나 마음의 그물을 벗어나지 못하는 것이다.

그러므로 해당 비구는 고요한 선정의 삼매에서 일어나지 않은 채 널리 시방세계의
불사를 완성하였고, 선재 동자는 도량을 벗어나지 않고도 백열 군데나 되는 성의 모
든 법문을 두루 섭렵하였다. 이 때문에 문수는 곧 자기 마음에서 증득한 현묘한 지혜
였다. 선재가 미륵에게 도달하여 한마음으로 부처님의 과보가 원만해진 뒤에 도리어
문수를 보도록 한 것은 인위(因位)에서 극적으로 마음의 근원을 회광반조토록 한 것
이었다. 여기에 다시 또 다른 법이 없었으니, 애초에 한 생각도 움직이지 않았기 때문
이다. 선재가 재차 문수를 방문하였을 때에 문수의 몸을 보지 않았던 것은 단지 자기
마음을 깨달은 공(空)한 반야였기 때문이니, 이것이 참으로 문수를 본 것이다.

보현은 자기 마음이 증득한 법계의 끝이 없는 현묘한 행이다. 선재가 법계에 두루
선지식을 찾아 보현을 보려 해도 별다른 가르침을 얻는 것이 아니다. 문득 처음 발심
하는 자리가 바로 뜻이 이루어지는 곳이기 때문이다.

○

如來座前 而起念求 隨念卽見普賢在如來前 初無動移. 此正顯觀心卽見希奇之相
見聞證入 由睹前相 卽是見心故. 以普賢身相如虛空 遍一切處故 以普眼菩薩等
入百千三昧 求覓普賢 不見 只謂離念入定 厭境求眞. 不知塵塵是文殊 念念卽普
賢故. 是以 善財一人 運悲智而橫廣十方 修願行而豎窮三際. 從初至後 因滿果圓
明顯一心 以爲牓樣.

여래의 앞에서 생각을 일으켜 구하고자 하면 생각을 일으키는 대로 곧 여래 앞에
있는 보현을 보나, 여래 앞에 앉아 있었던 자리를 처음부터 조금도 움직여 이동한 것
이 없었다. 이것은 바로 마음을 보는 것이 곧 드물고 기특한 모습을 본다는 사실을
드러내거니와, 보거나 듣고 증득해 들어가며 앞의 모습을 봄이 곧 마음을 보는 것이
기 때문이다.

보현의 모습은 마치 허공과 같아서 일체 모든 곳에 두루하였기 때문에, 보안 보살
등이 백천삼매(百千三昧)에 들어감으로써 보현을 찾고자 하였으나 보현을 보지 못함
은, 다만 망념을 떠나 선정에 들어가며 경계를 싫어하고 참다운 것을 구하려 했다는
것을 말하는 것이다. 이는 티끌 하나하나가 문수이며, 생각 하나하나가 보현이라는
사실을 모르고 있었기 때문이다.

이러므로 선재 동자 한 사람이 대자대비를 운용하여 시방세계를 편력하였고, 원력
과 보살행을 닦아서 과거와 현재와 미래를 통했던 것이다. 처음부터 끝까지 인과가
원만하였으니, 하나의 마음이란 도리를 분명하게 드러낸 수행의 본보기가 된 것이다.

참으로 훌륭한 말

34-8-110　法華經云　智者　可以譬喩得解. 今但取正解圓明　非論法說喩說. 若不悟道　徒執絶言. 今所言者　皆是提宗　唱道之言　極妙窮原之說. 如云萬句浮言　不及一句妙理　千般魚目　不及徑寸明珠. 夫一句妙理者　即宗鏡之言也. 斯言　不可辯而自通　不可解而自釋. 所以云　善言不辯　辯言不善.

『법화경』에서 "지혜로운 자는 비유만으로도 알아차린다"고 하였다. 지금은 다만 뚜렷하고 밝은 바른 이해를 취하는 것으로서, 법이나 비유로 설함을 논하는 것은 아니다. 만약 도를 깨치지 못한 이라면 말이 끊어진 자리를 부질없이 집착하려니와, 지금 말하려는 것은 모두 종지를 가지고 도를 제창하는 말로서 지극히 현묘한 근원을 궁구한 설이다.

이것은 마치 "많은 논리를 현란하게 구사하는 헛된 말들이 한 구절의 묘한 이치에도 미치지 못하고, 천 개의 물고기 눈알이 직경 한 치의 밝은 구슬만 못하다"고 말함과 같다.

한 구절의 묘한 이치란 곧 종경에 관한 말이다. 이 말은 가려낼 수 없어도 스스로 통하는 것이며, 이해할 수 없어도 스스로 풀어지는 것이다. 그러므로 "참으로 훌륭한 말은 가려내는 말이 아니며, 분별하는 말은 참으로 좋은 말이 아니다"라고 한다.

자성이 청정한 마음

34-11-111 寶藏論云 知有有壞 知無無敗 眞知之知 有無不計 旣不計有無 卽自性無分別之知. 是以 此眞心自體之知 卽無緣心 不假作意 任運常知 非涉有無 永超能所. 水南和尙云 卽體之用 曰知 卽用之體 爲寂 如卽燈之時 卽是光 卽光之時 卽是燈 燈爲體 光爲用 無二而二也. 又云 知之一字 衆妙之門 如是開示靈知之心 卽是眞性與佛無異. 故名顯示眞心卽性敎 全同禪門第三直顯心性之宗.

『보장론』에서 "유(有)를 알면 유가 허물어지고 무(無)를 알면 무가 허물어지나, 참으로 아는 앎은 유와 무를 계교 사량하지 않는 것이다. 이미 유와 무를 계교하지 않는다면 그 자체가 자성의 분별이 없는 앎이다"라고 하였다.

이런 까닭에 이 참마음 스스로의 바탕인 앎은 곧 반연이 없는 마음이니, 알려고 하지 않아도 저절로 항상 아는 앎이며, 유와 무를 섭렵하는 것이 아니면서 영원히 능(能)·소(所)를 초월하는 것이다.

이것을 수남 화상은 "진여의 바탕 자체에서 작용하는 것을 앎이라 하고, 진여가 작용하는 자체 그대로의 바탕이 공적한 것이 된다. 이것은 마치 등불과 불빛의 관계에서 등불이라는 바탕 자체가 작용할 때에는 불빛이나, 불빛의 작용 그대로가 등불인 것과 같다. 등불은 체(體)가 되고 불빛은 용(用)이 되는 것이니, 둘이 아니면서 둘이다"라고 말하였다. 또 "앎이란 한 글자는 묘한 온갖 이치가 드나드는 문이다. 이와 같이 신령스럽게 아는 마음을 열어 보이는 자체가 참다운 성품으로 부처님의 성품과 더불어 다를 것이 없다"고 하였다.

그러므로 이것을 현시진심즉성교(顯示眞心卽性敎)라 이름하였으니, 선문(禪門)에서 말하는 세 번째의 직현심성종(直顯心性宗)과 완전히 같은 것이다.

○

故西域傳心[130) 多兼經論　無二途也. 但以此方　迷心執文　以名爲體　故達磨善巧
揀文傳心. 標擧其名[心是名也]　默示其體[知是心也]. 喩以壁觀　令絶諸緣　絶諸緣時
問　斷滅否.[131) 答　雖絶諸念　亦不斷滅. 問　以何證驗　云不斷滅. 答　了了自知　言
不可及.

그러므로 서역에서 전하는 마음과 많은 경론에서 주장하는 것이 서로 다른 길이 아
니다. 단지 이쪽 사람들이 마음에 대해서 미혹하고 문자에 집착하여서 명자를 가지고
바탕을 삼기 때문에, 달마는 훌륭한 방편을 써서 문장을 추려 마음을 전하였고, 그 이
름을 게시하여 [마음이 명자다] 그 바탕을 묵묵히 보여 주었다 [앎이 마음이다]. 달마
는 이것을 좌선하는 것으로써 모든 반연을 끊도록 비유하였고, 혜가가 모든 인연을
끊었을 때에 달마는 다음과 같이 질문하였다.

달마 : 모든 망념을 끊었는가.

혜가 : 비록 모든 망념을 끊었더라도 또한 단멸은 아닙니다.

달마 : 무엇을 증득하고 경험했기에 단멸이 아니라고 말하는가.

혜가 : 분명하고 분명하여서 스스로 알 뿐, 말로 미칠 수가 없습니다.

---

130) 全同禪門第三直顯心性之宗과 故西域傳心 사이에 원문내용 旣馬鳴摽心爲本原　文殊擇知爲眞體　如何破相之黨
　　但云寂滅不許眞如　說相之家　執凡異聖不許卽佛　今約敎判定　正爲斯人이 생략되었다.
131) 否자는 C본과 같으나 K본과 S본은 不자로 되어 있다.

○

師卽印云 只此是自性淸淨心 更勿疑也. 若所答不契 卽但遮諸非 更令觀察 畢竟
不與他先言知字. 直待他自悟方驗眞實 是親證其體然後 印之 令絶餘疑. 故云 默
傳心印. 所言默者 唯默知字 非總不言. 六代相傳 皆如此也. 至荷澤時 他宗競起
欲求默契 不遇機緣 又 思惟達磨懸絲之記.[達磨云 我法 第六代後 命若懸絲]

달마 : (곧 인가하여 말하기를) 다만 이것이 곧 자성이 청정한 마음이니, 다시 의심
하지 말라.

만약 혜가 스님의 대답이 도(道)에 계합되지 않았다면 곧 달마 스님은 단지 모든 잘
못을 차단하여서 다시 마음을 관찰하도록 하여, 필경 그에게 앞에서 이야기한 '앎'을
인가하여 주지 않았을 것이다. 바로 그가 스스로 깨달아서 바야흐로 진실을 경험하는
것을 기다리니, 이는 진실의 바탕을 친히 증득한 연후에야 인가하여 다른 의심을 끊
도록 하는 것이다. 그러므로 묵연히 마음의 깨달음을 전한다고 하는 것이다. '묵연히'
라고 말하는 것은 오직 '묵연히 안다'는 것으로서, 조금도 말을 하지 않는다는 것이
아니다. 육대(六代)에 걸쳐서 마음의 깨달음을 서로 전한 것이 모두 이와 같았다. 하
택의 시절에 이르러 자기 주장만을 하는 다른 종파들이 다투어 일어났고, 묵연히 도
(道)에 계합하고자 하였으나 그럴 자격이 있는 인연을 만나지 못했으며, 또 달마 스
님이 예언하신 '종지(宗旨)가 실에 매달린 것처럼 위태롭다'고 하였던 말씀을 생각하
게 되었다[달마 스님은 "나의 법이 육대(六代)에 걸쳐 전해진 후에, 그 명(命)이 가는 실
끝에 매달린 것과 같다"고 하셨던 것이다].

○

恐宗旨滅絶 遂言 知之一字 衆妙之門. 問 悟此心已 如何修之 還依初說相敎中

令坐禪否.[132] 答 若惛沈厚重 難可策發 掉擧猛利 不可抑伏. 貪嗔熾盛 觸境難制

者 卽用前敎中種種方便 隨病調伏. 若煩惱微薄 慧解明利 卽依本宗一行三昧.

그러므로 종지가 끊겨서 없어질까 걱정되어 마침내 하택은 "앎이란 한 글자는 온갖 묘(妙)한 이치가 드나드는 문이다"라는 말을 하게 된 것이다.

문 : 이 마음을 깨달았다면 어떻게 수행해야 합니까. 처음에 말씀하신 설상교(說相敎)에 의지해 좌선하도록 해야 하는 것입니까.

답 : 만약 혼침이 두텁고 무거워 공부하는 마음을 내기 어렵고, 생각이 산만하여 흐트러짐이 심하다면 억눌러 조복받을 수 없다. 그러므로 탐내고 성냄이 치성하여 경계에 부딪쳤을 때 통제하기 어려운 사람은 곧 앞의 가르침에서 말한 여러 가지 방편을 사용하여 병에 따라 적절하게 조복받을 것이다. 그러나 번뇌가 적어 지혜와 이해력이 밝고 예리하다면 곧 수행하는 방법을 본종(本宗)의 일행삼매(一行三昧)에 의지하면 될 것이다.

---

132) 否자는 C본과 같으나 K본과 S본은 不자로 되어 있다.

지(知)라는 한 글자

34-13-112 遮詮表詮異者 遮謂遣其所非 表謂顯其所是. 又 遮者 揀却諸餘 表者 直示當體. 如諸經所說眞如妙性 每云 不生不滅 不垢不淨 無因無果 無相無爲 非凡非聖 非性非相等 皆是遮詮 遣非蕩跡 絶想祛情.133) 若云 知見覺照 靈鑑光明 朗朗昭昭 堂堂寂寂等 皆是表詮. 若無知見等體 顯何法爲性 說何法不生不滅等. 必須認得 現今了然而知 卽是我之心性 方說此知不生不滅等.

진리를 드러내는 데 긍정과 부정으로 그 논리를 쓰는 방법이 다르다는 것은 부정의 논리는 잘못된 것을 쳐내고 긍정의 논리는 옳은 것을 드러낸다는 것을 말한다.

또 부정의 논리는 진실을 제외한 나머지 잘못된 모든 것을 가려낸다는 뜻이며, 긍정의 논리는 당체를 바로 가리킨다는 뜻이다.

이것은 마치 모든 경에서 설한 바 깊고 오묘한 성품을 매번 불생불멸(不生不滅)·불구부정(不垢不淨)·무인무과(無因無果)·무상무위(無相無爲)·비범비성(非凡非聖)·비성비상(非性非相) 등으로 말하는, 이 모든 것은 부정의 논리로 당체 아닌 법의 자취를 쓸어버려서 모든 잘못된 생각을 끊어버려 제거하는 것이다.

그러나 만약 지견각조(知見覺照)·영감광명(靈鑑光明)·낭랑소소(朗朗昭昭)·당당적적(堂堂寂寂) 등이라고 말한다면 이것은 모두 긍정의 논리이다. 만약 지견(知見) 등의 바탕이 없었다면 무슨 법을 드러내어서 참다운 성품으로 삼을 것이며, 무슨 법을 설명하여서 불생불멸(不生不滅) 등이라고 할 것인가.

반드시 지금 이 자리에 확실하게 아는 자체가 내 마음의 성품임을 인지하여야만 바야흐로 이 지(知)의 불생불멸 등에 대해 설명할 수 있을 것이다.

---

133) 絶想祛情은 K본과 C본은 같으나 S본은 絶想袪情으로 되어 있다.

○

如說鹽 云不淡是遮 云鹹是表. 說水 云不乾是遮 云濕是表. 空宗但遮 性宗有遮

有表. 今時人 皆謂 遮言爲深 表言爲淺 故唯重非心非佛 無爲無相 乃至一切不可

得之言. 良由 只以遮非之詞爲妙 不欲親自證認法體故 如此也. 又 若實識我心

不同虛空 性自神解 非從他悟 豈藉緣生. 若不對機隨世語言 於自性上 尙無表示

眞實之詞134) 焉有遮非方便之說.

예를 들어 소금을 설명할 때에 담박한 맛이 아니라고 말하면 부정의 논리이나, 짠
맛이라고 말하면 긍정의 논리이다. 또 물을 설명할 때에 건조한 것이 아니라고 말하
면 부정의 논리이나, 축축한 것이라고 말하면 긍정의 논리이다.

공종(空宗)은 단지 부정의 논리만 전개하나, 성종(性宗)은 긍정과 부정의 논리를 다
함께 전개한다. 요즈음 사람은 모두 부정의 논리를 깊은 도리로 삼으면서 긍정의 논
리를 낮은 수준으로 삼기 때문에 오직 비심비불(非心非佛)과 무위무상(無爲無相), 나
아가 일체를 얻을 수 없다는 말만을 중요시한다. 진실로 다만 아니라고 부정하는 말
만 오묘한 것으로 삼음으로써, 친히 스스로 법의 당체를 증득하려 하지 않기 때문에
이와 같은 것이다.

만일 나의 마음이 허공과 같지 않음을 진실로 안다면 성품이 스스로 신령스럽게 알
아 다른 것을 의지해 깨닫지 않으리니, 어찌 인연의 힘을 빌려서 생겨나겠는가. 만약
중생의 근기에 맞춰 세상의 언어를 따라 상대하는 것이 아니라면 자성(自性) 위에서
는 오히려 진실한 언사도 표할 것이 없는 것인데, 여기에 어찌 잘못됨을 부정하는 방
편설이 있겠는가.

---

134) 於自性上 尙無表示眞實之詞는 K본과 S본은 같으나 C본은 於自性上 所無表示眞實之詞이다

○

如今實未親證見性之人 但傚依通 情傳意解. 唯取言語中妙 以遮非泯絶之文而爲
極則 以未見諦故. 不居實地 一向託空[135] 隨言所轉. 近來尤盛 莫可遏之. 若不因
上代先賢多聞廣學 深入敎海 妙達禪宗 何能微細指陳 始終和會 顯出一靈之性
剔開萬法之原. 是以 具錄要文 同明宗鏡. 認名認體異者 謂佛法世法 一一皆有名
體. 且如世間稱大 不過四物 如智論云 地水火風是四物名 堅濕煖動是四物體.

이것은 마치 지금 자기의 성품을 몸소 증득하지 못한 사람이 단지 다른 것에 의지
하여 도통하려는 것을 모방하여 알음알이로만 알려는 것과 같다. 오직 언어 가운데에
서 묘(妙)한 소리만 취하여, 그릇된 것을 차단해 없애려는 글을 가지고 최고의 가치
로 삼으니, 진리를 아직 보지 못했기 때문이다. 진실한 자리에 근거하지 않으면서 한
결같이 공허한 공(空)에 의탁하여 말에 따라 끌려간다. 이것이 근래에 와서 더욱 심
해지니 이 병폐를 막을 수 없었다. 그러니 만약 선현들의 다문박학(多聞博學)으로 인
해 깊이 부처님의 가르침에 들어가고 오묘하게 선종의 가르침을 통달하지 않는다면,
어찌 미세한 가르침을 시종일관 회통하여 하나의 신령한 성품을 드러내고 만법의 근
원을 열어제칠 수 있겠는가. 그래서 요긴한 문장을 모두 갖추어 기록해 똑같이 종경
을 밝히는 것이다.

　이름을 아는 것과 바탕을 아는 것이 다르다고 하는 것은 부처님 법과 세간법 하나
하나에 모두 이름과 바탕이 있다는 것을 말한다. 만일 세간에서 대(大)라고 칭한다면
네 가지 요소에 지나지 않으니, 이것은 『지론』에서 "지·수·화·풍의 네 가지는 사
물의 이름이며, 견·습·난·동의 네 가지는 사물의 바탕이다"라고 말한 것과 같다.

---

135) 一向託空은 K본과 S본은 같으나 C본은 一向脫空으로 되어 있다.

○

今且說水. 設有人問 每聞澄之卽淸 混之卽濁 堰之卽止 決之卽流 而能漑灌萬物
洗滌群穢 此是何物[擧功能義用而問之] 答云 是水.[擧名答之][136] 愚者認名 謂已解
智者 應更問云 何者是水[徵其體也] 答云 濕卽是水.[剋體指也] 佛法亦爾 設有人問
每聞諸經云 迷之卽垢 悟之卽淨 縱之卽凡 修之卽聖 能生世出世間一切諸法 此
是何物[此擧功能義用問也] 答云是心[擧名答也] 愚者認名 便爲已識 智者 應更問 何
者是心[徵其體也] 答 知卽是心.[指其體也]

지금 물을 가지고 설명하겠다. 어떤 사람이 "맑히면 맑아지나 저으면 탁해지고, 막
으면 멈추나 터주면 흘러가면서 만물을 적셔주고 많은 더러움을 씻어 줄 수 있다고
하는 것을 들었는데, 이것이 무엇입니까"라고 묻는다면[이것은 공능의 뜻을 사용하여
물었다], "물"이라고 답변할 것이다[이름을 들어 답했다]. 어리석은 자는 이름을 안 것
으로서 알았다고 인정하나, 지혜로운 자는 "어떤 것이 물입니까"라고 다시 질문할 것
이며[체(體)를 따져 물었다], "축축한 것이 물입니다"라고 다시 답변할 것이다[체(體)
에서 가리킨 것이다].

불법도 그와 같아서 어떤 사람이 묻기를 "모든 경에서 미혹하면 더럽지만 깨달으면
청정하고, 제멋대로 놓아두면 범부이지만 이것을 수행하면 성인이면서 세간과 출세
간의 일체 모든 법을 만들어낼 수 있다고 들었는데, 이것이 무엇입니까"라고 묻는다
면 [이것은 공능의 뜻을 사용하여 물었다], "마음이다"라고 답변할 것이다[이름을 들어
답했다]. 어리석은 자는 이름을 안 것으로서 알았다고 인정하나, 지혜로운 자는 "어떤
것이 마음입니까"라고 다시 질문할 것이며[체(體)를 따져 물었다], "앎이 곧 마음이다"
라고 다시 답변할 것이다[체(體)를 가리켰다].

---

136) 擧名答之는 K본과 S본 C본에서는 擧名答也로 되어 있다

○

此一言最親最的 餘字餘說皆疎. 如云非性非相 能言能語等是體 緣慮動用等是心 卽何異他之所問也. 以此而推水之名體 名唯一字 餘皆義用 濕之一字 貫於淸濁 等 萬用萬義之中. 心之名體亦然. 知之一字 亦貫於貪瞋慈忍 善惡苦樂 萬用萬義 之處. 直須悟得 水是名不是水 濕是水不是名 卽淸濁凝流無義不通也. 以例 心是 名不是心 知是心不是名 卽眞妄善惡無義不通也.

이 "앎"이란 한 마디 말이 가장 가깝고 가장 확실한 말이니, 나머지 다른 글자와 다른 설명은 모두가 소원한 것이다. 이것은 마치 성(性)도 아니고 상(相)도 아니면서 말하고 이야기할 수 있는 것은 근본 바탕이고, 반연을 생각하여 움직이고 작용함은 마음이라고 말하는 것과 같으니, 곧 위에서 질문한 내용과 무엇이 다르겠는가. 이것으로써 물의 이름과 바탕을 추론하면 '물'이란 이름은 오직 한 글자로서 나머지 모든 것은 뜻으로 사용하는 것이니, 축축하다는 습(濕)이란 한 글자가 맑거나 혼탁하다는 등의 물에 관한 만 가지 작용과 만 가지 이치를 관통하는 것이다.

마음이란 이름과 바탕에서도 또한 그러하다. 지(知)라는 한 글자가 탐욕과 분노, 자비와 인욕, 선악과 고락 등의 마음에 관한 만 가지 작용과 만 가지 이치가 있는 곳을 관통하는 것이다. 바로 물이라고 하는 것은 이름으로서 진짜 물이 아니고, 축축한 성질이 진짜 물로서 어떤 개념으로서의 이름이 아니라는 사실을 깨달아야, 곧 맑거나 탁하고 얼고 흐르는 등의 물의 성질에 관한 어떠한 이치에도 통하지 않는 것이 없게 된다. 예를 들면 마음이라는 것은 이름으로서 진짜 마음이 아니며, 지(知)가 진짜 마음으로 어떤 개념으로서의 이름이 아니라는 사실을 깨달아야 곧 참과 거짓 및 선악 등의 마음에 관한 어떠한 이치에도 통하지 않을 수 없는 것이다.

○

空宗相宗 爲對初學及淺機 恐隨言生執故 但標名而遮其非 唯廣義用而引其意.
性宗 爲對久學及上根 令忘言認體故 一言直示. 達磨云 指一言以直示 卽是知字
一言. 若言卽心是佛 此乃四言矣. 若領解不謬 親照靈知之性 方於體上 照察義用
故無不通矣.

공종(空宗)과 상종(相宗)은 초학자와 근기가 얕은 사람을 상대하여 그들이 말에 따라서 집착함을 걱정하기 때문에, 단지 명자(名字)를 표방하여 그 잘못됨을 차단하는 것이다. 그러므로 오직 광범위한 이치를 사용하여 그 뜻을 끌어낸다.

성종(性宗)은 오래 공부하고 근기가 높은 사람을 상대하여 그들이 말꼬리를 잊고서 근본 바탕을 알도록 하기 위하여 한 마디로 그 자리를 바로 가리키는 것이다. 그러므로 달마 스님은 "한 마디로 가리켜서 바로 보인다면 곧 '지(知)'란 한 마디다"라고 하였다. 만약 즉심시불(卽心是佛)이라고 말한다면 이것은 네 마디 말이 되는 것이다. 만약 이 말을 이해하여 오류 없이 받아들인다면 몸소 신령스런 앎의 성품을 비추어서, 바야흐로 바탕 위에서 마음에 관한 이치와 작용을 관조하고 살피기 때문에 어떠한 법에도 통하지 않음이 없게 될 것이다.

집착하면 병통

34-16-113 須先約三種佛教 證三宗禪心然後 禪敎雙亡 佛心俱寂. 俱寂則念念皆佛 無一念而非佛心 雙亡卽句句皆禪 無一句而非禪敎. 如此則自然聞泯絶無寄之說 知是破我執情 聞息妄修心之言[137] 知是斷我習氣. 執情破而眞性顯 卽泯絶是顯性之宗 習氣盡而佛道成 卽修心是成佛之行. 頓漸互顯 空有相成. 若能如是圓通 則爲他人說 無非妙方 聞他人說 無非妙藥.

모름지기 먼저 세 종류의 부처님 가르침을 가지고서 선종의 세 종파에서 주장하는 선의 마음을 증득한 연후에야, 선(禪)과 교(敎)가 함께 사라지고 부처님과 마음이 모두 공적한 것이다. 모두가 공적하니 생각 하나하나가 모두 부처님으로서 한 생각도 부처님의 마음 아닌 것이 없고, 함께 사라지니 구구절절이 모두 선으로서 한 구절도 선의 가르침 아닌 것이 없다.

이와 같으니 자연 민절무기종(泯絶無寄宗)에서 주장하는 이야기를 들으면 이것은 나의 집착하는 마음을 타파하는 것인 줄을 아는 것이며, 식망수심종(息妄修心宗)에서 주장하는 이야기를 들으면 이것은 나의 나쁜 습기를 끊으라는 소리인 줄 아는 것이다. 집착하는 마음을 타파하여 참성품이 드러나면 곧 민절무기종이 참성품을 드러내는 직현심성종(直顯心性宗)이 되는 것이며, 나쁜 습기가 다하여 부처님의 도가 성취되면 곧 식망수심종이 부처님이 되는 수행인 것이다. 돈(頓)과 점(漸)이 서로 드러나면서 공(空)과 유(有)가 서로 성립하는 것이다.

만약 이와 같이 원만하게 통달할 수 있다면 곧 다른 사람을 위하여 설함이 신묘한 처방 아닌 것이 없고, 다른 사람의 견해를 들음에 병통을 치료하는 묘약 아님이 없는 것이다.

---

137) 聞息妄修心之言은 K본과 S본은 같으나 C본은 聞息忘修心之言으로 되어 있다.

○

藥之與病 只在執之與通. 故先德云 執則字字瘡疣 通則文文妙藥. 如上依敎依宗 撮略和會 挑抉宗旨之本末 開析法義之差殊 校量頓漸之異同 融卽眞妄之和合 對會遮表之迴互 褒貶權實之淺深. 可謂 卷敎海之波瀾 湛然掌內 簇義天之星象 煥若目前 則頓釋群疑 豁然妙旨. 若心外立法立境 起鬪諍之端倪 識上變我變人 爲勝負之由漸.

약이 되는지 병이 되는지는 다만 마음에 집착하느냐 아니면 통하느냐에 달려 있다. 그러므로 옛 스님은 "마음에 집착하니 글자 하나하나가 부스럼이나 사마귀가 되고, 마음에 통하니 문장 하나하나가 신묘한 약이 된다"고 하였다.

위와 같이 교(敎)와 선(禪)에 의지하여 요점을 모아 회통시키는 뜻은 종지의 근본과 지말을 가려내고, 법과 이치의 차별을 분석하여 드러내며, 돈(頓)과 점(漸)의 같고 다른 점을 비교하여 생각하고, 진(眞)과 망(妄)의 화합을 원융하게 하며, 긍정과 부정의 논리가 서로 자유롭게 구사되는 자리를 상대하고, 방편과 실상의 깊고 얕은 이치를 평가하는 것이다.

이것은 마치 바다에 이는 파도와 같이 많은 가르침을 모아서 담박하게 손바닥 위에 올려 놓은 것과 같고, 광활한 이치가 하늘의 반짝이는 총총한 별빛 같아 환하게 눈앞에 있는 것과 같다고 할 수 있으니, 모든 의심이 순간에 풀어져서 현묘한 종지가 활짝 트이는 것이다.

만약 마음 밖에서 어떤 법이나 경계를 세운다면 투쟁의 실마리를 일으켜 마음 위에서 나와 남을 만들어내게 되니, 승부를 일으키는 점차적인 원인이 된다.

○

遂乃立空破有 賓有非空 崇敎毁禪 宗禪斥敎. 權實兩道 常爲障礙之因 性相二宗 永作怨讎之見. 皆爲智燈焰短 心鏡光昏 終不能入無諍之門 履一實之道矣.

마침내 공(空)을 세워서 유(有)를 타파하거나 유(有)를 귀하게 여겨서 공(空)을 비난하며, 교(敎)를 숭상하고 선(禪)을 헐뜯거나 선(禪)을 으뜸으로 치고서 교(敎)를 배척하는 것이다. 이는 방편과 실상의 두 갈래 길에서 항상 장애가 되는 원인이 되며, 성종(性宗)과 상종(相宗)의 두 종파가 영원히 원수가 되는 견해를 갖게 되는 것이다.

이것은 모두 지혜의 타오르는 불꽃이 짧아지는 것이며, 마음의 거울이 빛을 잃어서 어두워지는 것이니, 끝내 다툼이 없는 문에 들어가 하나같이 진실한 도를 깨칠 수 없는 것이다.

무지(無知)라도 내용이 달라

36-15-114 聖心無有取相之知 故云無知 非謂則無眞知也. 何者 般若靈鑒 無種不知 不同太虛 一向無知也. 然則 斷見無知 略明有十一種 論中略言三種. 十一種者 一者太虛 一向空故 二者木石 謂無情故 三者聾瞽 謂根不具 無見聞故. 此上三種 是論所破. 四者愚癡 謂無智慧 於境不了故 五者癲狂 惡鬼惑心 失本性故 六者心亂 境多惑心 不能決斷故.

성인의 마음은 어떤 상을 취한 앎이 없기 때문에 무지(無知)라고 하나, '참으로 아는 것이 없다'는 것을 말하는 게 아니다. 왜냐하면 반야로서 신령스럽게 비추는 지혜는 어떠한 종류도 알지 못할 것이 없어, 전혀 앎이 없는 허공과는 같지 않기 때문이다. 그러하니 아는 것이 전혀 없다는 단견무지(斷見無知)를 간략하게 밝히면 열한 종류가 있으나, 논 가운데는 간략하게 세 종류만 언급하고 있다. 단견무지의 열한 가지 종류는 다음과 같다.

첫째는 허공과 같은 무지로서 한결같이 비어 있기 때문이며, 둘째는 목석 같은 무지로서 정식이 없기 때문이며, 셋째는 귀머거리나 눈 먼 소경 같은 무지로서 온전한 육근을 갖추지 못하여 보고 들을 수가 없기 때문이다. 이 세 가지는 용수 보살의 『중론』에서 거론하여 타파한 것이다.

넷째는 어리석은 무지로서 지혜가 없어 경계에서 진실을 알지 못하기 때문이며, 다섯째는 전도된 미치광이 같은 무지로서 악귀가 마음을 미혹하게 하여 본성을 잃었기 때문이며, 여섯째는 마음이 어지러운 무지로서 경계가 많은 것으로 마음이 흐트러져 결단을 내리지 못하기 때문이다.

○

七者悶絶 心神闇黑 如死人故 八者惛醉 爲藥所迷故 九者睡眠 神識困熟故 十者
無想定 外道伏惑 心想不行故 十一者滅盡定 二乘住寂 心智止滅故. 此上並是惑
倒 非般若無知也.

일곱째는 기절하여 아득한 무지로서 생각이 캄캄하여 죽은 사람과 같기 때문이며, 여덟째는 혼몽하여 술에 취한 무지로서 약 기운에 취해 어릿어릿하기 때문이며, 아홉째는 수면 같은 무지로서 정신이 곤하게 잠들어 있기 때문이며, 열째는 아무 생각이 없는 선정의 무지로서 외도들이 번뇌를 조복받기 위해서 마음에 아무 생각도 일으키지 않기 때문이며, 열한 번째는 일체를 멸한 선정의 무지로서 이승(二乘)들이 공적한 곳에만 머물러서 마음의 지혜가 멈추어 멸했기 때문이다.

위에서 말한 모든 것은 전도된 미혹의 무지로서 반야의 무지와는 다른 것이다.

등각을 돌이켜 묘각에

37-5-115 初破無明見佛性 開寶藏顯眞如 名發心住 乃至等覺 無明微薄 智慧轉著 如從初月 至十四日月 光垂圓 闇垂盡. 若人應以佛身得度者 卽八相成道 應以九法界身得度者 以普門示現. 如經廣說 是名分眞菩提 亦名分眞止觀 分眞智斷. 究竟卽菩提者 等覺一轉 入于妙覺 智光圓滿 不復可增 名菩提果 大涅槃斷 更無可斷 名果果 等覺不通 唯佛能通 過茶無道可說故 名究竟菩提.

처음 무명을 타파하여 불성(佛性)을 보고 마음이란 보물 창고를 열어 진여가 드러나면 발심주(發心住)라138) 하며, 나아가 등각(等覺)에 도달하면 무명이 엷어지며 지혜가 명료해져, 마치 초하룻날 초생달이 점점 커져 음력 14일이 되면 빛으로 가득 차서 어두움이 전부 없어지는 것과도 같다. 만약 어떤 사람이 부처님의 몸으로 감응하여 득도한다면 곧 여덟 가지 모습으로 나누어 도를 이룰 것이며, 구법계(九法界)의 몸으로139) 감응하여 득도한다면 두루 일체 모든 세계에 그 몸을 나타내어 보일 것이다. 이것은 마치 경에서 널리 설하여 분진보리(分眞菩提)라 하고 또한 분진지관(分眞止觀)이나 분진지단(分眞智斷)이라고140) 하는 것과 같다. 구경 자체가 보리라 함은 등각에서 한번 돌이켜 묘각에 들어가 지혜의 광명이 원만하여 다시 더 불어날 것이 없음을 보리과(菩提果)라 하고, 번뇌가 끊긴 대열반의 자리에서 다시 더 끊을 것이 없음을 과과(果果)라 하니, 이는 등각에서 통하지 않고 오직 부처님만 통할 수 있는 것으로서 어떤 언설로도141) 설할 만한 도가 없기 때문에 구경의 깨달음이라고 하는 것이다.

---

138) 발심주(發心住) : 확실한 믿음을 일으켜서 도(道)를 닦으려는 초발심(初發心)에 있는 것을 말한다.
139) 구법계(九法界) : 육도(六道)에 성문(聲聞)·연각(緣覺)·보살(菩薩)을 포함한 중생계를 의미한다.
140) 분진보리(分眞菩提)·분진지관(分眞止觀)·분진지단(分眞智斷) : 참된 진여의 세계를 분별이 없는 지혜로써 일체를 한덩어리 진여(眞如)로서 보는 것이 아니라, 중생계에 진여가 드러나는 현상대로 드러난 현상 자체만을 진여로 나누어서 이해하는 것을 분진(分眞)이라 표현하는 것이다.
141) 과다(過茶)의 뜻은 마지막 글자까지라는 뜻으로 모든 언설을 말한다. 다(茶)는 범어의 끝 글자

중생의 근기에

37-7-116 原夫立敎[142] 皆爲對機 機宜不同 敎分多種. 且如觀色一法 五敎證入不同. 初小乘 見是實色 不說性空. 初敎 見此色法 從緣所成 必無自性 卽空無所有. 如波歸水. 終敎 見色空無礙. 以眞空不守自性 隨緣成色 卽是幻色. 遂賴空成 卽此賴空之色 虛相無體 恆自性盡而空現. 是故 色卽空而常泯 空卽色而常存.

원래 가르침은 모두 중생의 근기를 상대하여 세웠는데 중생의 근기가 똑같지 않기에 가르침도 여러 종류로 나누어졌다. 이것은 색(色)이라는 하나의 법을 보는 입장에서도 화엄종에서 나눈 다섯 가지 가르침이 증득해 들어가는 내용이 다른 것과 같다.

처음 소승교(小乘敎)에서는 색을 실제로 존재한다고 보아 그 성품이 공함을 설하지 않는다.

둘째 대승초교(大乘初敎)에서는 이 색법(色法)은 인연으로 만들어지는 것으로 반드시 스스로의 결정된 성품이 없다고 보니, 곧 공하여 존재할 것이 없기 때문이다. 이것은 마치 파도의 모습이 사라져 물로 돌아가는 것과 같다.

셋째 대승종교(大乘終敎)에서는 색과 공이 서로 걸림이 없다고 본다. 참다운 공은 자성을 지키지 않고 인연을 따라 색을 만들기 때문이니 곧 이 색은 실재하지 않는 허깨비와 같은 환색(幻色)이다. 마침내 공을 의지하여 만들어지긴 하나 곧 공을 의지하여 만들어진 색은 허상으로 어떤 실체가 없으니, 항상 색(色)이라는 것은 자기의 성품을 만든 인연이 다하면 공(空)으로 나타난다. 그러므로 색은 공으로 항상 사라지며, 공은 색으로 항상 존재하는 것이다.

---

142) 처음 原夫는 명추회요에서 첨가된 글자이다.

○

要由自盡之色 方是空色 成色之空 乃是眞空 擧體互融 無有障礙 如水入波. 頓敎
一色法無非眞理所收 是故 此色卽眞理一味等 更無別法而可顯說[143] 如水波雙
絶. 圓敎 起卽全收 一多互攝 同時成立 一塊圓明. 隨擧卽色 隨擧卽空 義味自在
隨智取用. 何以故 隨擧一門 無不顯現. 古德云 皆本一心而貫諸法. 夫一心者 萬
法之總也. 分而爲戒定慧 開而爲六度 散而爲萬行.

요컨대 저절로 인연이 다함으로 말미암은 색이 바야흐로 공한 색이요, 색을 이루는
공이 참다운 공이 되니, 바탕 전체가 드러나서 서로 원융하여 장애가 없음이 마치 물
이 파도의 모습으로 들어가는 것과 같다.

넷째 대승돈교(大乘頓敎)에서는 하나의 색법(色法)이 진리에 거두어지지 않음이 없
다. 그러므로 이 색 자체가 진리와 한 맛으로 평등하여 다시 다른 법으로 드러내 설
할 것이 없다. 이것은 마치 물 자체의 축축한 성품을 알기 때문에 물과 파도로 구분
하는 상대적인 견해가 모두 끊어짐과 같다.

다섯째 원교(圓敎)에서는 한 생각이 일어나면 곧 전체가 진리에 거두어져, 일(一)과
다(多)가 서로 섭수하고 동시에 성립하니, 한덩어리로 뚜렷하게 밝은 것이다. 일어나
는 현상계 전체가 색이요 공으로서, 의미가 자재하여 지혜를 따라 얼마든지 쓰는 용
도가 취해진다. 왜냐하면 하나를 들어도 일체가 모두 드러나지 않을 수 없기 때문이
다. 그러므로 옛 스님은 "모든 것이 본래 하나의 마음으로 일체 모든 법을 관통한다"
고 말하였다. 대저 일심(一心)이란 만법을 총괄한다. 이것이 나뉘어 계정혜가 되고 열
리면 육바라밀이 되며 흩어져 일체만행이 된다.

---

143) 更無別法而可顯說은 K본과 S본은 같으나 C본에서는 顯이 빠져 있다.

○

萬行未嘗非一心 一心未嘗違萬行. 然則一心者 萬法之所生 而不屬於萬法. 得之
者則於法自在矣 見之者則於敎無礙矣. 本非法 不可以法說 本非敎 不可以敎傳.
豈可以軌跡而尋哉. 故知 但硏精一法 內照分明. 自然柔軟入神 順法界之性 無心
合道 履一際之門. 華嚴私記云[144] 無縛無著迴向者 只了一切皆如故 所以 無縛著
耳. 知一切皆無縛脫 一法旣爾 一切法皆然. 所以 一切法卽一法 一法卽一切法.

일체만행이 일찍이 하나의 마음 아님이 없었고, 하나의 마음이 일찍이 만행을 어긴
적이 없었다. 그러니 일심(一心)이란, 만법이 생겨나는 곳이면서 만법에 속하지를 않
는다.

이러한 이치를 얻은 자는 법에 자재하며, 이러한 이치를 보는 자는 가르침에 걸림
이 없다. 본래 법이 아니니 법으로 설할 수 없고, 본래 가르침이 아니니 가르침으로
전할 수도 없다. 그런데 어찌 짜여진 틀과 자취로써 이 법을 찾을 수가 있겠는가.

그러므로 알라. 하나의 법만을 정미롭게 연마하면 안으로 비침이 분명하여 자연히
신령한 곳에 부드럽게 들어가 법계의 성품에 수순할 것이며, 무심으로 도에 계합하여
일체가 모아진 하나의 진리를 깨달을 수 있을 것이다.

이것을 『화엄사기』에서는 "속박할 것도 없고 집착할 것도 없는 회향이란, 다만 일
체가 모두 여여하다는 것을 알기 때문에 속박하거나 집착할 것이 없다"고 하였다. 일
체 모든 법이 속박하거나 해탈할 것이 없다는 것을 알면 하나의 법이 이미 그러하듯
일체 모든 법도 또한 다 그러하다. 그러므로 일체 모든 법이 곧 하나의 법이며, 하나
의 법이 곧 일체 모든 법이다.

---

144) 履一際之門과 華嚴私記云 중간에 원문 所以 大智度論云 以人心多散 如狂如賊如醉 一心敬愼 是諸功德初門
攝心得禪便得實智慧 得實智慧便得解脫 得解脫便得盡苦 如是等事 皆從一心得을 명추회요에서는 생략하였다.

○

若一切法皆無性 卽是分身佛集 寶塔出現 須彌入芥耳. 如是洞達 一解千從 則知
佛向無所有中出生 法於畢竟空中建立. 以無生無性 故迴轉由心. 遂得集散同時
大小卽入. 所以 森羅義趣 報化影像 乃至無量德業[145] 廣大神通 於宗鏡中 一時
顯現. 且如龍蜃等類 全是業果生死之身 尙現不思議之力用 何況悟根本心 具如
實智 而不能現廣大之神用乎.

만약 일체 모든 법에 결정된 성품이 없다면 곧 몸을 여럿으로 나투신 부처님이 모
여 보탑에 출현하실 것이며, 커다란 수미산이 한 알의 겨자씨에 들어갈 것이다.

이와 같이 통달하여 하나를 알아 천 가지를 이해하니 곧 부처님이 아무 것도 없는
가운데 출생하고, 법이 필경에 공(空)한 가운데 건립됨을 아는 것이다.

생겨날 것도 없고 결정된 성품도 없기에 돌고 도는 육도의 윤회가 모두 마음으로
말미암은 것이다.

마침내 모이고 흩어짐이 동시이며, 크고 작음이 서로가 서로에게 들어갈 수 있는
것이다. 그래서 삼라만상의 갖가지 모양과 보신과 화신의 그림자와 무량한 공덕과 광
대한 신통이 모두 종경 가운데에서 일시에 현현하는 것이다.

또 용과 이무기 등의 무리가 전부 업의 결과로 나타난 생사의 몸이로되 오히려 부
사의한 힘을 내는데, 어찌 하물며 근본 마음을 깨달아 여실한 지혜를 갖추고도 광범
위한 신통의 작용을 나타낼 수 없겠는가.

---

145) 報化影像 乃至無量德業에서 K본과 S본은 같으나 C본은 無量得業으로 되어 있다.

모든 세상이 환

37-8-117 華嚴經 云. 佛子 如羅睺阿脩羅王 本身長七百由旬 化形長十六萬八千由旬 於大海中 出其半身 與須彌山 而正齊等. 佛子 彼阿脩羅王 雖化其身 長十六萬八千由旬 然亦不壞本身之相 諸蘊界處 悉皆如本. 心不錯亂 不於變化身 而作他想 於其本身 生非己想. 本受生身 恆受諸樂 化身常現種種自在神通威力. 佛子 阿脩羅王 有貪恚癡 具足憍慢 尙能如是變現其身 何況菩薩摩訶薩 能深了達心法如幻.

『화엄경』에서는 다음과 같이 말하였다.

불자여, 라후아수라 왕과146) 같은 이는 본래의 신장은 700유순이며147) 신통으로 변화한 모습의 길이는 16만 8,000유순으로서, 큰 바다 가운데서 그 몸의 절반을 내놓은 것이 수미산과 더불어 그 크기가 같았다. 불자여, 아수라 왕이 비록 자기의 몸을 변화하여 길이가 16만 8,000유순이더라도 또한 본래의 몸을 허문 모습이 아니었으니, 오온(五蘊)과 십이처(十二處)와 십팔계(十八界)가 모두 다 본래의 몸과 같았다. 마음이 어지럽지 않아 변화한 몸에서도 다른 몸이라는 생각을 내지 않았고, 본래의 몸에서도 자기가 아니라는 생각도 내지 않았다. 본래 태어날 때의 받은 몸으로 항상 모든 즐거움을 받았으며, 변화한 몸에서도 항상 여러 가지 자재한 신통 위력을 나타내었다. 불자여, 아수라 왕은 탐욕과 성냄과 어리석음이 있어 교만한데도 오히려 이와 같이 그 몸을 변화시킬 수 있거늘, 어찌 하물며 보살마하살께서 심법(心法)이 환(幻)과 같은 줄을 깊게 알아 통달한 자리에서야 더 말할 필요가 있겠는가.

---

146) 라후아수라(羅睺阿修羅) : 네 종류의 아수라왕 가운데 하나이다. 라후라의 뜻은 해와 달의 빛을 장해한다는 뜻이다. 정법염처경(正法念處經) 18권부터 21권에 자세히 설명되어 있다.
149) 유순(由旬) : 길이의 단위로 여러 가지 이설이 있으나 대당서역기에는 1유순을 40리로 본다.

○

一切世間 皆悉如夢 一切諸佛 出興於世 皆如影像 一切世界 猶如變化 言語音聲
悉皆如響 見如實法 以如實法而爲其身. 知一切法本性淸淨 了知身心無有實體.
其身普住無量境界 以佛智慧廣大光明 淨修一切菩提之行. 乃至 如有幻師 隨於
一處 作諸幻術 不以幻地故壞於本地 不以幻日故壞於本日. 菩薩摩訶薩 亦復如
是 於無國土現有國土 於有國土現無國土 於有衆生現無衆生 於無衆生現有衆生
無色現色 色現無色 初不亂後 後不亂初. 菩薩了知一切世法 悉亦如是 同於幻化.

일체 세간이 모두 다 꿈과 같고, 일체 모든 부처님이 세상에 출현하심도 모두 그림
자와 같으며, 일체 모든 세계도 변신하는 허깨비와 같고, 모든 언어와 음성이 모두 다
메아리와 같으니, 여실한 법을 보고 여실한 법으로써 그의 몸을 삼기 때문이다. 일체
모든 법의 본래 성품이 청정한 것임을 알아서, 몸과 마음에 어떠한 실체도 없다는 것
을 요지하는 것이다. 그 몸이 두루 무량한 경계에 머물면서 부처님 지혜의 커다란 광
명으로 청정하게 일체 모든 깨달음의 행을 닦는 것이다.

이것은 마치 환사(幻師)가 한 장소에서 모든 환술(幻術)을 부림과 같아서, 요술로
나타난 어떤 장소가 요술을 부리는 본래의 장소를 허물지 않으며, 요술로 만들어진
햇님이 본래의 햇님을 허물지 않는 것이다.

보살마하살도 또한 이와 같아서 국토가 없는 곳에서 국토가 있음을 나타내고, 국토
가 있는 곳에서 국토가 없음을 나타낸다. 중생이 있는 곳에서 중생이 없음을 나타내
고, 중생이 없는 곳에서 중생이 있음을 나타낸다. 색(色)이 없는 데에서 색을 나타내
고, 색이 있는 데에서 색이 없음을 나타낸다. 이것은 처음부터 뒤를 교란하지도 않았
고, 뒤에서도 처음을 어지럽히지 않는다. 보살이 일체 모든 세간의 법을 밝게 깨달아
보니, 또한 이와 같아서 허깨비가 변화한 모습과 꼭 같은 것이었다.

○

知法幻故知智幻　知智幻故知業幻　知智幻業幻已　起於幻智. 觀一切業　如世幻者 不於處外而現其幻　亦不於幻外而有其處. 菩薩摩訶薩　亦復如是　不於虛空外入世 間　亦不於世間外入虛空. 何以故　虛空世間無差別故　住於世間　亦住虛空. 菩薩摩 訶薩　於虛空中　能見能修　一切世間　種種差別　妙莊嚴業　於一念頃　悉能了知　無 數世界　若成若壞　亦知諸劫相續次第　能於一念　現無數劫　亦不令其一念廣大. 菩 薩摩訶薩　得不思議解脫幻智　到於彼岸　住於幻際　入世幻數. 思惟諸法　悉皆如幻.

법(法)이 환(幻)인 줄을 알고 있기에 지혜가 환인 줄을 알며, 지혜가 환인 줄을 알고 있기에 업(業)도 환(幻)인 줄을 알며, 이미 지혜와 업이 환(幻)인 줄 알므로 허깨비와 같은 지혜를 일으킨다. 일체 모든 업을 세간의 환같이 봄은, 이것을 보는 자 이외의 다른 곳에 그 환이 나타나는 것이 아니며, 또한 환 이외의 다른 곳에서 이것을 보는 자가 있음도 아니다.

보살마하살도 또한 이와 같아 허공 바깥에서 세간에 들어감도 아니며, 또한 세간 바깥에서 허공에 들어가는 것도 아니다. 왜냐하면 허공과 세간에 차별이 없기 때문에 세간에 머물면서 또한 동시에 허공에도 머무는 것이다. 보살마하살은 허공 가운데에 서 일체 모든 세간의 갖가지 차별과 미묘하게 장엄하는 업을 볼 수 있고 닦을 수도 있으니, 한 생각에 무수한 세계가 만들어지든 허물어지든 간에 모두 다 알 수 있다. 또한 모든 겁(劫)이 이어지는 차례를 알아 한 생각에 무수한 겁을 나타낼 수 있으나, 그렇다고 또한 그 한 생각을 광대하게 늘려 그리 되는 것은 아니다.

보살마하살은 부사의한 해탈의 환(幻) 같은 지혜를 얻어 피안에 도달하니, 허깨비 같은 진리에 머물면서 세간의 허깨비 같은 다양한 모습에 들어간다. 모든 법이 다 환 같은 줄 알고 사유한다.

○

不違幻世 盡於幻智 了知三世 與幻無別 決定通達 心無邊際 如諸如來 住如幻智
其心平等. 菩薩摩訶薩 亦復如是 知諸世間皆悉如幻 於一切處 皆無所著 無有我
所. 如彼幻師 作諸幻事 雖不與彼幻事同住 而於幻事 亦無迷惑. 菩薩摩訶薩 亦
復如是 知一切法 到於彼岸 心不計我能入於法 亦不於法而有錯亂.

허깨비 같은 세간을 어기지 않은 채 환 같은 지혜를 다하여서 삼세(三世)가 환과 더
불어 다르지 않음을 알고, 결정코 마음에 어떤 한계가 없음을 통달하니, 이것은 마치
모든 여래가 환 같은 지혜에 머물면서 그 마음이 평등한 것과 같다. 보살마하살도 또
한 이와 같아 모든 세간이 모두 다 환 같음을 아니, 일체 모든 곳에 집착함이 없어
내것이라 할 게 없다. 이것은 마치 환사(幻師)가 온갖 요술을 부리는 것과 같아 비록
환사가 요술 속에 같이 머물러 있지 않더라도 요술에 또한 미혹할 것이 없음과 같다.
보살마하살도 또한 이와 같아 일체법을 알아 피안에 도달하나, 마음으로 내가 법에
들어갈 수 있다는 생각도 하지 않으며, 또한 법에 착오와 혼란이 있는 것도 아니다.

무분별지로 이법계를

37-11-118 略明 無分別智 證理法界 以爲五門. 一能所歷然. 謂以無分別智 證無差別理 如日合空. 雖不可分 而日非空 空非日光. 二能所無二. 以知一切法 卽心自性 以卽體之智 還照心體. 擧一全收 擧理收智 智非理外 擧智收理 智體卽寂. 如一明珠 珠自有光 光還照珠. 三能所俱泯. 由智卽理 故智非智 以全同理 無自體故. 由理卽智 故理非理 以全同智 無自立故.

간략하게 분별이 없는 지혜로 이법계를 증득하는 데 방편이 되는 다섯 가지를 밝히겠다.

첫째는 능(能)과 소(所)가 뚜렷한 것이다. 분별이 없는 지혜로 차별이 없는 이치를 증득하는 것을 말하니, 마치 햇살이 허공에 화합해 있는 것과 같다. 비록 허공과 햇살을 나눌 수 없더라도 햇살은 허공이 아니고, 허공도 햇살이 아니다.

둘째는 능(能)과 소(所)로 나누어짐이 없는 것이다. 일체 모든 법이 곧 마음의 자성인 줄 앎으로써, 바탕 그대로의 지혜로 도리어 마음의 바탕을 비추는 것이다. 하나를 들면 전체가 따라 거두어지는 것으로 이치를 들면 지혜가 따라 거두어지니 지혜가 이치 밖에 있지 않으며, 지혜를 들면 이치가 따라 거두어지니 지혜의 바탕이 곧 공적하다. 이것은 마치 하나의 밝은 구슬이 구슬 자체에 빛이 있으며, 그 빛이 도리어 구슬을 비추는 것과 같다.

셋째는 능(能)과 소(所)가 모두 사라지는 것이다. 지혜가 곧 이치이기 때문에 지혜가 지혜 아니니, 지혜가 완전히 이치와 같아 지혜가 스스로의 바탕이 없기 때문이다. 이치가 곧 지혜이기 때문에 이치가 이치 아니니, 이치가 완전히 지혜와 같아 이치가 스스로 존립할 수 없기 때문이다.

○

如波卽水 動相便虛 如水卽波 靜相亦隱. 動靜兩亡 性相齊離. 四存泯無礙. 離相
離性 則能所雙泯 不壞性相 能所歷然. 如波與水 雖動靜兩亡 不壞波濕. 五舉一
全收. 上列四門 欲彰義異 理旣融攝 曾無二原. 如海一滴 具百川味.

이것은 마치 파도가 고요한 물이 되면 움직이는 파도의 모습이 없어지는 것과 같
고, 고요한 물이 파도가 되면 물의 고요한 모습이 또한 사라지는 것과 같다. 움직임과
고요함의 두 가지 모습이 사라지면 성(性)과 상(相)을 함께 벗어나는 것이다.

넷째는 존재하고 사라지는 것에 서로 걸림이 없는 것이다. 상(相)을 떠나고 성(性)
을 떠나니 능(能)과 소(所)가 모두 사라지며, 성(性)과 상(相)을 허물지 않으니 능(能)
과 소(所)가 역연하다. 이것은 마치 파도와 물의 관계와 같아 비록 움직임과 고요함
의 두 가지 모습이 사라지더라도 파도의 축축한 기운은 파괴되지 않는다.

다섯째는 하나를 들어 전체를 거두는 것이다. 위에서 나열한 네 가지는 이치가 다
름을 드러내고자 하였으나, 벌어진 이치가 이미 거두어져 융화가 되니 일찍이 두 가
지 근원이 없었다. 이것은 마치 바다의 물방울 하나에 모든 강물 맛을 함께 갖추고
있는 것과 같다.

무생(無生)과 무불생(無不生)

37-14-119 華嚴疏云 生之無生 眞性湛然 無生之生 業果宛然. 是知 若卽念存有念 卽是常見 離生求無生 卽是斷見 皆不達實相 無生無滅之理. 若正了無生 則無生 無不生 豈定執有生無生之二見乎. 所以云 誰無念誰無生 若實無生無不生 喚取 機關木人問 求佛施功早晚成.

『화엄소』에서 "생겨나는 곳에 생겨남이 없으니 참다운 성품이 담연하고, 생겨남이 없는 곳에 생겨나니 업의 과보가 완연하다"라고 하였다. 이것으로 만약 생각 그 자체가 생각 상태로 존재하고 있다면 상견이며, 생겨남을 떠나 생겨날 것이 없음을 구한다면 단견이란 사실을 알 것이니, 이것은 모두 실상(實相)의 생멸이 없는 이치를 통달하지 못했기 때문이다.

만약 바로 생겨남이 없다는 이치를 요달하면 곧 생겨날 것도 생겨나지 않을 것도 없으니, 어찌 생겨나거나 생겨나지 않는다는 상대적 두 가지 견해를 확정하여 집착하겠는가. 그러므로 영가 스님은 『증도가』에서 다음과 같이 말하였다.

무엇이 무념이고 무생이던가
무생에서 모든 것이 생겨나도다
움직이는 나무 인형 물어 보게나
부처되려 공 베풀면 성취되는가.

○

若以息念歸無念 如同寒木死灰 與木人何別. 豈有成佛之期耶. 斯乃尙未知卽念而 無念 寧知一念頓圓乎.

만약 생각을 그냥 쉼으로써 아무 생각이 없는 곳에 돌아간다면 이것은 마치 마른 나무 토막이나 죽은 재와 같으니 생명이 없는 나무 인형과 무엇이 다르겠으며, 여기에 어찌 부처가 될 수 있는 기약이 있겠는가. 이것은 오히려 생각 그대로가 무념(無念)이라는 사실을 알지 못하는 것이니, 어찌 일념(一念)에 단박 원만해지는 도리를 알 수 있겠는가.

물개와 거북이

38-2-120　法句經　心意品　云. 昔佛在世時　有一道人　在河邊樹下. 學道十二年中 貪想不除　走心散意. 但念云　欲目色耳聲鼻香口味身受心法　身靜意遊　曾無寧息 十二年中　不能得道. 佛知可度　化作沙門　往至其所　樹下共宿. 須臾月明　有龜從 河中出　來至樹下. 復有水狗　飢行求食　與龜相逢　便欲噉龜. 龜縮其頭尾　及其四 脚　藏於甲中　不能得噉. 水狗小遠　復出頭足　行步如故　不能奈何. 遂便得脫.

『법구경』「심의품」에서 다음과 같은 이야기가 나온다.

옛날 부처님이 세상에 계실 때에 한 수행자가 강변의 나무 밑에서 도를 닦았다. 도를 닦은 지 12년이나 되었지만 탐욕스런 생각이 제거되지 않아 마음이 헐떡거리고 뜻만 산란하였다. 그러자 그는 단지 생각으로 "내가 안·이·비·설·신·의 육근을 가지고 색·성·향·미·촉·법의 육진 경계를 탐하였기 때문에 행동은 조용했으나 마음이 번거로워서 일찍이 편안하게 마음을 쉰 적이 없었으니, 이렇게 12년을 공부하여도 도(道)를 얻을 수가 없구나"라고 하였다.

그러자 부처님께서는 이 수행자를 제도할 수 있음을 아시고, 사문의 몸으로 변신하여 그가 있는 강변 나무 밑으로 가서 같이 밤을 지내게 되었다. 날이 어두워진지 얼마 안 되어서 달이 밝아지자, 거북이 한 마리가 강에서 나와 나무 밑에까지 오게 되었다. 다시 또 한 마리의 물개가 배가 고파 먹을 것을 구하러 나왔다가 거북이와 마주치게 되자, 거북이를 잡아 먹으려고 하였다. 그러자 거북이는 머리와 꼬리와 네 다리를 움츠려서 단단한 껍질 속으로 감춰버리니, 물개는 거북이의 껍질이 단단하여 씹어 먹을 수 없었다. 물개가 포기하고 조금 멀리만 가면 거북이는 다시 머리와 다리를 내밀어서 전과 같이 기어갔기 때문에 물개는 어떻게 할 수 없었다. 마침내 거북이는 물개의 위기에서 벗어날 수 있었다.

○

於是道人 問化沙門 此龜有護命之鎧 水狗不能得其便. 化沙門答言 吾念世人 不
如此龜. 不知無常 放恣六情 外魔得便 形壞神去. 生死無端 輪轉五道 苦惱百千
皆意所造. 宜自勉勵 求滅度安. 於是化沙門 即說偈言 藏六如龜 防意如城 慧與
魔戰 勝則無患. 是以 意地若息 則六趣俱閑. 一切境魔 不能爲便 如龜藏六 善護
其命.

여기에서 수행자가 사문으로 변신한 부처님께 "이 거북이가 생명을 보호하는 껍질
이 있었기에, 물개가 잡아 먹을 틈이 없었지요"라고 물었다.

그러자 부처님께서 "나는 세상 사람이 거북이만 못하다고 생각합니다. 무상을 알지
못하고 욕정을 따르니 외도와 마구니가 그 틈을 타서 몸과 마음을 망가뜨립니다. 생
사가 끝이 없이 중생계에 윤회하며 고뇌가 말할 수 없이 많은 것은 모두가 마음이 만
든 것입니다. 그러므로 마땅히 부지런히 노력하여 번뇌를 멸하고 편안한 삶을 구해야
만 할 것입니다"라고 대답하셨다. 또 여기에서 부처님은 게송으로 다음과 같이 말씀
하셨다.

> 육정의 갈무리는 거북이같이
> 군건한 성같이 뜻을 지켜라
> 지혜로 마구니를 다룬다며는
> 승리로 근심 걱정 없을 것이다.

그러므로 마음이 쉬어진다면 모든 육근의 활동은 한가롭다. 일체 모든 경계의 마구
니가 그 짬을 타서 침범할 수 없으니, 이것은 마치 머리와 사지를 갈무리한 거북이가
자기 생명을 잘 보호하는 것과 같다.

열 가지 법을 동시에

38-8-121 十玄門者 一同時具足相應門. 智儼師 釋云. 此約相應無前後說. 此十玄 門 一一皆具十法 同時具足 一敎義 二理事 三境智 四行位 五因果 六依正 七體 用 八人法 九逆順 十感應. 隨有一處 即具此十法 悉皆同時具足.

십현문(十玄門)에서 첫 번째는 동시구족상응문(同時具足相應門)이다. 지엄 법사는 이것을 다음같이 풀이하여 말하였다.

이것은 일체가 상응하여 전후가 없다는 관점에서 설하니, 이 십현문 하나하나에 열 가지 법을 함께 갖추어 동시에 구족하고 있다. 그 열 가지 법은 첫째가 교의(敎義)이고, 둘째는 이사(理事)이며, 셋째가 경지(境智)이고, 넷째는 행위(行位)이며, 다섯째가 인과(因果)이고, 여섯째는 의정(依正)이며, 일곱째가 체용(體用)이고, 여덟째는 인법(人法)이며, 아홉째가 역순(逆順)이고, 열째는 감응(感應)이다.

십현문 가운데에 어느 하나만을 따라가도 곧 열 가지 법을 함께 갖추어 모두 다 동시에 구족할 수 있는 것이다.

삼매에 머문다

38-11-122 十定品 云. 譬如有人 爲鬼所持 其身戰動 不能自安 鬼不現身 令他身然.. 菩薩摩訶薩 住此三昧 亦復如是 自身入定他身起 他身入定自身起. 佛子 譬如死屍 以咒力故 而能起行 隨所作事 皆得成就. 屍之與咒 雖各差別 而能和合成就彼事. 菩薩摩訶薩 住此三昧 亦復如是 同境入定異境起 異境入定同境起.

『화엄경』「십정품」에서는 다음과 같이 말하였다.

 비유하면 마치 어떤 사람에게 귀신이 들려서 그 몸이 심하게 떨려 스스로 안정할 수 없는 것과 같으니, 귀신이 몸을 나타내지 않고 다른 사람의 몸을 그렇게 하는 것이다. 보살마하살이 이 삼매에 머무는 것도 또한 이와 같아서, 자신의 몸으로 선정에 들어가 다른 사람의 몸에서 일어나며, 다른 사람의 몸으로 선정에 들어가 자신의 몸에서 일어나는 것이다.
 불자여, 비유하면 마치 죽은 시체가 주력의 힘 때문에 일어나 다니면서, 주문이 요구하는 일을 따라 모두 성취할 수 있는 것과 같다. 시체와 주문이 제각각 차별이 있더라도 화합하여 그 일을 성취할 수가 있다. 보살마하살이 이 삼매에 머묾도 또한 이와 같아, 같은 경계에서 선정에 들어가 다른 경계에서 일어나며, 다른 경계에서 선정에 들어가 같은 경계에서 일어날 수 있다.

○

佛子 譬如比丘得心自在 或以一身作多身 或以多身作一身 非一身歿多身生 非多身歿一身生. 菩薩摩訶薩 住此三昧 亦復如是 一身入定多身起 多身入定一身起. 佛子 譬如大地 其味一種 所生苗稼 種種味別 地雖無差別 然味有殊異. 菩薩摩訶薩 住此三昧 亦復如是 無所分別 然有一種入定多種起 多種入定一種起.

불자여, 비유하면 마치 비구가 마음이 자재한 경지를 얻으면 혹 하나의 몸으로 여러 몸을 만들고 혹 여러 몸으로 하나의 몸을 만드는 것과 같으니, 이것은 하나의 몸이 사라져서 많은 몸이 생겨나는 것도 아니며, 많은 몸이 사라져서 하나의 몸이 생겨나는 것도 아니다. 보살마하살이 이 삼매에 머무는 것도 또한 이와 같아서, 하나의 몸이 선정에 들어가 여러 몸에서 일어나며, 여러 몸이 선정에 들어가 하나의 몸에서 일어나는 것이다.

불자여, 비유하면 마치 대지는 그 맛이 한 종류라도 그 땅에서 생겨나는 여러 가지 곡식의 맛이 다른 것과 같다. 땅에는 비록 차별이 없더라도 맛에는 차별이 있는 것이다. 보살마하살이 이 삼매에 머무는 것도 또한 이와 같아 분별이 없으므로, 한 종류로 선정에 들어가 여러 종류의 선정에서 일어나며, 여러 종류의 선정으로 들어가 한 종류의 선정에서 일어나는 것이다.

지혜의 차별에 수순

38-14-123 問 若此宗明卽入 不論神力 乃言自體常如此者 斯則 渾無疆界 無終無始 何緣得辯 因果敎義等十法耶. 答 只以隨智差別故. 擧一爲主 餘皆爲伴. 猶如帝網 擧一孔爲首 衆孔現中 一孔旣爾 一切孔現亦如是. 又 如諸方菩薩 皆來證誠 同其名號 一切十方證誠 皆亦如是. 所以 成其無盡復無盡 而不失因果先後次第 而體無增減. 故經云 一切衆生成佛 佛界不增 衆生界不減.

문 : 만약 화엄종에서 즉입(卽入)을 밝힐 때에 신통력을 논하지 않고서 자체가 항상 이와 같은 것이라고 말한다면 이것은 경계 없는 한덩어리로 처음과 끝이 없는 것인데, 여기에 무슨 인연으로 인과(因果)와 교의(敎義) 등 열 가지 법을 가릴 수 있겠습니까.

답 : 다만 지혜의 차별에 수순하기 때문이다. 하나를 들어 주(主)로 삼으면 나머지 모두 동반자가 된다. 이것은 마치 제석천의 그물이 하나의 그물코에 있는 마니주를 끌어올리면 나머지 모든 그물코의 모습이 거기에 나타나는 것과 같아, 하나의 그물코에서 이미 그러하면 일체의 모든 그물코에서 나타남이 또한 이와 같다.

또 이것은 사방에 있던 보살들이 모두 와서 진실을 증득하면 그 명호가 같아지듯, 일체 시방의 보살들도 진실을 증득하면 모두 또한 이와 같다. 그러므로 중중무진(重重無盡)을 이루어 인과(因果)의 선후(先後)와 차제(次第)를 잃지 않으면서 자체에 증감도 없는 것이다.

그러므로 경에서 "일체 모든 중생이 부처님이 되어도 부처님 세계가 불어나지 않으며, 또한 중생의 세계도 줄어들지 않는다"고 한다.

일념에 중생의 마음을

38-16-124 理事融通 非一非異 非有非無 不墮邊邪 方能悟入. 如理無分限 總曰無邊 事有分限 故名有邊. 若依理成事 理性全隱 則無邊卽邊 若會事歸理 事相全盡 則邊卽無邊. 今則不爾 不失理而事現云 無邊之邊 不壞事而理顯云 邊之無邊. 若定言一異 非一非異 非非一非非異等 盡同戲論 不契眞如. 故三無性論 云 復次無戲論故[148] 名爲眞實 無戲論者 於相等 離一異虛妄故.

이(理)와 사(事)가 융통하여 같은 것도 아니요 다른 것도 아니며, 있는 것도 아니요 없는 것도 아니니, 한 쪽에 치우치는 삿된 소견에 떨어지지 않아야 바야흐로 깨달아 들어갈 수 있는 것이다. 이는 마치 이치는 나눌 수 없기 때문에 총괄적으로 무변이라 하며, 현상은 나눌 수 있기 때문에 유변이라 하는 것과 같다.

만일 이치에 의지하여 현상이 만들어지면 이치로서의 성품은 완전히 숨으므로 무변 자체가 유변이 되며, 만약 현상을 모아서 하나의 이치로 돌아간다면 현상의 모습은 완전히 사라지므로 유변 자체가 무변이 되는 것이다.

그러나 지금은 그렇지가 않으니, 이치를 잃지 않고서도 현상이 나타나는 것을 무변 그대로의 유변이라 하고, 현상을 허물지 않고도 이치가 드러나는 것을 유변 그대로의 무변이라 한다. 만약 무언가 결정하여 같다거나 다른 것을 말하고, 비일비이(非一非異)나 비비일비비이(非非一非非異) 등을 말한다면 모두 희론과 같으니, 진여에 계합하지 못하는 것이다.

그러므로 『삼무성론』에서는 "희론이 없기 때문에 진실이라 하니, 희론이 없다는 것은 어떤 모습에서 같다거나 다르다는 허망한 분별을 떠났기 때문이다"라고 하였다.

---

148) 故三無性論 云 復次無戲論故에서 명추회요는 云자가 누락되어 있다.

○

乃至 若眞如與相等異 卽有三過失. 一者 此眞如則非相等實體. 二者 修觀行則不
依相等爲方便 得通達眞如. 三者 覺眞如已 則應未達相等諸法 不相關故也. 若眞
如與相等是一 亦有三過. 一者 眞如旣無差別 相等亦應無差別. 二者 若見相等
卽見眞如. 三者 若見眞如 不能淸淨 如見相等 則無有聖人 無得解脫 無有涅槃.
世出世異.

만약 진여가 현상적 모습과 더불어 다르다고 한다면 곧 세 가지 과실이 있게 된다. 첫째는 진여가 어떤 모습으로 나타난 것의 실체가 아니라는 과실이다. 둘째는 관(觀)을 수행하면서 어떤 모습을 의지하여 방편을 삼지 않고도 진여를 통달할 수 있다는 과실이다. 셋째는 이미 진여를 깨달아도 어떤 모습으로서 나타나는 모든 법을 아직 통달하지 않았다는 과실이니, 진여와 어떤 모습으로 나타나는 것이 서로 상관이 없다고 느끼기 때문이다.

또 반대로 진여가 어떤 모습과 같다고 한다면 또한 세 가지 과실이 있게 된다. 첫째는 진여가 이미 차별이 없다면 진여가 어떤 모습으로 나타날 때의 모습도 또한 응당 차별이 없어야 된다는 과실이다. 둘째는 만약 어떤 모습을 볼 때, 그것으로 곧 진여를 보았다는 과실이다. 셋째는 만약 진여를 보아도 청정할 수 없으리라는 과실이니, 이것은 마치 어떤 일반적인 모습을 볼 때에 따로 성인을 찾아볼 수 없고, 해탈할 수 없으며, 열반의 모습을 찾아볼 수 없는 것과 같다. 세간과 출세간의 법은 다르기 때문이다.149)

---

149) 세간과 출세간의 법이 다르므로 출세간의 법에서 청정한 것을 볼 수 있어야 한다는 말이다.

○

是故 由離一異等 無戲論 故無變異. 無變異故 卽是眞實性也. 是知 非一非異 非
有非空. 此宗鏡奧旨 自在圓融 謂欲一則一 欲異則異 欲存卽存 欲泯便泯. 異不
礙一 泯不礙存 方爲自在 常一常異 常存常泯 名爲圓融. 又 如弄珠鈴之者 其珠
不住空中 不落地上 不在手裏. 旣不在三處 亦不住一處. 不住空中 卽喻不住空觀
不落地上 卽喻不住假觀 不在手履 卽喻不住中觀. 旣不住三 亦不成一 則非一非
三 而三而一 斯爲妙矣.

이 때문에 같다거나 다르다는 분별을 벗어나야 희론이 없고, 그러므로 변하고 달라
짐이 없게 된다. 변하고 달라지는 것이 없기 때문에 곧 진실한 성품이다. 그러므로 이
(理)와 사(事)는 같거나 다른 것도 아니며, 있거나 없는 것도 아니라는 사실을 알아야
한다.

이 종경의 오묘한 뜻은 자재하고 원융하여 같고자 하면 같고 다르고자 하면 다르
며, 있고자 하면 있고 없고자 하면 없는 것을 말한다. 다르면서도 동일한 것을 장애하
지 않고 없어지면서도 있는 것을 방해하지 않아야 바야흐로 자재한 것이며, 항상 같
으면서도 항상 다르고 항상 있으면서도 항상 사라지므로 원융이라고 하는 것이다.

또 이것을 비유하면 마치 구슬 방울을 가지고 노는 것과 같으니, 구슬이 허공에 머
무르지 않고 땅 위에도 떨어지지 않으며 손 안에도 있지 않은 것과 같다. 이미 세 곳
에 있지 않으면서도 또한 한 곳에도 머물지 않는다. 여기에서 허공에 머무르지 않는
다는 것은 공관(空觀)에 비유하고, 땅 위에 떨어지지 않는다는 것은 가관(假觀)에 비
유하며, 손 안에 있지 않다는 것은 중관(中觀)에 집착하지 않음을 비유한 것이다. 이
것은 이미 세 곳에 머무르지 않으면서 또한 한 곳에도 머무르지 않아, 곧 하나도 아
니고 셋도 아니면서 셋이고 하나이니, 이것이 묘한 도리이다.

○

若未偶斯旨 所有見聞 皆墮斷常 不成玄妙. 若入宗鏡 無往不眞 昔所不知 而今得知 昔所不見 如今得見 如大涅槃經 云 於一心中 則具足現五趣身. 所以者何 以得如來大涅槃經之勢力故. 是則 名爲昔所不得 而今得之 乃至 於一念中 遍知六趣衆生之心. 是名菩薩昔所不知 而今得知.

만일 이런 종지를 만나지 않았다면 일체 보고 듣는 것이 모두 단견이나 상견에 떨어져 깊고 오묘한 도리를 이룰 수 없으나, 만약 종경에 들어간다면 어디에 가도 진실 아닌 것이 없다. 옛날에 알지 못했던 것을 지금 알 수 있고, 옛날에 보지 못했던 것을 지금 볼 수 있는 것과 같으니, 마치 『대열반경』에서 "하나의 마음 가운데 지옥과 아귀와 축생과 아수라 및 일체 모든 중생을 다 갖추어 나타낸다"고 한 것과 같다. 왜냐하면 『대열반경』에서 말하는 여래의 세력을 얻었기 때문이다. 이를 이름하여 옛날에 얻지 못한 것을 지금 얻었다고 하고, 한 생각 가운데에 두루 육도에 윤회하는 중생의 마음을 안다고 한다. 이것을 일러 보살이 옛날에 알지 못했던 것을 지금 알 수 있다고 하는 것이다.

사념처에 의지하라

39-1-125 問 夫覺王明勅 大敎指歸 末法比丘 須於四念處修道 其旨如何. 答 此出 大般涅槃經 最後垂示 總前敎跡 同此指歸. 以四念處 卽是宗鏡所明一切衆生身 受心法 如經云. 佛告阿難 如汝所問 佛涅槃後 依何住者. 阿難 依四念處 嚴心而 住. 觀身性相 同於虛空 名身念處. 觀受 不在內外 不住中間 名受念處.

문 : 부처님께서 완전한 가르침이 지향할 곳을 분명히 밝히시어 '말법시대의 비구는 반드시 사념처에 의지하여 도를 닦아야 된다'고 하셨으니, 그 뜻이 무엇입니까.

답 : 이것은 『대반열반경』에 나오는 부처님 최후의 가르침이니, 평소에 가르친 자취를 총괄해도 이것이 지향하는 점과 똑같다. 사념처는 곧 종경에서 밝히는 일체중생의 신(身) · 수(受) · 심(心) · 법(法)이니, 이것은 경에서 부처님이 아난에게 말씀하신 다음 내용과 같다.

네가 질문한 바와 같이 부처님이 열반하신 후에 무엇에 의지하여 머물 것인가. 아난아, 사념처에 의지하여 마음을 다스려 머물러야 한다.
여기에 의지하는 첫 번째는 몸의 성질과 모습이 허공과 같다고 관하는 것이니, 이것을 이름하여 신념처(身念處)라고 한다.
두 번째는 몸에 어떤 느낌이 있을 때 이 느낌이 몸이나 몸 바깥에 있지도 않고, 중간에 머물지도 않음을 관하는 것이니, 이것을 이름하여 수념처(受念處)라고 한다.

○

觀心 但有名字 名字性離 名心念處. 觀法 不得善法 不得不善法 名法念處. 阿難
一切行者 應當 依此四念處住.

세 번째는 마음에 일어나는 생각은 단지 고정된 개념으로 형성된 명자일 뿐이라는
사실을 관하는 것이니, 이 명자의 성품에서 벗어나는 것을 이름하여 심념처(心念處)
라고 한다.

네 번째는 중생의 마음에 일어나는 일체법은 좋은 법도 좋지 않은 법도 얻을 수 없
다는 사실을 관하는 것이니, 이것을 이름하여 법념처(法念處)라고 한다. 아난아, 일체
모든 수행자는 응당 이 사념처에 의지하여 머물러야 한다.

사념처란 무엇인가

39-4-126 圓敎 四念處者 念是觀慧. 大論 云. 念想智 皆一法異名 初緣心名念 次習行名想 後成辦名智. 處者境也 皆不離薩婆若.[150] 能觀之智 照而常寂 名之爲念 所觀之境 寂而常照 名之爲處. 境寂智亦寂 智照境亦照. 一相無相 無相一相 卽是實相. 實相卽是一實諦 亦名虛空佛性 亦名大般涅槃.

원교의 사념처에서 염(念)은 관(觀)하는 지혜이다. 이것을 『대론』에서 다음과 같이 말하였다.

염(念)과 상(想)과 지(智)는 모두 하나의 법인데 역할에 따라 이름이 다를 뿐이다. 처음에 반연되는 마음을 이름하여 염(念)이라 하고, 다음 이것에 익숙해지는 과정에서 마음에 떠오르는 모습을 상(想)이라 하며, 뒤에 분별하여 판단이 성립된 것을 지(智)라 한다.

사념처에서 처(處)는 경계로서, 이 모두가 일체의 지혜인 살바야(薩婆若)를 벗어나지 못한다. 관(觀)하는 지혜가 빛나되 항상 공적한 것을 이름하여 염(念)이라 하고, 관(觀)해지는 경계가 공적하되 항상 비추는 것을 이름하여 처(處)라고 한다.

그러므로 경계가 공적하면 지혜 또한 공적하고, 지혜가 비추면 경계 또한 비춘다. 경계와 지혜는 하나의 모습으로 다른 모습이 없으며, 다른 모습이 없으면서 하나가 되는 모습이 곧 진실한 모습이다. 진실한 모습이 하나의 진실한 진리이며, 이것을 또한 허공 같은 불성이라 하기도 하고 또한 대반열반이라 부르기도 하는 것이다.

---

150) 살바야(薩婆若) : 범어로서 뜻으로 번역하면 일체지(一切智)이다.

○

如是境智 無二無異 如如之境卽如如之智 智卽是境. 說智及智處 皆名爲般若 亦
例云 說處及處智 皆名爲實諦. 是非境之境而言爲境 非智之智而名爲智 亦名心
寂三昧 亦名色寂三昧 亦是明心三昧 亦是明色三昧.

이와 같은 경계와 지혜는 두 가지로 나누어지거나 다를 것이 없으니, 여여(如如)한 경계 그대로가 여여한 지혜이며 여여한 지혜 그대로가 여여한 경계이다. 그러므로 지혜와 지혜가 작용하는 곳을 설명하여 이 모두를 반야라고 하며, 또한 같은 예로 경계와 경계에서 작용하는 지혜를 설명하여 이 모두를 진실한 진리라고 한다. 이것은 경계가 아닌 경계를 경계라고 하며, 지혜가 아닌 지혜를 지혜라고 말하는 것이다. 또한 이것을 심적삼매(心寂三昧)라 부르기도 하고, 또한 색적삼매(色寂三昧)나 명심삼매(明心三昧) 또는 명색삼매(明色三昧)라고 이름하기도 한다.

사념처가 없으면

39-8-127 若不依宗鏡中 四念處行道 設有智解修行 皆成外道. 所以云 若無念慧
一切行法 皆非佛法 非行道人. 皆空剃頭 如放牧者 空著染衣 如木頭幡 雖執瓶錫
如病人乞具 雖讀誦經書 如盲人誦賦 雖復禮拜 如碓上下 雖復興造 媒衒客作 種
樹貨易 沈淪生死 蠶繭自纏 無解脫期. 捨身命財 但得名施 非波羅蜜. 雖復持戒
不免雞狗 雖復精進 精進無秀媚 雖復坐禪 如彼株杌.

만약 종경 가운데의 사념처에 의지하여 수행하지 않는다면 설사 지혜로 알아 수행
함이 있더라도 모두 외도가 될 것이다. 그러므로 사념처의 지혜가 없다면 일체 모든
수행법이 부처님의 법이 아니니, 부처님의 도를 수행하는 사람이 아니다.

모두 부질없이 머리를 깎은 모습이 마치 소나 양을 치는 사람의 모습과 같고, 헛되
게 가사와 장삼을 입은 모습이 마치 나무 막대기에 깃발을 걸쳐 놓은 모습과 같으며,
비록 물병과 석장을 들고 있더라도 병든 사람의 구걸하는 도구와 같고, 경서(經書)를
독송하더라도 장님이 글을 읽는 것과 같으며, 부처님께 예배를 올리더라도 디딜방아
가 위 아래로 움직이는 모습과 같고, 불사(佛事)를 왕성하게 일으키더라도 남한테 자
랑삼아 부질없이 하는 일과 같으며, 나무를 심고 재물을 바꾸어 불사를 하더라도 생
사에 빠짐이 누에가 스스로 얽혀 빠져나올 기약이 없는 것과 같고, 생명과 재물을 버
리더라도 단지 명예를 얻기 위한 보시이니 참된 바라밀이 아니며, 비록 계율을 갖더
라도 집 지키는 개나 새벽에 우는 닭의 신세를 면치 못하고, 정진하더라도 특별히 빼
어난 경지가 없으며, 좌선하더라도 나무 덩어리를 세워 놓음과 같을 것이다.

○

雖復知解 狂顚智慧 常在此岸 不到彼岸. 不降愛見 不破取相 不得入道品 非賢聖位. 問 此平等法性一乘妙心 一切衆生聲聞緣覺菩薩諸佛 悉皆共稟 云何於異生界等 此一靈性 念念處輪迴 於聲聞乘 同共一法中 而不得此事. 答 如黃石中金 以福德爐火因緣成就. 若大福人得金 中福人得銀 下福人得銅. 此亦如是 凡夫人唯得煩惱無明 聲聞人但證無常生滅 唯佛菩薩究竟常樂涅槃.

비록 이해한다 하더라도 미치광이 지혜일 뿐, 언제나 사바세계에 머물며 극락정토에 도달하지 못할 것이다. 이것은 애욕의 견해를 항복받지 못했을 뿐 아니라, 집착하는 상을 타파하지도 못하였으며, 진정한 도에 들어갈 수도 없었으니 현자나 성인의 위치가 아니다.

문 : 이 평등한 법성과 일승(一乘)의 오묘한 마음은 일체중생과 성문·연각·보살과 모든 부처님이 다 함께 지닌 것인데, 어떻게 중생계에서는 이 하나의 신령스런 성품이 생각 하나하나가 있는 곳에서 윤회한다 하며, 성문의 가르침에서는 신령스런 성품이 똑같이 하나의 법 가운데 있는데도 이 일을 얻지 못한다 하십니까.

답 : 이것은 마치 누런 돌 속에 섞여 있는 금과 같으니, 이 금은 복덕에 비유할 수 있는 용광로 불이라는 인연을 만나야 온전한 금이 된다. 이 금광석을 녹이는 과정에서 만약 큰 복이 있는 사람이라면 금(金)을 얻을 것이나, 중간의 복이 있는 사람이라면 은(銀)을, 복이 없는 사람이라면 동(銅)을 얻을 것이다. 질문한 내용도 이와 같아 범부는 오로지 번뇌인 무명을 얻고, 성문은 단지 무상한 생멸만을 증득하나, 오직 불보살만이 구경에 열반을 항상 즐기는 것이다.

○

如大集經云 如然燈器 金則黃光 銅則赤光 其色雖異 燈無差別.

이것은 『대집경』에서 "마치 등불을 밝히기 위한 도구가 금 등잔이면 황금 빛이 나고, 구리 등잔이면 적색 빛이 나는 것과 같다. 나타나는 빛의 색깔이 다르더라도 타오르는 등불에 차별이 없다"고 말한 것과 같다.

감로수나 독이 될 수도

39-9-128 普賢行願品 頌云. 智海廣難量 不測反增謗 牛飮水成乳 蛇飮水成毒. 智學成菩提 愚學爲生死 如是不了知 斯由少學過.

『화엄경』「보현행원품」게송에서는 다음과 같이 말하였다.

지혜 바다 넓어서 알기 어려워
측량하지 못하면서 비방 더하네
마시는 물 소에게는 우유가 되나
뱀에게는 도리어 독이 된다네.

지혜로운 배움은 보리가 되고
어리석은 배움은 생사가 되네
이와 같이 환하게 알지 못함은
공부 적은 허물에서 생겨난다네.

○

大涅槃經 偈云. 或有服甘露 傷命而早殀[151] 或有服甘露 壽命得長存 或有服毒生
有緣服毒死. 無礙智甘露 所謂大乘典 如是大乘典 亦名雜毒藥.

『대열반경』 게송에서는 다음과 같이 말하였다.

어떤 이는 감로수를 마시고 나서
생명을 상하여서 죽기도 하고
어떤 이는 감로수를 마시고 나서
수명이 늘어나서 오래 산다네
좋은 인연 독으로 살아났으나
나쁜 인연 독으로 죽기도 한다.

걸림없는 지혜는 감로수이니
이 내용은 대승의 경전이라네
이와 같은 대승경전 지칭하여서
독이 있는 약이라 하기도 한다.

---

151) 傷命而早殀는 K본 S본 C본에는 같으나 명추회요는 傷命而早夭로 되어 있다.

○

如酥醍醐等 及以諸石蜜 服消則爲藥 不消則爲毒. 方等亦如是 智者爲甘露 愚不
知佛性 服之則成毒.

맛있게 정제된 우유와 치즈
달콤하게 맛있는 온갖 석밀도
먹어서 소화되면 약이 되지만
체하면 도리어 독이 된다네.

방등의 경전도 이와 같아서
지혜로운 사람에겐 감로가 되나
어리석어 불성을 알지 못하면
이것을 복용해도 독이 된다네.

깊은 골짜기의 바람 같아서

39-11-129 問 旣以眞心 爲宗爲本 如何辯其功能 湛然常住盡未來際. 答 此心法妙 故 如神不可測 無依無住 非古非今. 只是有而不可見聞 非是一向空寂 蘊無盡之 妙用 不斷不常 具莫測之靈通 非隱非顯. 古德云 因雖涅槃永寂 而智體不無不爾 將何窮未來際. 故知 此之心神 凡聖之本 盡未來際 無有斷絕. 諸佛常正念此法 祖師唯的指此宗. 斯乃無相之眞 眞何有盡 無爲之道 道何有窮.

문 : 이미 참마음으로 종지와 근본을 삼았으니, 어떻게 그 공능이 담연하게 미래제 (未來際)가 다하도록 항상 머물 수 있음을 설명할 수 있겠습니까.

답 : 이 마음의 법은 오묘하기 때문에 신령스러워 측량할 수 없는 것과 같아, 의지 하거나 머물 것도 없으면서 옛 것도 아니고 지금에야 있는 것도 아니다. 이것이 단지 있더라도 보고 들을 수 없으나, 그렇다고 한결같이 공적한 것도 아니다. 깊고 오묘한 작용을 무진장 쌓아 놓았으나 끊어지지도 영원하지도 않다. 측량할 수 없는 영험한 신통을 다 갖추었으나 숨거나 드러나지 않는 것이다.

그러므로 옛 스님은 "인(因)이 비록 열반으로 영원히 공적하지만 지혜의 바탕이 없 는 것도 있는 것도 아니니, 장차 무엇으로서 미래제를 다할 것인가"라고 하였다. 그 러므로 알아야 할 것이니, 이 마음의 신령함이 범부와 성인의 근본으로서 미래제가 다하도록 끊어짐이 없다. 모든 부처님은 항상 이 법을 바르게 생각하였으며, 조사 스 님들도 오로지 이 종지를 정확하게 지적하였다. 이것은 모습이 없는 참마음이니 이 참마음이 어떻게 다함이 있을 것이며, 인위적 작위가 없는 참된 도이니 이 참된 도가 어떻게 끝이 있을 것인가.

○

如幽谷之風 相續而微聲不斷 若洪鍾之響 隨扣而淸韻常生.

 이것은 마치 깊은 골짜기의 바람이 항상 이어져 윙윙거리는 소리가 끊이지 않음과 같고, 널리 퍼지는 큰 종의 웅장한 메아리가 종을 칠 때마다 항상 맑은 여운이 생겨남과 같은 것이다.

불성은 제일의공으로 지혜

39-12-130　無生義云 若無有妙神 一向空寂者 則不應有佛出世 說法度人. 故知 本地有妙神 不空不斷. 乃至 師子吼言 佛性者 名第一義空 第一義空 名爲智慧 智慧卽是妙神 故云 因滅是色 獲得常住解脫之色. 故知 如中含有妙色 五陰常住不動.

『무생의』에서 다음과 같이 말하였다.

만일 미묘함이나 신령함 없이 한결같이 공적하다면 곧 부처님이 세상에 출현하여 법을 설하고 중생을 제도하는 일도 없을 것이다. 그러므로 알라. 본래의 마음자리는 미묘하고 신령함이 있어서 공(空)하지도 단멸하지도 않는 것이다. 나아가 부처님께서는 "불성(佛性)을 제일의공이라 하고, 제일의공을 지혜라 하니, 지혜가 곧 미묘하고 신령한 것이다. 그러므로 이 색(色)을 멸함으로 인해 상주하는 해탈의 색을 획득하는 것이다"라고 말씀하셨다.

　그러므로 여여(如如)한 가운데 미묘한 색을 함유하여 오음이 상주하고 움직이지 않는다는 사실을 알아야 한다.

눈에 보이는 일체가 도

40-1-131 問 有何勝義 廣集一心正宗 於末學進修 得疾入道不.[152] 答 若以宗鏡示人 直至道場 疾證菩提 更無迂曲. 法華經 偈云 演暢實相義 開闡一乘法 廣導諸衆生 令速成菩提. 此是千聖入道之門 諸佛證眞之路. 若有入者 一入全眞 博地凡夫 位齊諸佛.

문 : 널리 일심(一心)의 바른 종지를 모아 놓은 것에 어떤 수승한 이치가 있어 말세 학인들이 닦아 나감에 빠르게 도에 들어갈 수 있는 것입니까.

답 : 만약 종경의 바른 뜻을 학인에게 보여 준다면 곧바로 부처님의 도량에 도달하여 빠르게 보리를 증득할 것이니, 여기에 다시 더 돌아갈 것이 없다. 이것을 『법화경』의 게송에서는 다음과 같이 말하였다.

실상의 이치를 노래 부르니
최고의 가르침을 드러내도다
일체중생 불법으로 인도하여서
빠르게 보리를 이루게 하네.

이것이 모든 성인의 도에 들어가는 문이며, 모든 부처님께서 진리를 증득하는 길이다. 만약 여기에 들어가는 자가 있다면 한번 들어감에 전체가 진여이니, 하열한 범부의 위상도 모든 부처님과 같아지는 것이다.

---

152) 得疾入道不는 K본과 S본은 같으나 C본은 得疾入道否로 되어 있다.

○

法華經云 乘此寶乘 直至道場. 可謂頓入頓超 諸乘匪及. 以三乘之人 不知諸塵唯
是識 故執心外實有境界. 凡夫二乘 雖有發心 趣向解脫 而猶計有 生死可厭 涅槃
可欣 不了唯心道理. 若知一切法 唯是識量 捨彼事識外計分別. 旣了唯心 趣理速
疾 異前漸悟. 故論云 速趣涅槃. 又 凡夫二乘 不覺賴耶. 但依分別事識資持力故
而發心修行 以不達本故 向大菩提 疎而且遠 故云 漸也.

그러므로 『법화경』에서는 "이 보배 같은 가르침을 배우면 바로 부처님의 도량에 나
아간다"고 하였다. 가히 단번에 부처님의 세계에 들어가 중생계를 초월함이라고 할
수 있으니, 나머지 다른 방편은 여기에 미칠 바가 아니다. 방편으로 공부하는 사람들
은 모든 번뇌가 오직 마음이라는 사실을 알지 못하기 때문에 마음 이외에 실재의 경
계가 있다고 집착한다. 범부와 이승은 비록 발심하여 해탈을 추구하더라도 아직 싫어
할 만한 생사와 좋아할 만한 열반을 생각하고 있기 때문에 오직 마음뿐이라는 도리
를 알지 못하는 것이다.

만약 일체 모든 법이 오직 알음알이란 사실을 안다면 분별사식(分別事識)으로 바깥
경계를 계교 사량하고 분별하는 것을 버릴 것이다. 이미 일체가 오직 마음뿐이라는
사실을 알면 진리에 나아감에 신속하리니, 이전의 점오(漸悟)와는 다른 것이다. 그러
므로 논에서는 이것을 "신속하게 열반에 나아간다"고 말한다.

또 범부와 이승은 아뢰야식을 깨닫지 못한다. 다만 분별사식이 도와주고 붙들어 주
는 힘을 의지함으로 발심 수행하여 근본을 통달하지 못했기 때문에, 커다란 깨달음을
향해 나아감이 소원해지고 멀어지는 것이다. 그러므로 '점오(漸悟)'라고 한다.

○

菩薩旣了賴耶本識 則依此識資持力故 而發心修行. 以了本故 向大菩提 親而且
近. 故云 速也. 此宗鏡中 開示大意 唯論自心妙達 何待他文. 爲未薦者 假以文言
示令親悟 纔聞便入 目擊道存. 故止觀云 直聞其言 病卽除愈.

보살은 이미 아뢰야 근본식을 요지하였으니 아뢰야식이 도와주고 붙들어 주는 힘
을 의지하여 발심 수행한다. 근본을 요지하였기 때문에 커다란 깨달음을 향하여 나아
감이 친근하고 가까운 것이다. 그래서 보살의 공부길은 '빠르다'고 하였다.

이 종경 가운데에 대의를 드러내 보임은 오직 자기 마음으로 신묘하게 통달함을 논
한 것이니, 여기에 어찌 다른 이야기를 기다리겠는가. 깨닫지 못한 자를 위하여 방편
으로 언어와 문자의 힘을 빌려 친히 깨닫도록 보여 주는 것이니, 이 법문을 듣고서
문득 종경에 들어가면 눈에 뜨이는 모든 것이 도(道)로서 존재할 것이다.

그러므로 『지관』에서는 "말하는 뜻을 바로 알면 병이 곧 사라져 치유된다"고 하는
것이다.

적멸무위의 도가 단견인가

40-3-132 問 依此寂滅無爲之道 卽入絶學絶待之門 莫不沈空 成於斷見不.[153] 答 未入玆門 觸途虛幻. 待眞立俗 對色名空[154] 纔證斯宗 萬緣俱寂. 如異色之鳥 投須彌而純變金光 猶三十三天 入雜林而更無分別. 是以 諸法無體 相待而成 皆無待而成待. 若執有法 互相待成 則不成待 以有自體各定 不假相待故.

문 : 이 적멸무위(寂滅無爲)의 도에 의지하면 곧 배움과 경계가 끊어진 곳에 들어가 공(空)에 침몰하지 않을 수 없는데, 이것은 단견이 아니겠습니까.

답 : 아직 적멸무위에 들어가지 않았다면 하는 일마다 허망한 환(幻)이다. 진(眞)을 상대하여 속(俗)을 세우고 색(色)을 상대하여 공(空)을 말하나, 이 종지를 증득하면 만 가지 인연이 모두 함께 공적한 것이다. 이것은 마치 색깔이 다른 새가 수미산에 들어가면 금빛으로 완전히 변하고, 삼십삼천(三十三天)에 사는 천신이 숲 속에 들어가면 숲과 같아져 구별이 없어지는 것과 같다.

그래서 모든 법이 실체가 없어 서로 상대하여 이루어지니, 모두가 상대함이 없이 상대를 이루는 것이다.

만약 어떤 법이 있어 서로 상대하여 성립된다고 집착하면 곧 상대를 이루지 못할 것이니, 스스로의 바탕이 제각각 결정되어 있어 서로 상대방의 힘을 빌리지 않기 때문이다.

---

153) 成於斷見不는 K본과 S본은 같으나 C본은 成於斷見否로 되어 있다.
154) 對色名空은 K본 S본 C본에서 對色明空으로 되어 있다.

○

如中觀論 偈云 若法有待成 未成云何待 若成已有待 成已何用待. 若法因待成 是法先未成. 未成則無 無則 云何有因待. 若是法先已成 已成何用因待. 是二俱不相因待. 是知 未成已成 俱無有待. 若悟入宗鏡之時 了知虛空 尙是幻生 豈更有法 可爲對待. 是知 一切諸法 皆以實際爲定量 則無有變異.

이것은 『중관론』의 다음 게송 내용과 같다.

만약 법이 상대하는 것이 있어야 성립한다면
성립이 안된 법을 어떻게 배대할 것인가
만약 이미 성립되어 있는 법으로서 상대한다면
성립되어 있는 법에 어찌 배대하려 할 것인가.

만약 법이 상대로 인(因)해 성립한다면 이 법은 상대하기 이전에는 성립되지 않는다. 성립되지 않음은 곧 없음이니, 없다면 어떻게 상대하는 인(因)으로 있겠는가. 만약 이 법이 먼저 성립됐다면 이미 성립된 법에 어찌 상대하는 인(因)을 쓰겠는가. 그러므로 이 두 가지 모두 서로 상대하는 인(因)이 아니다. 이로써 아직 성립되지 않음과 이미 성립됨이 모두 상대로서 존재하는 것이 아님을 알 것이다.

만약 종경을 깨달아 들어갈 때에 허공을 안다는 것도 오히려 거짓으로 생겨남인데, 어찌 다시 어떤 법이 있어서 상대하여 마주할 수 있겠는가.
이로써 일체 모든 법이 실제로 결정되어 있는 것이라면 곧 변하거나 달라질 것이 없음을 알 것이다.

무엇이 참다운 지혜

40-4-133 問 何等是眞智慧. 答 言無變異相 如衆生無變異相 眞智慧亦無變異. 又
問云 何是衆生相. 答 假名字畢竟離 是衆生相 如是相則無變異 乃至 如虛空無變
異相 一切諸法 亦無變異相. 云何無變異. 以無二故 亦無無二 方成眞智. 但云無
有二 非是有無二.

문 : 무엇이 참다운 지혜입니까.

답 : 달리 변할 모습이 없음을 말하니, 마치 중생이 달리 변할 모습이 없듯 참다운
지혜도 또한 달리 변할 모습이 없다.

문 : 어떤 것이 중생의 모습입니까.

답 : 임시 방편인 명자에서 필경에 벗어난 것이 중생의 본래 모습이니, 이와 같은
모습은 달리 변할 모습이 없다. 이것은 마치 허공이 달리 변할 모습이 없듯 일체 모
든 법도 또한 달리 변할 모습이 없는 것이다.
 어째서 달리 변할 모습이 없다 하는가. 두 가지 모습이 없기 때문이며, 또한 두 가
지 모습이 없다 할 것도 없어야 바야흐로 참다운 지혜를 이룬 것이다.
 이것은 단지 두 가지 모습으로 나타날 분별이 없음을 말하니, 유(有)나 무(無)의 두
가지를 상대하여 말한 것이 아니다.

○

如華嚴經 頌云 常於諸法不作二 亦復不作於不二 於二不二並皆離 知其悉是語言
道. 是知 一切言語 皆從覺觀而生. 纔有覺觀 便形紋綵 發萌芽於境上 起兆朕於
心中. 心境對治 便爲質礙. 若入宗鏡 自絶言思 妙旨潛通 了無所得. 又 若一切修
行 趣佛乘人 但先得旨之後 方可以佛知見治諸餘習.

이것은 『화엄경』의 게송에서 다음과 같이 말하는 내용과 같다.

> 언제나 모든 법이 둘이 아니니
> 또 다시 같다라는 생각도 없다
> 같거나 다르다는 분별 벗어나
> 일체의 언어 방편 알게 되도다.

이로써 일체 언어가 모두 이리저리 사량 분별하여 살핀 데서 생겨나는 것임을 알
것이다. 분별이 있자마자 문득 어떤 형태와 색깔이 드러나고, 그 경계에서 번뇌의 싹
이 터 마음 가운데에 어떤 조짐이 일어난다. 이 마음과 경계가 상대하여 서로 영향을
끼치는 게 바로 장애가 되는 것이다.
　만약 종경에 들어간다면 스스로 언어와 사량을 끊고 현묘한 종지가 은근하게 통하
여 얻을 것이 없음을 알 수 있다.
　만약 일체의 모든 수행이 최고의 가르침에 나아가는데 두는 사람이라면 다만 이 뜻
을 얻은 뒤에라야, 바야흐로 부처님의 지견(知見)으로 모든 나머지 습을 다스릴 수
있을 것이다.

○

以正定水　瑩淨禪支　用多聞慧　助生觀力　乃至　習誦熏修　萬行嚴飾. 若未入宗鏡
不了自心　縱多聞習誦　俱不成就.

왜냐하면 이것은 올바른 삼매를 가지고 방편으로 쓰이는 여러 가지 선정을 갈고 닦
는 것이며, 법문을 많이 들은 지혜를 사용하여 올바르게 선정의 관(觀)하는 힘이 생
겨나도록 도와주었기 때문이다. 나아가 부지런히 경전을 익히고 독송하며 마음을 훈
습하여 닦아 나가는 온갖 수행을 장엄하는 것이다.

만약 종경에 들어가지 않으면 자기 마음을 요지(了知)하지 못할 것이니, 설사 법문
을 많이 듣고 수지독송하여 경전을 익히더라도 모든 부처님의 도를 이루지 못할 것
이다.

털구멍에 일체가

40-5-134 如說海幢身分之上 善見一念之中 普賢毛孔之內 盡十方法界虛空界 所
有一切凡聖境界淨穢國土 靡所不現. 可證宗鏡無外 無法不含 如卷大海之波瀾
收歸一滴 猶撮十方之刹土 指在一塵.

이것은 마치『화엄경』에서 해당 비구의 몸과 선견 비구의 한 생각과 보현 보살의
털구멍에서 시방법계와 허공계가 다하도록 존재하는 일체 범부와 성인의 경계인 청
정한 국토와 더러운 국토가 모두 나타나지 않음이 없다고 설한 것과 같다.

이것은 가히 종경 이외의 다른 것이 없음을 증명하는 것이니, 어떠한 법도 여기에
포함되지 않음이 없어 마치 큰 바다의 파도와 물결을 돌돌 말아서 한 방울의 물에 거
둠과 같고, 시방세계의 국토를 움켜쥐어 하나의 티끌에 있음을 가리키는 것과 같다.

망상과 분별을 여읜다

40-9-135　雖一切時演說開示　而恆遠離妄想分別　雖知諸法皆無所作　而能示現一切作業　雖知諸佛無有二相　而能顯示一切諸佛　雖知無色　而演說諸色.

비록 언제나 법을 연설하며 진실을 열어 보이나 항상 망상과 분별을 멀리 여의었고, 비록 모든 법이 다 만들어진 바가 없음을 알아도 일체 모든 업을 지어서 나타내 보일 수 있었으며, 비록 모든 부처님에게 두 가지 모습이 없다는 것을 알아도 일체 모든 부처님을 드러내 보일 수 있었고, 비록 색(色)이 본래 없음을 알아도 모든 색(色)을 부연 설명하였다.

망상이 지혜가 된다

41-1-136　一切法性　皆離言故　亦通四種法界　皆不可說. 名無得物之功　物無當名
之實. 理本無言故　事理交徹　不可作事理說　事事相卽　不可作一多說. 如楞伽. 雖
明五法　名相妄想正智如如　五皆空寂. 何者. 謂迷如以成名相　妄想是生. 悟名相
之本如　妄便稱智　則無名相妄想　唯如智矣. 智因如立　智體亦空　如假智明　本來常
寂　故並空矣.

일체의 법성이 모두 언어를 벗어나고 또한 네 종류의 법계에 통하기 때문에 모든
것에 무어라 말할 수 없다. 이름에는 사물을 얻을 수 있는 공능이 없고, 사물에는 이
름에 맞는 실체가 없다. 이치에는 본래 말이 없으므로, 이(理)와 사(事)가 서로 확철
하나 사(事)와 이(理)를 가지고도 설할 수 없고, 사(事)와 사(事)가 서로 상즉(相卽)하
나 일(一)과 다(多)를 가지고도 설할 수 없다. 이것은 『능가경』에서 설명하는 다음 내
용과도 같다.

비록 다섯 가지 법을 밝히더라도 명(名)·상(相)·망상(妄想)·정지(正智)·여여(如
如)의 다섯 가지 법이 모두 공적하다. 무엇 때문인가. 이것은 여여한 이치에 미혹하여
명(名)과 상(相)이 만들어짐으로써 망상이 생겨나기 때문이다. 명(名)과 상(相)이 본
래 여여함을 깨달으면 망상이 문득 지혜가 되어 명(名)과 상(相)과 망상(妄想)이 없을
것이니, 오직 여여한 지혜일 따름이다. 지혜는 여여로 인하여 세워지나 지혜의 바탕
이 또한 공(空)하고, 여여는 지혜의 힘을 빌려 드러나나 본래가 항상 공적하기 때문
에 아울러 모두가 공한 것이다.

공양 목탁을 올려라

41-3-137 夫入宗鏡 法爾亡言 非智所知 唯信所及. 如讚般若偈云 若人見般若 論義心皆絶 猶如日出時 朝露一時失. 故祖師云 論卽不義 義卽不論 若欲論義 終非義論.

종경에 들어가면 법이 그러하여 말이 사라지니 세간의 지혜로 알 것이 아니요, 오직 믿음으로 도달하는 곳이다. 이것은 마치 반야를 찬탄하는 게송에서 말하는 다음 내용과 같다.

누군가 반야를 보게 된다면
이치를 논할 마음 다 끊어지니
동쪽에 햇님이 떠오를 때에
아침 이슬 일시에 사라지듯이.

그러므로 조사 스님께서 다음과 같이 말씀하셨다.

따지면 참다운 이치 아니니
참다운 이치는 논할 수 없네
이치를 논하려 마음 먹으면
끝끝내 참다운 이치 아니리.

○

昔梁武帝 於華林園重雲殿 集四部衆 自講三慧般若經 時 傅大士在會. 太子遣問
大士何不論義. 答曰 皇帝菩薩所說 非長非短 非廣非狹 非有邊非無邊 如如正理
復有何言. 劉中丞 又問 大士 何不往復 衆所願聞. 答曰 日月停景 四時和適.

옛날에 양무제가 화림원 중운전에서 사부대중을 모아 본인 스스로가『삼혜반야경』
을 강설하였는데, 그 때에 부 대사가 그 법회에 참석하였다. 태자가 사람을 보내서 다
음과 같이 물었다.

문 : 대사는 어째서 불법의 이치를 논하지 않고 가만히 계시는 것입니까.

답 : 황제 보살이 설하는 것이 길지도 않고 짧지도 않으며, 넓지도 않고 좁지도 않
으며, 유(有)나 무(無)에 걸리지 않는 여여하게 바른 이치인데, 여기에 다시 무슨 할
말이 있겠습니까.

유중승이란 사람이 또 다음과 같이 물었다.

문 : 대사께서는 대중이 법문 듣기를 원하는데 어째서 나아가질 않습니까.

답 : 해와 달이 아름답고, 봄, 여름, 가을, 겨울이 온화하고 편안합니다.

○

又 中天竺有出家外道馬鳴 世智辯才 善通言論. 唱言 若諸比丘 能與我論義者 可打揵搥[155] 如其不能 不足公鳴揵搥 受人供養. 時長老脅 到彼國言 但鳴揵搥 設彼來者 吾自對之 卽鳴揵搥. 外道卽問 今日何故 打此木耶. 答言 北方有長老沙門 來鳴揵搥. 外道問言 欲論義耶. 答言 然.

또 중천축에 출가한 외도 마명이란 사람이 있었는데, 세간의 지혜와 변재가 뛰어나 세간의 온갖 언어를 통달하였다. 마명은 소리를 높여서 "만약 모든 비구 중에서 나와 더불어 진리를 논할 자가 있다면 공양 목탁을 올려도 좋으나, 만일 그렇게 할 수 없다면 공양 목탁을 올려서 다른 사람의 공양을 받을 자격이 없다"고 말하였다. 그 때 장로 협존자가 그 나라에 도착하여 "공양 목탁을 올려라. 설사 마명이 오더라도 내가 상대하겠다"고 하니, 이에 대중들이 공양 목탁을 올리게 되었다. 외도 마명이 목탁 소리를 듣고 달려와서 다음과 같이 물었다.

마명 : 무엇 때문에 오늘 공양 목탁을 올렸는가.

대중 : 북방에 계신 장로 사문이 오셔서 공양 목탁을 올렸습니다.

마명 : 공부의 이치를 논하고자 하는가.

대중 : 그렇습니다.

---

155) 可打揵搥에서 K본 S본은 같으나 C본은 犍椎로 되어 있다.

○

於是廣備論場 大衆雲集 乃至 長老脅言 吾旣年邁 故從遠來 又 先在此座 理應
先語.156) 外道言 亦可爾耳 現汝所說 吾盡當破. 長老脅卽言 當今天下泰平 大王
長壽 國土豐樂 無諸災患. 外道默然 不知所言. 論法無對 卽墮負處 伏爲弟子. 剃
除鬚髮 度爲沙彌 受其足戒.

이에 토론하는 장소가 갖추어지자 대중들이 운집하였고, 장로 협존자가 먼저 다음
과 같이 말하였다.

존자 : 내가 나이도 많고 일부러 멀리서 왔으며 또 먼저 이 자리에 있었으니, 도리
상 응당 먼저 말해야 할 것이다.

마명 : 그렇게 하십시오. 당신이 말하는 내용을 제가 모조리 논파할 것입니다.

존자 : 지금 천하가 태평하고 대왕이 장수하여 국토가 풍요로우니 모든 재앙과 근
심이 없네.

마명 : …… (묵연히 말할 곳을 알지 못하였다)

마명은 대답할 말을 찾지 못하고 토론에 지게 되어 곧 항복하고 협존자의 제자가
되었다. 수염과 머리를 깎고 사미가 되었다가 구족계를 수지하였다.

---

156) 先在此座 理應先語에서 座는 K본 S본 C본에는 坐로 되어 있다.

○

又 有學人 請忠國師 和尙立義　師云 立了也. 學人罔措 被師喝出 非公境界. 故
知 若入宗鏡 玄鑒豁然 如臨鏡中 自見面像 見卽便見 更俟發言耶.

또 어떤 학인이 혜충 국사에게 "불법의 이치를 세워 달라"고 청하니, 국사가 "이미
세웠다"고 답하였다. 학인은 이 대답에 망연자실하니, 다시 국사가 꾸지람하면서 "너
의 경계가 아니다"라고 하였다.

그러므로 알라. 만약 종경에 들어가면 탁 트인 깊은 도리를 보는 것이, 마치 거울
속의 자기 얼굴을 보듯, 보면 곧 보게 되니 여기에 다시 무슨 말이 더 필요하겠는가.

번뇌의 성품이 공하면

41-6-138 問 若如上說 道體自然 則祖佛何煩出世. 答 古敎云 不得一法 疾與授記. 祖師云 不得一法 號曰傳心 了煩惱性空 卽佛出世. 故經云 貪瞋癡出 卽是佛出 但令衆生 絶凡聖之情[157] 無出沒之相 閑居靜處[158] 無所施爲 達斯法門 是眞佛 出 說如斯事 是眞實慈.

문 : 만약 위에서 말씀하신 것과 같이 도의 바탕이 스스로 그러하다면 부처님과 조사 스님께서 어찌 번거롭게 세상에 출현하시는 것입니까.

답 : 옛 가르침에서 "한 가지 법도 얻을 것이 없어야 빠르게 수기한다"고 하였고, 또 조사 스님께서는 "한 가지 법도 얻을 수 없어야 마음을 전하는 것이며, 번뇌의 성품이 공함을 알아야 부처님이 세상에 출현한다"고 하였다.

그러므로 경에서는 "탐·진·치에서 벗어남이 곧 부처님의 출현이다"라고 한다. 단지 중생이 범부와 성인이라는 분별을 끊고, 부처님이 세상에 출현하거나 열반했다는 상(相)에 매이지 않아 한가롭고 고요한 곳에서, 베풀어 보일 바 없는 이 법문을 통달하도록 하는 것이 곧 참된 부처님의 출현이니, 이와 같은 일을 진실한 자비라고 한다.

---

157) 絶凡聖之情은 C본과 같으나 K본과 S본은 絶凡聖之淸으로 되어 있다.
158) 閑居靜處가 K본 S본 C본에서는 閑居靜住로 되어 있다.

○

問 旣無心念 木石何殊 又絶見聞 如何覺悟. 答 只謂强覺妄知而能障道. 唯當脫
粘內伏 發自靈知 根塵旣消 光明頓發.

문 : 이미 마음으로 생각함이 없으면 목석과 무엇이 다르며, 또 보고 듣는 경계를
끊었으면 어떻게 느끼고 깨달을 수 있겠습니까.

답 : 다만 억지로 분별하여 허망하게 아는 것이 도를 장애할 수 있음을 말하는 것이
다. 오직 찰떡같이 마음에 잠복한 '나'라는 집착을 벗어난다면 스스로 신령스런 앎이
발현하여, 육근과 육진의 경계가 사라지고 광명이 활짝 발할 것이다.

법이 다르나 일심을 나타내

41-10-139   今立第一心法 能變識有三 一第八異熟識變 二第七思量識變 三第六 了別境識變. 旣唯識變 我法皆虛 因此二空故 契會玄旨. 以我空故 煩惱障斷 以 法空故 所知障消. 煩惱障斷故 證眞解脫 所知障斷故 獲大菩提. 然後 行滿因門 心冥果海 則境識俱寂 唯一眞空. 問 從上宗乘 唯令絶學 單刀直入 敎外別傳 何 假智慧多聞 廣論性相 言繁理隱 水動珠昏.

지금 먼저 마음의 법을 세움에 변할 수 있는 식이 세 종류가 있으니, 첫째는 제팔식 인 이숙식(異熟識)이 변하는 것이고, 둘째는 제칠식인 사량식(思量識)이 변하는 것이 며, 셋째는 제육식인 요별경식(了別境識)이 변하는 것이다. 이미 오직 식만 변하는 것 으로서 아(我)와 법(法) 모두에 실체가 없으니, 아와 법이 공(空)함으로 인해 깊고 오 묘한 종지에 계합하는 것이다. 아가 공하므로 번뇌장이 끊어지고, 법이 공하므로 소 지장이 사라진다. 번뇌장이 끊어지므로 참다운 해탈을 증득하고, 소지장이 끊어지므 로 커다란 깨달음을 획득하는 것이다. 그런 연후에 행이 인문(因門)에 원만하고 마음 이 과해(果海)에 명합(冥合)하니, 경계와 식이 함께 공적하여 오직 하나의 참다운 공 일 따름이다.

문 : 최고의 가르침은 오직 배움을 끊도록 하는 것으로서 단도직입(單刀直入) 교외 별전(敎外別傳)인데 어찌 지혜와 다문(多聞)으로 널리 성(性)과 상(相)을 논하는 방편 을 빌리십니까. 말이 번거로우면 이치가 숨고, 물이 흔들리면 구슬 빛이 흐려지는 법 입니다.

○

答 顯宗破執 權拂學路討論 達旨融通 非離文字解脫. 法華經云 若有利根 智慧明
了 多聞强識 乃可爲說.[159] 大凡參玄之士 須具二眼 一己眼明宗 二智眼辯惑. 所
以 禪宗云 單明自己 不了目前 如此之人 只具一眼. 理孤事寡 終不圓通 隻翼單
輪 豈能飛運. 若執只要單刀直入 不須廣參者[160] 則善財初見妙德 發明之後 不合
遍參法界.

답 : 종지를 드러내고 집착을 타파하기 위해 배움에서 일어난 시비를 방편으로 떨
어내고자 한 것이니, 원융하게 종지를 통달함은 문자를 벗어나 해탈하는 것이 아니
다. 그러므로『법화경』에서 "만약 예리한 근기가 있어 지혜가 명료하고 많이 안다면
법을 설할 수 있다"고 한 것이다. 대개 깊은 종지를 참구하는 사람은 모름지기 두 가
지 안목을 갖추어야 하니, 첫째는 자기의 안목으로 종지를 밝히는 것이며, 둘째는 지
혜의 안목으로 미혹을 분별하는 것이다. 그러므로 선종에서는 "혼자서 자기 공부만
알고 눈 앞의 현실을 요지하지 못한 이와 같은 사람은 단지 외눈박이 불구자와 같다"
고 말하는 것이다. 이치에 치우쳐 현실에 적응을 못하면 끝내 이(理)와 사(事)가 원만
하게 융통하지 못하니, 날개 하나와 수레바퀴 하나로써 어찌 하늘을 날며 물건을 운
반할 수 있겠는가. 만약 다만 단도직입(單刀直入)만을 집착하여 널리 보고 배울 필요
가 없다 한다면 선재 동자가 처음 묘덕을 만나서 마음이 트인 후에 두루 법계를 다니
며 보고 배울 필요가 없었을 것이다. 그러므로 알라. 처음과 끝의 마음이 평등하고 이
치와 행이 동시니라.

---

159) 多聞强識 乃可爲說은 K본과 S본은 같으나 C본은 多聞彊識 乃可爲說로 되어 있다.
160) 不須廣參者는 K본 S본 C본에는 不用廣參者로 되어 있다.

○

故知 初後心等 理行同時. 所以 善財至彌勒 佛果圓後 知指再見初友文殊.161) 如
先德云 文殊之妙智 宛是初心 普賢之玄門 曾無別體 是則 理事冥齊於一旨 本末
匪越於利那 曷乃守一疑諸 頓迷法界 捨此取彼 宰割虛空. 又 若以智慧爲非 則大
智文殊不應稱法王之子 若以多聞是過 則無聞比丘不合作地獄之人. 應須以智慧
合其多聞 終不執詮而認指 以多聞而廣其智慧 免成孤陋而面牆.

그래서 선재가 미륵을 친견하여 불과(佛果)가 원만해진 뒤에야, 처음의 선지식인
문수를 다시 만나도록 가리킨 뜻을 안 것이다. 이것은 마치 옛 스님이 "문수의 오묘
한 지혜는 완연한 초심(初心)으로 보현의 깊은 도리와 일찍이 다른 바탕이 없었다"
고 한 것과 같다. 이것은 이(理)와 사(事)가 하나의 종지에서 심오하게 일치하며, 근
본과 지말이 찰나를 뛰어넘지 않는 것이니 어찌 하나를 지키면서 모든 것을 의심하
여 대번에 법계에 미혹하고, 이것을 버리고 저것을 취하여 마음대로 허공을 재단할
것인가.

또 만약 지혜로 잘못되는 것이라면 대지문수는 응당 법왕자라 부르지 않아야 하며,
만약 다문(多聞)으로 허물이 된다면 무문 비구는162) 지옥에 떨어지지 않아야 할 것이
다. 마땅히 지혜로 다문(多聞)에 계합하여야 끝내 말의 논리에 집착하지 않고 그것이
가리키는 종지를 알 것이며, 다문(多聞)으로 지혜를 넓혀야 담벼락을 마주한 고루함
을 면할 것이다.

---

161) 知指再見初友文殊는 K본 S본 C본에는 却指再見初友文殊로 되어 있다.
162) 무문비구(無聞比丘) : 능엄경 9권에서 정법을 듣는 것이 없으므로(無聞) 지옥에 떨어진 비구다.

○

所以云 有智無行 國之師 有行無智 國之用 有智有行 國之寶 無智無行 國之賊. 是以 智應須學 行應須修 闕智則爲道之讎 無行乃國之賊. 當知 名相關鎖 非智鑰而難開 情想勾牽163) 匪慧刀而莫斷. 應須責躬省已 策發進修. 是以 履圓通之人 豈墮絶言之見. 發菩提之者 不生斷滅之心. 若能直了自心 卽是單刀直入 最爲省要. 以一解千從 攝法無餘故 亦是敎外別傳 離此別無奇特.

그러므로 "지혜가 있고 행이 없다면 나라의 스승이나, 행이 있고 지혜가 없다면 나라의 심부름꾼이다. 또한 지혜가 있으면서 행도 있다면 나라의 보배이나 지혜가 없으면서 행도 없다면 나라의 도적이다"라고 하였다.

그러므로 지혜로 응당 배워야 하며 행으로 응당 닦아야 할 것이니, 지혜가 빠지면 도를 닦는 데에 천추의 한이 되고, 행이 없으면 나라의 도적이 되는 것이다. 마땅히 알라. 명자와 모양에 갇혀 있는 사람은 지혜의 열쇠가 아니면 열기 어려우며, 감정과 분별심으로 얽혀 있는 이는 지혜의 칼이 아니면 끊을 수 없으니, 응당 자신을 살펴 책망하고 독려하여 닦아 나가야 할 것이다.

그러므로 원만하게 통하는 자리에 있는 사람이 어찌 말을 끊는다는 견해에 떨어지겠는가. 깨달음을 일으켜 가는 사람은 단멸하는 마음을 내지 않는 것이다. 만약 바로 자기의 마음을 알 수 있다면 이것이 곧 단도직입(單刀直入)이라, 가장 요긴하게 살펴야 할 곳이다. 하나를 앎으로써 천 가지가 알아져 어떠한 법도 남김없이 거두어들이니 또한 이것이 교외별전(敎外別傳)이라, 이것을 떠나 달리 기특한 것이 없다.

---

163) 情想勾牽은 K본과 C본은 같으나 S본은 情想句牽으로 되어 있다.

○

又 此宗鏡大意 以妙悟見諦爲期 不取依通齊文作解. 法旣眞實 行須契同 唯在心知 不俟言說. 爲未了者 亦不絶言 究竟相應 終須親省. 此是十方諸佛 同證同說古今不易 一際法門. 如經云 我不見有一佛國土 其中如來 不說此法. 是以 佛佛道同 心心理合. 故知 離宗鏡外 無法可說 以凡有言敎 俱不出平等性故 終無有二. 所以 經云 如大師子 殺香象時 皆盡其力 殺兎亦爾 不生輕想 諸佛如來 亦復如是 爲諸菩薩及一闡提 演說法時 功用無二.

또 이 종경의 대의는 오묘하게 깨달아 진리를 보는 것으로 기약을 삼으니, 다른 힘에 의지하여 통하거나 문장에 맞추어 이해할 것이 아니다. 법이 이미 진실하니, 행도 법에 계합하여 같아야 한다. 오직 마음으로 아는 것이 있을 뿐 설명을 기다릴 필요가 없다. 이 뜻을 아직 모르는 자를 위하여 또한 말을 끊지는 않으나, 구경에 상응하여 끝내는 몸소 살펴야 할 것이다. 이것은 시방세계의 모든 부처님이 같이 증득하고 같이 설하신 것으로 예나 지금이나 바뀌지 않는 하나의 법문이다. 이것은 마치 경에서 "나는 어떠한 불국토라도 그 가운데 계신 여래가 이 법을 설하지 않는 것을 보지 못하였다"고 한 것과 같다. 이 때문에 부처님과 부처님의 도(道)가 같고, 마음과 마음의 이치가 계합하는 것이다.

그러므로 알라. 종경을 떠난 다른 곳에서는 설할 만한 어떠한 법도 없다. 무릇 깨달은 이의 말과 가르침은 모두 평등한 성품을 벗어나지 않기 때문에 끝내 다를 것이 없는 것이다. 그러므로 경에서는 "커다란 사자가 코끼리를 죽일 때 모든 힘을 다하는 것처럼 토끼를 죽일 때에도 그 힘을 다하여 가벼운 생각을 내지 않는다. 모든 부처님과 여래도 또한 이와 같아서 모든 보살과 어리석은 사람을 위하여 법을 설할 때에도, 쓰는 공능은 두 가지가 없다"고 하였다.

○

仰唯聖旨 鑑誠昭然 豈可於平等至教之中 起差別解耶 於一眞衆生界中 生勝劣見耶. 若入宗鏡之中 自免斯咎. 今所錄者 一一皆是 古佛聖教. 於無量億劫 捨無數身命 普爲一切衆生 求此難得阿耨多羅三藐三菩提法 付囑諸大菩薩. 爲末代求無上菩提之人 千途異說 共顯一心. 云何負恩 不生信受.

오직 부처님의 뜻을 우러러 보면 가르침의 근본이 밝고 분명한데, 어찌 평등하고 지극한 가르침에서 차별하는 견해를 일으킬 수 있겠으며, 하나로서 전체가 진리인 중생계에서 수승하고 하열하다는 견해를 낼 수가 있겠는가.

 만약 종경에 들어간다면 스스로 이러한 허물에 빠짐을 면할 수 있을 것이다. 지금 기록되는 하나하나가 모두 옛 부처님의 성스런 가르침이다. 이것은 옛 부처님께서 무량억겁의 세월 동안 무수한 생명을 버려가며 널리 일체중생을 위하여 이 얻기 어려운 아뇩다라삼먁삼보리법을 구하여 모든 대보살에게 부촉하신 것이다. 말세에 최고의 깨달음을 구하는 사람을 위하여 여러 가지 방편으로 설명하는 방식이 다르나 똑같이 하나의 마음을 드러내는 것이었다. 그런데 어떻게 이 은혜를 저버리고 종경을 믿어 받아들이지 않겠는가.

제5편

법사와 율사와 선사의 허물

거룩하신 석가모니 부처님께서
가엾게 여기시어 이 법 설하니
일체의 삿된 견해 모두 끊음에
제가 이제 머리 숙여 예배합니다.

선지식 만나기 어렵다

41-12-140 善知識者 難得遭逢. 譬如梵天 投一芥子 安下界針鋒之上 猶易. 值明師道友 得聞正法 甚難 如西天九十六種外道 皆求出離 因遇邪師 反沈生死. 是以涅槃經云 具四因緣 能證涅槃之道 一者 親近善友 二者 聽聞正法 三者 如理思惟 四者 如說修行. 若不遇善友 不得聞正法. 何者 因聞正法 則能思惟信入 正念修行. 有如是法利 應須慇重[164] 生難遭想.

선지식은 만나기 어렵다. 비유컨대 범천이 하늘에서 한 알의 겨자씨를 던져 지상에 있는 바늘의 끝에 올려 놓는 것이 오히려 쉽다. 그러므로 눈 밝은 스승과 좋은 도반을 만나 바른 법을 얻어 듣는 일은 참으로 어려운 것이다. 예를 들면 마치 인도의 96종 외도들이 모두 생사 해탈을 구하려 하였으나 삿된 스승을 만남으로 인해 오히려 생사에 침몰한 것과 같다. 이 때문에 『열반경』에서 "네 가지 인연을 갖추어야 열반의 도(道)를 증득할 수 있다고 하였으니, 첫째는 훌륭한 도반을 가까이 하고, 둘째는 바른 법을 들으며, 셋째는 이치답게 사유하고, 넷째는 부처님이 설하신 대로 수행하는 것이다"라고 하였다.

만약 훌륭한 도반을 만나지 못한다면 바른 법을 들을 수 없다. 왜냐하면 바른 법을 듣는 것으로 정념(正念) 수행을 사유하여 믿고 들어갈 수 있기 때문이다. 이와 같은 법의 이익이 있으니, 마땅히 마음 깊이 '선지식 만나기 어렵다'는 생각을 해야 할 것이다.

---

164) 應須慇重은 K본 S본 C본에 應須殷重으로 되어 있다.

인과동시(因果同時)

42-3-141 華嚴經 因果同時者 俱無如是前後因果 及同時情量繫著 妄想有無 俱不俱 常無常等 繫著因果. 但了法體 非所施設 非因果繫 名爲因果. 非情所立 同時前後之妄想也.

『화엄경』에서 말하는 인과동시(因果同時)란 무엇인가.

모든 것에 전과 후로 결정된 인과(因果)가 없고, 동시에 중생의 알음알이로 얽힌 망상의 유무(有無)와 구불구(俱不俱)와 상불상(常不常) 등에 얽힌 인과가 없다는 것이다. 단지 법의 바탕을 알면 시설될 바가 아니고 인과로 매일 것도 아니니, 이를 이름하여 인과(因果)라고 한다. 이는 중생의 알음알이에 의하여 세워진 동시라든가 전과 후라는 분별된 망상이 아니다.

참회할지어다

42-4-142 如此華嚴經中165) 無有假法 諸法總眞 純眞無假 更無相似存眞存假. 經云 衆生界卽佛界也. 如文殊以理會行 普賢以行會理 二人體用相徹 以成一眞法界 前後相收 品品之中 互相該括. 前後相徹 文義更收 一法門中具多法也. 是故經偈云 於多法中爲一法 於一法中爲衆多. 然此心是法界之都 無法不攝. 非但凡聖因果 乃至 逆順善惡同歸. 若一一悟是自心 則事事無非正理.

이 『화엄경』에 거짓된 법이 없음과 같이, 모든 법 전체가 참되고 순수한 진여로서 거짓이 없으니, 또한 진여인 듯하거나 거짓인 듯하는 것도 없다. 이것을 경에서 "중생의 세계가 곧 부처님의 세계"라고 한 것이다.

이것은 마치 문수는 이치로 행을 회통하고 보현은 행으로 이치를 회통하여, 두 보살의 체(體)와 용(用)이 서로 확철한 것과 같다. 하나의 참된 법계를 이루기 때문에 앞과 뒤가 서로 거두어 하나하나의 품계마다 거듭 서로가 싸안는 것이다. 앞과 뒤가 서로 사무치고 글과 뜻을 다시 거두어 하나의 법문 가운데에 많은 법을 갖추게 되는 것이다. 이런 까닭에 경의 게송에서는 "많은 법 가운데에 하나의 법이요, 하나의 법 가운데에 많은 법이다"라고 하였다.

그러므로 이 마음은 법계의 중심으로 어떠한 법도 섭수하지 않음이 없다. 단지 범부와 성인의 인과(因果)뿐만 아니라, 나아가 역순(逆順)과 선악(善惡)의 모든 경계까지도 다 함께 돌아가는 곳이다. 만약 하나하나가 자기의 마음임을 깨달으면 곧 하는 일마다 바른 이치 아님이 없다.

---

165) 如此華嚴經中은 명추회요에서 華嚴이 추가되었다.

○

如經云 提婆達多 不可思議 所修行業 皆同如來 六群比丘 實非弊惡 所行之法
皆同佛行 有修善者 地獄受果 惡行之人 天上受報. 如不達斯文 則逆順分岐 焉能
美惡同化. 然初章之內 已述正宗. 若上上機人 則一聞千悟 斯皆宿習見解生知.
若是中下之根 須憑開導 因他助發. 方悟圓成 爲此因緣 微細纂集.

이것은 경에서 "제바달다가[166] 불가사의하게 닦은 행업은 모두 여래와 같고, 육군
비구의[167] 행이 실지는 폐단이 아니어서 그들이 행한 법 모두가 부처님의 행과 같다.
선업을 닦은 자가 지옥의 고통을 받고 악업을 지은 사람이 천상의 즐거움을 받는다"
고 한 것과 같다. 만일 이 글의 의미를 통달하지 못했다면 역순의 경계가 갈라지리니,
어찌 아름답고 추함을 똑같이 교화시킬 수 있겠는가. 그러므로 첫 장에서 이미 바른
종지를 서술한 것이다.

 만일 상근기 중의 상근기라면 하나를 듣고도 천을 깨치리니, 이는 모두 전생에 익
혀 놓았던 견해로 태어나면서 배우지 않고도 아는 것이다. 만약 중근기나 하근기라면
모름지기 선지식의 가르침에 의지해야 하니, 선지식의 도움으로 인해 발심해야 비로
소 원만한 깨달음을 성취할 수 있기 때문이다. 이러한 인연을 위하여 자세하게 도움
이 될 수 있는 글을 편찬해 모은 것이다.

---

166) 제바달다(提婆達多) : 아난의 형이며 부처님의 사촌 동생이다. 부처님에 대한 시기심으로 부처님을 헐뜯고
　　비난하다가 살아서 무간지옥에 떨어졌다.
167) 육군비구(六群比丘) : 부처님 당시의 못된 짓만 골라서 했던 6명의 말썽꾸러기 비구. 지금도 절에서는 못된
　　행동을 하는 스님을 육군비구라고 놀리기도 한다.

○

所以 云 若有一微塵處未了 此猶有無明在 以不了處爲障翳故. 何況自身根門之
內 日用之中 有無量應急法門 全未明一. 如生盲人 每日 喫一百味飯 雖然得喫
品饌何分. 若言無分 又每日得喫. 若言有分 設問總不知. 若欲爲未了之人 憑何
剖析. 只成自誑 反墮無知. 自眼未開 焉治他目.

그러므로 이르기를 "만약 한 티끌만치라도 아직 알지 못하는 곳이 있다면 이는 오
히려 무명이 남아 있는 것과 같다"고 하였으니, 이는 알지 못하는 곳이 장애가 되기
때문이다. 하물며 자신의 육근과 일상 생활 속에 살아 있는 헤아릴 수 없는 많은 법
문이 있는 데도 불구하고, 온전하게 하나도 그 이치를 밝히지 못한 사람이야 어찌 더
말할 필요가 있겠는가.

이것은 마치 눈 먼 사람이 매일 일백 가지의 맛있는 음식을 먹는 것과 같으니, 그가
음식을 먹더라도 그 종류를 어찌 구분할 수 있겠는가. 만일 그가 음식의 종류를 구분
하지 않아도 또한 그는 매일 음식을 먹을 수 있다. 그러나 그가 음식의 종류를 구분
한다 하더라도, 음식의 종류에 대해 묻는 말은 조금도 알 수 없을 것이다. 만약 이 사
람이 음식 맛을 알지 못하는 사람을 위하여 음식의 종류를 알려 주고 싶더라도, 무엇
에 의거하여 가려내고 분별하여 주겠는가. 다만 스스로 속임은 물론 도리어 무지(無
知)에 떨어지고 말 것이다. 자기의 눈도 아직 뜨지 못했는데, 어찌 다른 사람의 눈을
치료할 수 있겠는가.

○

是以 善財首見文殊 已明根本智 入聖智流中 然後 遍參道友 爲求差別智道 習菩
薩行門 遇無厭足國王如幻法門 見勝熱婆羅門無盡輪解脫 尙乃迷宗失旨 對境茫
然. 故知 佛法玄微 非淺智所及. 何乃將蚊子足 擬窮滄溟之底 用蜘蛛絲 欲懸妙
高之山. 盒抱慚顔 須申懺悔.[168]

이 때문에 선재는 먼저 문수를 만나 근본지를 밝히고서 성인의 지혜로 들어간 연후
에야 선지식을 두루 참학한 것이다. 차별된 지혜의 도를 구하기 위하여 보살행을 익
히며 무염족 국왕의 환 같은 법문을 만나고, 승열 바라문의 무진륜 해탈을 보았으나,
오히려 아직 종지에 미혹하고 경계를 대하고 망연자실한 것이다.

그러므로 알라. 부처님의 법은 깊고 오묘하여 천박한 지혜로 미칠 바가 아니니, 어
찌 모기의 발을 가지고 깊고 큰 바다의 밑바닥에 닿으려 하며, 가느다란 거미줄을 사
용하여 아득히 높은 산을 매달고자 하는가. 부끄러운 얼굴을 싸안고 참회할지어다.

---

168) 須申懺悔는 K본과 S본은 같으나 C본은 須伸懺悔로 되어 있다.

법성은 깊어 무량

42-5-143 問 依上標宗 甚諧正脈 何用更引言詮 廣開諸道. 答 馬鳴祖師 雖標唯心一法 開出眞如生滅二門 達磨 直指一心 建立隨緣無礙四行. 詳夫 宗本無異 因人得名. 故云 祖師頓悟直入 名禪宗 諸佛果德根本 名佛性 菩薩萬行原穴 名心地 衆生輪迴起處 名識藏 萬法所依 名法性 能生般若 名智海. 不可定一執多生諸情見.

문 : 위에서 종지를 표방한 것에 의하면 바른 맥에 참으로 잘 어울리는데, 어찌 다시 말의 논리를 끌어다가 모든 도를 광범위하게 열어 보이는 것입니까.

답 : 마명 조사가 비록 오직 마음이라는 하나의 법을 표방하였더라도 진여와 생멸의 두 문을 열어 놓았으며, 달마 대사가 바로 하나의 마음을 가리켰으나 인연 따라 걸림이 없는 네 가지 행을 건립하였다. 이것을 자세히 살펴보면 종지와 근본은 다를 것이 없으나, 각도를 달리해 주장하는 사람으로 인하여 다르게 이름을 얻는 것이다.

그러므로 "조사 스님의 돈오하여 바로 도에 들어간다고 주장함을 이름하여 선종이라 하고, 모든 부처님의 과보로 나타나는 공덕의 근본을 이름하여 불성이라 하며, 보살이 수행하는 만행의 근원적인 수행처를 이름하여 마음자리라 하고, 중생의 윤회가 일어나는 자리를 이름하여 식장(識藏)이라 하며, 만가지 법이 의지하는 곳을 이름하여 법성이라 하고, 반야의 지혜를 낼 수 있는 것을 이름하여 지혜의 바다라 한다"고 하였다.

따라서 하나를 확정하거나 많은 것에 집착하여 중생의 온갖 알음알이를 내어서는 안된다.

○

是以 金光明經云 法性甚深無量. 無量者 非別有一法 名爲無量. 毘盧遮那遍一切處 一切諸法皆是佛法. 甚深者 亦非別有一法 名爲甚深. 卽事而眞 無非實相. 可謂 一中之多 當存而正泯 多中之一 在卷而亦舒.

이래서 『금광명경』에 이르기를 "법의 성품은 깊고 깊어 무량하다"고 하였다. '무량'하다는 것은 달리 어떤 하나의 법이 있어 그것을 이름하여 '무량'하다고 하는 것이 아니다. 비로자나 부처님이 일체 모든 곳에 두루하시니, 일체 모든 법이 다 불법이다. '깊고 깊다'는 것도 또한 달리 어떤 하나의 법이 있어 그것을 이름하여 '깊고 깊다'고 하는 것이 아니다. 사(事) 자체가 전부 진(眞)으로서 실상 아닌 게 없다.

가히 하나 가운데 많음이라 존재하면서도 바로 사라지고, 많은 것 가운데 하나라 말려 있으면서도 또한 펼쳐진다고 할 수 있는 것이다.

변역생사와 오탁에 대해

42-8-144 遺敎經云 縱此心者 喪人善事 制之一處 無事不是 故比丘當勤精進 折伏汝心. 故知 生死難出 應須兢愼. 且如一乘聖人及自在菩薩 俱出三界之外 尙有變易之身 四種生死 何況三界之內 現行煩惱 業繫凡夫分段死乎. 四種生死者 則是一切阿羅漢辟支佛大地菩薩 由四種障 不得如來四德 一方便生死 二因緣生死 三有有生死 四無有生死.

『유교경』에서 부처님은 "이 마음을 제멋대로 놓아두면 사람의 좋은 일을 해치지만 한 곳에 두어 잘 통제하면 하는 일마다 옳지 않음이 없다. 그러므로 비구들은 마땅히 부지런히 정진하여 마음을 항복받아 굴복시켜야 할 것이다"라고 말씀하셨다.

그러므로 우리는 벗어나기 어려운 생사에 있는 줄을 알고, 마땅히 몸과 마음을 삼가 근신해야 한다. 만일 일승(一乘)의 성인과 자재보살이 함께 삼계를 벗어나더라도 오히려 변역하는 몸으로서 네 종류의 생사가 있는데, 하물며 삼계 속에서 현행하는 번뇌로 업에 매인 범부의 분단생사야 어찌 더 말할 필요가 있겠는가.

네 종류의 생사는 일체의 아라한과 벽지불과 대지보살이 네 종류의 장애로 말미암아 여래의 네 가지 덕인 상·락·아·정을 얻지 못함이니, 첫째는 방편생사(方便生死)요, 둘째는 인연생사(因緣生死)며, 셋째는 유유생사(有有生死)요, 넷째는 무유생사(無有生死)이다.

○

無上依經 云. 佛告阿難 於三界中 有四種難 一者 煩惱難 二者 業難 三者 生報
難 四者 過失難. 無明住地所起 方便生死 如三界內煩惱難 無明住地所起 因緣生
死 如三界內業難 無明住地所起 有有生死 如三界內生報難 無明住地所起 無有
生死 如三界內過失難. 應如是知 阿難 四種生死 未除滅故 三種意生身 無有常樂
我淨波羅蜜果. 唯佛法身 是常是樂是我是淨波羅蜜 汝等應知.

이것을 『무상의경』에서 다음과 같이 말하였다.

부처님이 아난에게 말씀하시기를, 삼계 가운데에 네 종류의 어려움이 있으니, 첫째
는 번뇌로 일어나는 어려움이요, 둘째는 업으로 일어나는 어려움이며, 셋째는 과보를
낳는 어려움이요, 넷째는 과실을 저지르는 어려움이다.

무명주지(無明住地)에서169) 일어나는 방편생사는 마치 삼계 속에서 번뇌로 일어나
는 어려움과 같고, 무명주지에서 일어나는 인연생사는 삼계 속에서 업으로 일어나는
어려움과 같으며, 무명주지에서 일어나는 유유생사는 삼계 속에서 과보를 낳는 어려
움과 같고, 무명주지에서 일어나는 무유생사는 삼계 속에서 저지르는 과실의 어려움
과 같다.

아난아, 마땅히 이와 같음을 알라. 네 종류의 생사를 아직 제거하여 멸하지 못했기
때문에 세 종류의 의생신(意生身)에170) 상·락·아·정의 바라밀(波羅蜜)에 대한 과
보가 없는 것이다. 오직 부처님의 법신에만 상·락·아·정의 바라밀이 있는 것임을
너희들은 응당 알아야 한다.

---

169) 무명주지(無明住地) : 무명이 깔려 있는 자리를 말한다.
170) 의생신(意生身) : 변역생사로 자비원력의 뜻으로 태어나는 몸을 말한다.

○

愛別離苦者 大涅槃經云 因愛生憂 因愛生怖 若離於愛 何憂何怖. 法華經云 諸苦
所因 貪欲爲本. 淨名經云 從癡有愛 則我病生. 怨憎會苦者 大涅槃經云 觀於五
道一切受生 悉是怨憎 合會大苦. 若未了無生 於所生之處 無非是怨 無非是苦.
何者. 爲境所縛 不得自在故. 求不得苦者 有其二種 一者 所希望處 求不能得 二
者 多役功力 不得果報.

좋아하나 이별해야 된다는 고통은 무엇인가. 『대열반경』에서는 "애욕으로 인하여
근심이 생기고 애욕으로 인하여 두려움이 생기니, 만약 애욕을 떠난다면 무엇을 근심
하고 무엇을 두려워 하겠는가"라고 하였고, 『법화경』에서는 "모든 괴로움의 원인은
탐욕이 근본이 된다"고 하였으며, 『정명경』에서는 "어리석기 때문에 좋아하는 것이
있어 '나'라는 병통이 생긴다"고 하였다.

원한과 증오심이 있는데도 만나야만 되는 고통은 무엇인가. 『대열반경』에서 "오도
(五道)에 있는 일체중생을 살펴보니, 모두가 원한과 증오로서 만나 큰 괴로움을 당한
다"고 하였다. 만약 무생(無生)의 이치를 요달하지 못했다면 태어나는 곳마다 원한이
며 고통 아님이 없다. 무엇 때문인가. 경계에 끄달려서 자재하지 못하기 때문이다.

구하려 하나 구할 수 없는 고통은 무엇인가. 여기에 두 종류가 있으니, 하나는 자기
가 희망하는 곳에 가고 싶으나 갈 수 없는 괴로움이며, 또 하나는 많은 공력을 들여
구하지만 만족한 결과를 얻지 못하는 괴로움이다.

○

五陰盛苦者 生苦老苦 病苦死苦 愛別離苦 怨憎會苦 求不得苦. 是故 名爲五陰盛苦 以執陰是有 爲陰所籠 便成陰魔 衆苦所集. 五濁者 一劫濁 四濁增劇聚在. 此時 瞋恚增劇 刀兵起 貪欲增劇 飢餓起 愚癡增劇 疾疫起 三災起故 煩惱倍隆 諸見轉熾 麤弊色心 惡名穢稱 摧年減壽.

몸이 있음으로 해서 받아야만 하는 고통은 무엇인가. 몸 때문에 받아야만 하는 생·로·병·사의 고통이며, 좋아하나 이별해야 하는 고통과 원한과 증오로서 만나야만 하는 고통, 구하려고 하나 구할 수 없는 고통이다. 그래서 오음성고(五陰盛苦)라고 한다. 이 몸이 있다고 집착하니 몸에 구속되고, 문득 이 몸이 마구니가 되어 온갖 고통이 여기에 모이는 것이다.

다섯 가지 탁하다는 것은 무엇인가. 첫째는 세월이 탁하다는 겁탁(劫濁)이니, 오탁 가운데의 나머지 네 종류의 탁이 점점 불어나서 극에 달한 시점을 말한다. 이 때 성내는 마음이 극에 달하여 칼을 잡은 병사들이 전쟁을 일으키고, 탐욕이 극에 달하여 배고픈 굶주림이 생겨나며, 어리석음이 극에 달하여 질병이 일어나고, 전쟁과 굶주림과 질병의 세 가지 재난이 일어나기 때문에 번뇌가 더욱더 많아지며, 삿된 견해가 점점 치열해져 몸과 마음을 거칠게 하고, 악명과 더러운 이름으로 세월을 재촉하여 수명이 줄어드는 것이다.

○

衆濁交湊 如水奔昏 風波鼓怒 魚龍攪擾 無一聊賴 時使之然. 如劫初光音天墮地
地使有欲 如忉利天入麤澁園 園生鬪心 是名劫濁相. 煩惱濁者 貪海納流 未曾飽
足 瞋虺吸毒 燒諸世間 癡闇頑嚚 過於漆墨 慢高下視 陵忽無度 疑網無信 不可
告實 是爲煩惱濁相.

온갖 탁한 더러움이 모여들어 마치 흘러가는 물이 소용돌이로 흙탕물을 일으키고,
파도와 바람이 휘몰아치며, 고기와 용들이 물 속을 휘젓는 것과 같아서 잠시라도 쉬
고 의지할 곳이 없으니, 시절이 그렇게 만드는 것이다. 이것은 마치 세상이 생길 때
광음천이171) 세상에 떨어지면서 세간의 흐름이 그에게 애욕이 있도록 한 것과 같고,
도리천의 사람들이 추삽원에172) 들어가면서 싸우려는 마음이 생긴 것과도 같으니,
이것을 이름하여 겁탁의 모습이라 한다.

둘째, 번뇌탁(煩惱濁)이라는 것은 무엇인가. 탐욕의 바다가 모든 욕망의 흐름을 받
아들이면서도 일찍이 조금도 만족할 줄 모르고, 성난 독사가 독을 빨아들여 홧김에
모든 세간을 불태우며, 사리에 어둡고 어리석음이 칠흙보다 더하고, 자기를 높이고
남을 얕잡아서 낮추어 능멸하고 홀대함에 법도가 없으며, 의심투성이에 믿음이 없어
진실을 말할 수 없으니, 이것이 번뇌탁의 모습이 된다.

171) 증일아함경(增一阿舍經)에 의하면 광음천이 세상에 내려와 기름진 고기를 먹고 신족통을 잃었다.
172) 제석천왕이 싸우고자 하여 추삽원에 들어가면 갑옷과 무기가 저절로 나타난다. 마음씨 고운 도리천 사람들
    도 여기에 들어가면 투쟁심이 일어난다고 한다.

○

見濁者　無人謂有人　有道謂無道　十六知見　六十二見等173)　猶如羅網　又似稠林
纏縛屈曲　不能得出　是見濁相. 衆生濁者　攬於色心　立一宰主　譬如黐膠　無物不著
流浪六道　處處受生　如貧如痤　名長名富　是爲衆生濁相.

셋째, 견탁(見濁)이라는 것은 무엇인가. 사람이 없는데 사람이 있다고 말하고, 도가
있는데 도가 없다고 말하며, 외도의 십육지견(十六知見)과174) 육십이견(六十二見) 등
이 마치 펼쳐 놓은 그물과 같고, 또 우거진 숲 속과 같아 꽁꽁 얽히고 결박되어 도무
지 빠져나올 수 없으니, 이것이 견탁의 모습이다.

넷째, 중생탁(衆生濁)이라는 것은 무엇인가. 몸과 마음을 움켜쥐어서 '나'라는 주재
자를 세우는 것이니, 비유하면 끈끈이나 아교풀과 같아서 어떠한 사물에도 달라붙지
않는 곳이 없다. 그러므로 육도에 윤회하며 처처에 중생의 몸을 받는 것이니, 가난뱅
이나 병자 같은 이가 장자나 부자처럼 뽐내기도 하는, 이것이 중생탁의 모습이다.

---

173) 六十二見等은 C본과 같으나 K본 S본은 六十三見等으로 되어 있다.
174) 십육지견(十六知見) : 나라는 것이 있다고 주장하는 16가지 잘못된 견해

○

命濁者 朝生暮殞 晝出夕沒 波轉煙迴 晌息不住 是命濁相. 居此濁亂之時 遮障增
劇 境飄識燄 燒盡善根 業動心風 吹殘白法. 著瞋魑魅之鬼趣 墮癡羅刹之網中 爲
貪愛王之拘留 被魔怨主之驅役 孰能頓省 傚此圓修.

다섯째, 명탁(命濁)이라는 것은 무엇인가. 아침에 태어나서 저녁에 죽거나 낮에 나
왔다가 저녁에 사라짐이 파도와 안개가 휘몰아치듯 잠시도 머물 수 없으니, 이것이
명탁의 모습이다.

이 탁하고 어지러운 시대에는 부정적인 장애가 극에 달하니, 경계의 소용돌이에서
불타는 마음이 세간의 선근을 다 태워 버리며, 업으로 움직이는 마음의 바람으로 청
정한 법을 다 쓸어 버리는 것이다. 이것은 성난 도깨비와 귀신에게 달라붙고, 어리석
은 나찰의 그물에 떨어지며, 탐욕과 애욕에 사로잡힘이 되고, 마구니나 원수가 주인
이 되어 그들의 노리개가 되니, 누가 자신의 순간을 돌이켜서 이 원만한 수행을 본받
을 수 있겠는가.

허공을 의지한다

42-12-145 首楞嚴經云 如第四禪無聞比丘 妄言證聖 天報已畢 衰相現前 謗阿羅漢 身遭後有 墮阿鼻獄 又云 善星妄說一切法空 生身陷入阿鼻地獄. 故知 若未入宗鏡 先悟實相眞心 假饒大辯神通 長劫禪誦 終不免斯咎. 若達此旨 凡所施爲 擧足下足 自然不離一心涅槃之道. 如月上女經云 舍利弗告月上女言 汝於今者 欲何所去. 月上女報言 汝問今欲向何所去者 我今亦如舍利弗去 作如是去耳.

『수능엄경』에서 "색계의 네 번째 선정에 들어갔던 무문 비구가 부처님의 경지를 증득하였다고 망언하다가 천상의 과보가 끝나자 초라한 모습이 되어, 아라한을 비방한 과보로 뒷날 아비지옥에 떨어졌다"고 하였다. 또 "선성 비구가 일체 모든 법이 공(空)하다고 허망하게 설하다가 산 채로 아비지옥에 떨어졌다"고도 하였다.

그러므로 알라. 만약 종경에 들어가 먼저 진실한 모습인 참마음을 깨닫지 않는다면 설사 큰 변재와 신통이 있어 오랜 세월 선에 관한 구절을 암송하더라도 끝내 아비지옥에 들어가는 허물을 면치 못할 것이다.

만약 이 종지를 통달한다면 일상생활에 베풀어지는 모든 행위가 자연히 하나의 마음인 열반의 도리를 벗어나지 않으리니, 이것은 『월상녀경』에서 사리불과 월상녀가 문답한 다음 내용과 같다.

사리불 : 당신은 지금 어디에 가시려고 합니까.

월상녀 : 사리불 존자께서 지금 어디 가느냐고 묻는다면, 제가 지금 사리불 존자께서 가는 것과 같이 이렇게 가고 있습니다.

○

舍利弗報月上女言 我今欲入 毘耶離城 汝於今者 乃從彼出 云何報言 我今乃如
舍利弗去 作如是去. 爾時 月上女復報舍利弗言 然舍利弗擧足下足 凡依何處. 舍
利弗言 我擧足下足 並依虛空. 女報言 我亦如是 擧足下足 悉依虛空 而虛空界不
作分別 是故 我言亦如舍利弗去 作如是去耳. 女言舍利弗 此事且默 今舍利弗行
何行. 舍利弗言 我向涅槃 如是行也.

사리불 : 나는 지금 비야리성에 들어가려 하고, 당신은 지금 거기에서 나왔습니다.
그런데 어떻게 내가 가는 것과 같이 가고 있다고 말합니까.

월상녀 : 그렇다면 사리불 존자시여, 존자께서 가시면서 발을 들고 내리는 것은 어
떤 곳에 의지하여 그러는 것입니까.

사리불 : 내가 길을 가면서 발을 들고 내리는 것은 모두 허공에 의지하고 있습니다.

월상녀 : 저 또한 그와 같습니다. 발을 들고 내리는 것이 모두 허공을 의지하고 있
으나, 허공계는 분별하지 않습니다. 이런 까닭에 저 또한 사리불 존자가 가고 있는 것
과 같이 똑같이 가고 있다고 말씀드리는 것입니다(이 말에 사리불은 아무 말이 없었
다). 이 일에 대해서 아무 말씀이 없으시니, 지금 사리불 존자께서 하시는 수행은 어
떤 수행입니까.

사리불 : 나는 열반을 향하여 가기 때문에 이와 같은 수행을 하고 있습니다.

○

月上女言 舍利弗 一切諸法 豈不向涅槃行也 我今者 亦向行也. 舍利弗問月上 若
一切法向涅槃者 汝今云何不滅度. 月上女言 舍利弗 若向涅槃卽不滅度 何以故
其涅槃行 不生不滅 不可得見 體無分別 無可滅度者.

월상녀 : 사리불이여, 일체 모든 법이 어찌 열반을 향하여 가지 않겠습니까. 저 또한
지금 열반을 향해 가고 있는 것입니다.

사리불 : 일체 모든 법이 열반을 향한다면 당신은 무엇 때문에 지금 열반에 들어가
지 않습니까.

월상녀 : 사리불이여, 만약 열반으로 향한다면 곧 열반에 들어가지 않는 것입니다.
왜냐하면 열반에 가는 것은 불생불멸로 볼 수 없으며, 열반의 바탕은 분별이 없으므
로 멸도할 것이 없기 때문입니다.

○

釋曰. 其涅槃行 不生不滅者 卽自心無生之義. 縱千途出沒 靡離涅槃之門 任萬法
縱橫 豈越無生之道. 故法華經偈云 佛子住此地 卽是佛受用 常在於其中 經行及
坐臥.

이 문답을 풀이하여 보겠다. 열반에 가는 것이 불생불멸이라 함은 곧 자기 마음에서 생겨날 것이 없다는 이치이다. 설사 여러 가지 모습으로 나타나거나 사라지더라도 열반을 벗어난 것이 아니며, 만 가지 법이 종횡하는 것에 맡기더라도 어찌 무생(無生)의 도를 초월할 수 있겠는가. 그러므로 『법화경』 게송에서는 다음과 같이 말하였다.

불자가 이 경지에 머문다며는
모든 것이 부처님의 복 수용이니
언제나 그 가운데 살고 있어서
가고 오고 앉고 눕고 한가로울 뿐.

목숨을 보는 방법

43-4-146 大涅槃經 云. 復次菩薩 修於死想 觀是壽命 常爲無量怨讎所繞. 念念損減 無有增長 猶山瀑水 不得停住 亦如朝露 勢不久停 如囚趣市 步步近死 如牽牛羊 詣於屠所. 迦葉菩薩言 世尊 云何智者 觀念念滅. 善男子 譬如四人 皆善射術 聚在一處 各射一方 俱作是念 我等四箭 俱發俱墮. 復有一人 作是念言 如是四箭 及其未墮 我能一時 以手接取. 善男子 如是之人 可說疾不.

『대열반경』에서 부처님은 가섭에게 다음과 같이 말씀하셨다.

세존 : 보살은 죽음에 대해 생각하는 수행을 할 때 자기의 목숨이 항상 수많은 원수에게 둘러싸여 있다고 본다. 생각생각에 목숨이 손상되고 사라져 가며 늘어나는 법이 없는 것이 마치 산에서 흘러내리는 폭포수가 잠시도 머무르지 못하고, 아침 이슬의 기운이 오래 가지 못하며, 사형수가 사형장으로 가는 한 걸음 한 걸음이 죽음에 가까워지고, 소와 양이 도살당하기 위하여 도살장으로 끌려가는 것과 같다.

가섭 : 세존이시여, 지혜로운 자는 어떻게 생각생각에 목숨이 사라지는 것을 보아야 합니까.

세존 : 선남자여, 비유하여 훌륭한 궁사 네 사람이 한 장소에 모여서 각자가 다른 방향에다 활을 쏘면서 생각하기를 "우리가 쏜 네 발의 화살은 모두 다 표적지를 맞출 것이다"라고 생각하였다. 이 때 다시 한 사람이 생각하기를 "여기서 쏜 네 발의 화살이 표적지를 맞추기 전에 나는 손으로 단번에 네 발의 화살을 잡아낼 수 있다"고 하였다. 선남자여, 이와 같은 사람의 행동은 빠르다고 이야기할 수 있겠는가.

○

迦葉菩薩言 如是世尊. 佛言 善男子 地行鬼疾 復速是人 有飛行鬼 復速地行 四
天王疾 復速飛行 日月神天 復速四天王 堅疾天 復疾日月 衆生壽命 復速堅疾.
善男子 一息一眴 衆生壽命 四百生滅. 智者 若能觀命如是 是名能觀念念滅也.
善男子 智者觀命 繫屬死王 我若能離如是死王 則得永斷無常壽命.

가섭 : 세존이시여, 빠르다고 할 수 있습니다.

세존 : 선남자여, 땅에서 다니는 귀신은 이 사람보다 더 빠르고, 하늘을 나는 귀신은
땅에서 다니는 귀신보다 더 빠르며, 사천왕은 하늘을 나는 귀신보다 더 빠르고, 일월
신천은 사천왕보다 더 빠르며, 견질천은 일월신천보다 더 빠르고, 중생의 수명은 견
질천보다 더 빠르다.

선남자여, 숨 한 번 쉬면서 눈 깜짝할 사이에 중생의 수명은 400번이나 생멸한다.
지혜로운 자가 목숨을 이와 같이 볼 수 있다면 생각생각에 목숨이 사라지는 것을 볼
수 있다고 한다.

선남자여, 지혜로운 자는 목숨이 죽음의 왕에게 묶여 있다고 본다. 지혜로운 자가
만약 이와 같은 죽음의 왕에게서 벗어날 수 있다면 영원히 무상(無常)한 목숨을 끊을
수 있는 것이다.

자기의 마음을 깨달으면

43-7-147   楞伽經云 心外見法 名爲外道 若悟自心 卽是涅槃 離生死故. 論云 心外
有法 生死輪迴 若了一心 生死永絕 若悟自心 卽是實相 離虛妄故. 法華經云 唯
此一事實 餘二卽非眞 若悟自心 卽是智城 離愚癡故.

『능가경』에서는 "마음 밖에서 법을 보는 것을 외도라 한다. 만약 자기의 마음을 깨
달으면 곧 열반이니, 생사를 벗어났기 때문이다"라고 하였다.

논에서는 "마음 밖에서 어떤 법이 있다면 생사에 윤회하나, 만약 일심(一心)을 요지
한다면 생사가 영원히 끊어진다. 만약 자기의 마음을 깨달으면 곧 진실한 모습이니,
허망함을 벗어났기 때문이다"라고 하였다.

『법화경』에서는 "삼승(三乘) 가운데 오직 일승(一乘)만 진실할 뿐, 나머지 이승(二
乘)은 진실이 아니다. 만약 자기의 마음을 깨달으면 곧 굳건한 지혜의 성(城)이니, 우
치한 어리석음을 벗어났기 때문이다"라고 하였다.

지혜와 자비로써 이롭게

43-9-148　華嚴論 云. 大光王入菩薩大慈爲首三昧 顯所行慈心業用 饒益自在 令後學者倣之. 以明無依之智 入一切衆生心 與之同體 無有別性. 有情無情 皆悉同體 入此三昧 所感業故 令一切衆生及以樹林涌泉 悉皆歸流 悉皆低枝 悉皆稽首 夜叉羅刹 悉皆息惡. 以明智隨一切衆生 皆與同其業用 一性無二. 如世間帝王 有慈悲於人 龍神順伏 鳳集麟翔 何況人焉而不歸仰. 況此大光王 智徹眞原 行齊法界 慈心爲首 神會含靈 與衆物而同光 爲萬有之根本.

『화엄론』에서 다음과 같은 내용을 말하였다.

큰 빛의 왕이 보살의 대자비심을 으뜸으로 삼는 삼매에 들어 자비로운 마음으로 행하는 업의 작용을 드러내니, 자유자재로 넉넉하게 중생을 이롭게 하면서 후학들로 하여금 이것을 따르도록 하였다. 의지할 바 없는 지혜를 밝혀 일체중생의 마음에 들어갔기에 그들과 더불어 한몸이 되니 달리 세울 성품이랄 게 없었다. 유정과 무정이 모두 다 한몸으로 이 삼매에 들어가서 업(業)에 감응되기 때문에, 일체 모든 중생이 머리 숙여 예배하였고, 모든 나무와 숲이 공경의 표시로 가지를 드리웠으며, 솟아오른 샘물들이 모두 다 이 삼매로 흘러들고, 야차와 나찰도 모두 다 악한 업을 쉬게 되었다. 지혜를 밝혀 일체중생을 따르기 때문에, 모두 다 업의 작용이 똑같아 하나의 성품으로 달리 다른 성품이 없다. 이것은 세간의 제왕이 백성에게 자비심을 베풀면 용과 신장이 복종하고 상서로운 봉황과 기린이 모이며 날아드는 것과 같으니, 하물며 사람으로서 어찌 귀의하고 흠앙하지 않겠는가. 더욱이 큰 빛의 왕은 지혜가 진리의 근원에 사무치고 수행이 법계에 일치하여 자비로운 마음을 으뜸으로 삼으니, 신령스럽게 아는 앎이 중생과 더불어 하나의 빛으로 일체 모든 법의 근본이 된다.

○

如摩尼寶 與物同色 而本色不違. 如聖智無心 以物心爲心 而物無違也. 明同體大
慈悲心 與物同用 對現色身 而令發明. 故山原及諸草樹 無不迴轉 向王禮敬 陂池
泉井 及以河海 悉皆騰溢 注王前者. 以智境大慈 法合如此. 若衆生情識 所變之
境 卽衆生不能爲之. 如蓮華藏世界中境界 盡作佛事 以是智境 非情所爲. 故聖者
以智歸情 令有情衆生 報得無情草木山泉河海 悉皆隨智迴轉 以末爲本故.

이것은 마니보주가 거기에 비치는 사물과 똑같은 색이 되나, 사물의 색이 마니보주
본래의 색을 거스르지 않음과 같다. 이것은 성스런 지혜인 무심(無心)이 중생의 마음
으로써 자기의 마음을 삼으나, 중생의 마음이 성인의 마음을 거스르지 않음과 같다.
하나의 몸이 된 대자비심을 밝혀 중생과 더불어 함께 쓰니, 색신(色身)을 마주하여
나타냄에 지혜의 빛을 발하도록 하는 것이다.

그러므로 산과 들과 모든 풀과 나무들이 일제히 몸을 돌려 큰 빛의 왕을 향해 예배
공경하고, 저수지와 샘물과 강과 바다가 모두 큰 빛의 왕 앞에 환희로운 물결을 일렁
이며 물줄기를 뿜어 올린다. 지혜의 경계인 대자비심으로 법에 합당함이 이와 같은
것이다.

만약 중생의 알음알이로 변하는 경계라면 곧 중생은 이렇게 할 수 없는 일이었다.
저 연화장 세계와 같은 경계는 모두 부처님 일로 지혜의 경계이기 때문에 중생의 알
음알이로 될 바가 아니다.

그러므로 성스런 자가 맑은 지혜로 중생에게 돌아가, 유정인 중생이 무정인 산천초
목과 강과 바다가 모두 다 지혜를 따르고 자신의 위치를 돌이켜 보답하도록 하는 것
은 지말로써 근본을 삼았기 때문이다.

○

如世間有志孝於心 冰池涌魚 冬竹抽筍. 尙自如斯 況眞智從慈者歟. 故知 得法界
之妙用 用何有盡. 從眞性中緣起 起無不妙 則理無不事 佛法卽世法 豈可揀是除
非耶. 事無不理 世法卽佛法 寧須斥俗崇眞耶. 但是未入宗鏡 境智未亡 興夢念而
異法現前 發燄想而殊途交應. 致玆取捨 違背圓常. 所以 不能喧靜同觀善惡俱化
者[175] 未聞宗鏡故耳.

이것은 마치 세간에도 지조와 효도하는 마음이 있다면 꽁꽁 언 연못에서 고기가 뛰고, 추운 겨울의 대밭에서 죽순이 올라옴과도 같다. 세간에서도 오히려 이와 같거늘, 하물며 참다운 지혜를 대자비심으로부터 쓰는 것에야 무엇을 더 이야기하겠는가. 그러므로 알라. 법계의 오묘한 작용을 얻는다면 무엇을 쓴들 다함이 있겠는가.

참성품 가운데에서 나오는 연기법은 일어나는 자리에서 오묘하지 않음이 없고, 이(理)가 사(事) 아닌 것이 없어 불법 자체가 세간법이니, 어찌 이 자리에 옳은 것을 가려내어 그른 것을 제거할 수 있겠는가. 사(事)가 이(理) 아님이 없어서 세간법 자체가 불법이니, 어찌 이 자리에 세간의 법을 배척하여 따로 참한 법이라고 숭상할 것이 있겠는가.

단지 아직 종경에 들어가지 않았다면 경계와 지혜가 사라지지 않아 꿈결 같은 다른 법이 눈 앞에 나타나며, 아지랑이 같은 생각으로 육도에 윤회하니, 취하거나 버리는 자리에서 영원하고 원만한 진리를 거역하는 것이다. 그러므로 시끄럽고 조용함을 같이 보고 선과 악을 함께 교화할 수 없다는 것은 아직 종경의 법문을 듣지 않았기 때문이다.

---

175) 不能喧靜同觀은 K본과 S본은 같으나 C본은 不能誼靜同觀으로 되어 있다.

십지 보살과 보현의 지혜

43-11-149 十地菩薩座體 但言滿三千大千世界之量. 此普賢座量 量等虛空 一切法界大蓮華藏. 故明知 十地菩薩 智量猶隔. 以此來昇此位 如許乖宜入出 如許不可說三昧之門. 猶有寂用有限障 未得十地果位後普賢菩薩大自在故. 故三求普賢 三重昇進 卻生想念 方始現身 及說十三昧境界之事. 意責彼十地 猶有求於出世間生死境界 未得等於十方任用自在.

십지 보살이 앉은 자리는 다만 삼천대천세계를 꽉 채울 만한 양이라고 한다. 그러나 보현 보살이 앉는 자리의 크기는 그 양이 허공의 일체 법계 연화장세계와 동등한 것이다.

그러므로 십지 보살의 지혜는 보현의 지혜에 비하여 아직 현격하게 떨어져 있음을 분명히 알 것이다. 십지 보살의 지혜로써 보현의 지위에 오름은 마치 올바른 삼매에 들어가고 나오는 데에 쉽고 어려움이 있는 것과 같고, 마치 설할 수 없는 삼매의 문을 엿보는 것과 같다. 이것은 십지 보살이 공적한 작용이 있으면서도 아직 제한된 장애가 남아 있어 십지의 과보 뒤에 있는 보현 보살의 대자재위를 아직 얻지 못하였기 때문이다. 그러므로 다시 보현의 위치를 세 번 구하여 세 번 거듭된 지위의 상승에서 상념이 일어나는 것을 물리쳐야, 비로소 보현의 몸을 나투고 열 가지 삼매의 경계를 설파할 수 있는 것이다.

이 뜻은 십지 보살이 아직 출세간의 도를 구하는 생사의 경계가 있다는 것을 책망하는 것이니, 시방세계에 맡겨져 쓰이는 모든 작용이 자재한 그 자리에 있는 평등함을 아직 얻지 못하였기 때문이다.

○

以此 如來敎令却生想念 去彼十地中染習出世淨心故. 此明十地緣眞俗 出世餘習
氣惑故. 已上意明 治十地菩薩緣眞俗二習未亡. 寂亂二習未盡 於諸三昧 有出入
習故 未得常入生死 猶如虛空. 無作者 而常普遍 非限量所收.

이로써 여래께서는 가르침으로 상념이 일어남을 물리쳐서, 십지 보살의 경계에 무
명의 훈습으로 남아 있는 '출세간이 깨끗하다'는 마음을 버리게 한다. 이것은 십지 보
살이 진제와 속제를 구분하여 반연한 출세간의 미혹된 습기가 남아 있음을 밝히는
것이다.

위에서 의도한 뜻은 십지 보살이 진제와 속제를 구분하여 반연하는 두 가지 습기가
아직 사라지지 않았음을 치료하려는 것이다. 공적과 혼란의 두 가지 습기가 아직 다
사라지지 않아 모든 삼매에 들어가고 나오는 자취가 있으므로, 항상 생사에 들어가면
서 이것이 오히려 허공과 같음을 얻을 수 없다.

의도하는 바 없이 항상 시방세계에 두루한 것과 같을 수가 없으니, 이는 중생의 한
정된 알음알이로 거둘 것이 아니다.

맑은 바람이 부는 듯

44-1-150　忠國師臨終之時 學人乞師一言. 師云 教有明文 依而行之 卽無累矣. 吾何言哉. 如斯殷勤 眞實付屬 豈局己見生上慢心. 終不妄斥如來無上甘露 不可思議大悲所熏 金口所宣難思聖教. 如云依而行之者 且依何旨趣. 不可是依文字語句而行 不可是依義路道理而行. 直須親悟其宗 不可輕生孟浪. 若決定信入者 了了自知 何須他說. 聞甚深法 如淸風屆耳.

혜충 국사가 임종할 때에 학인들은 국사에게 한 말씀 일러주기를 청하였다. 그러자 국사께서 말씀하시기를 "부처님 경전에 분명한 가르침이 있으니 이에 의지하여 수행하면 걱정할 것이 없다. 그런데 내가 무슨 말을 하겠는가"라고 하셨다.

이와 같이 은근하게 진실을 부촉하셨는데, 어찌 자기의 견해에 국집하여 자기가 최고라는 아만심을 내겠는가. 국사께서는 끝내 불가사의한 대자비심에 의해서 훈습되어진 성스런 부처님의 훌륭한 감로수와 같은 법문을 허망하게 배척하지 않았다.

국사께서 '경전에 의지하여 수행한다'고 말씀하셨는데, 어떤 뜻에 의지하여 나아가야 하겠는가. 이것은 문자나 말에 의지해서 수행할 수 없고, 이치를 따지는 도리에 의지해서도 수행할 수 없다. 바로 그 종지를 몸소 깨달아야 하니, 문득 맹랑한 알음알이를 내어 될 수 있는 일이 아니다.

만약 이것을 결정코 믿어 들어가는 자는 분명하게 스스로 알 것이니, 여기에 어찌 다른 사람의 가르침을 구하겠는가.

깊고 깊은 법을 들음에, 맑은 바람이 부는 듯하다.

반야는 신령스런 마음

44-3-151 但隨生滅之緣 遺此妙明之性 是以 一切祖敎 皆指見性識心. 不從生因之
所生 唯從了因之所了. 相麤易辯 性密難明 隨轉處而莫知 在照時而方了. 如今不
見者 皆被三惑心牽 六塵境換 不知境元是我 翻成主被客迷. 但能隨流得性之時
自然無惑. 復有云 般若唯以心神契會 以心傳心 方成密付.

다만 생멸의 인연을 따름으로 묘하게 밝은 성품을 망각했을 뿐이니, 이 때문에 모든 조사의 가르침이 다 '성품을 보아 마음을 알라'고 가리키는 것이다.

생겨나는 원인이 있어서 생겨남을 따르는 것이 아니고, 오직 생겨나는 원인을 알아 그 아는 바를 따르는 것이다. 겉으로 나타나는 모습은 거칠어서 쉽게 분별하나 비밀한 성품은 밝히기 어려워 흘러가는 경계를 따라가서는 알 수 없으며, 관조하는 곳에 있을 때에야 알 수 있는 것이다.

만일 지금 이것을 보지 않는 자는 모두 탐·진·치 세 종류의 미혹에 끄달려 육진의 경계가 바뀌고, 바뀌는 경계가 원래 나의 마음이라는 사실을 알지 못하여 도리어 청정한 마음의 주인이 객인 미혹의 경계에 끄달리게 된다. 그러므로 단지 삶의 흐름을 따라서 참성품을 얻을 수 있을 때 자연히 미혹이 없게 된다.

또 어떤 사람은 "반야의 지혜는 오직 신령스런 마음으로 계합해 안다"고 하였다. 마음으로 마음을 전해야, 바야흐로 비밀한 부촉이 되는 것이다.

소리 따라 육도에 윤회

44-6-152 經云. 我正夢時 惑此舂音 將爲鼓響. 阿難 是人夢中 豈憶靜搖開閉通塞. 其形雖寐 聞性不昏. 縱汝形消 命光遷謝 此性云何爲汝消滅. 故知 不認自體恆常之聞性 却徇聲塵生滅之聞相 遂乃聞讚而生喜 聞毁而起瞋. 以迷本聞故 隨聲流轉.

『능엄경』에서 다음과 같은 내용을 말하였다.

어떤 사람이 "내가 꿈을 꿀 때 절구소리를 가지고 북소리로 잘못 알았다"고 하였다. 아난아, 이 사람은 꿈 속에서 어찌 고요함과 소란, 열려서 통하거나 또는 닫혀서 막혔는가를 기억하는가. 이 사람의 형상이 잠이 들었더라도 듣는 성품은 어둡지 않았기 때문이다.

이와 마찬가지로 너의 형체가 소멸되더라도 생명의 빛은 옮겨 가는 것이니, 이 성품이 어떻게 너한테서 소멸되었다고 말할 수 있겠는가.

그러므로 알라. 자체에서 항상 듣는 성품을 알지 못한다면 오히려 소리 경계의 생멸하여 들리는 모습을 쫓아가니, 마침내 칭찬하는 소리를 들으면 기뻐하고 비방하는 소리를 들으면 성을 낸다. 본래의 듣는 성품을 미혹하였기 때문에 소리를 따라 육도에 윤회하는 것이다.

생멸의 근원이 다하면

44-7-153 經云. 生滅旣滅 寂滅現前 忽然超越世出世間 十方圓明 獲二殊勝. 一者 上合十方諸佛本妙覺心 與佛如來 同一慈力 二者 下合十方一切六道衆生 與諸衆生同一悲仰. 是以 初從聞性入時 先亡動靜聲塵之境 次亡能聞所聞之心. 旣心境俱亡 又 不住無心境 及能覺所覺之智 則覺智俱空 此空亦空 方成圓覺. 故云 空覺極圓 空所空滅 始盡生滅之原 到寂滅本妙覺心之地.

『능엄경』에서는 다음과 같은 내용을 말하였다.

생멸이 이미 멸하였다면 적멸이 눈 앞에 나타나리니 홀연 세간과 출세간을 초월하고 시방세계가 뚜렷하게 밝아져 두 가지 수승한 힘을 얻게 된다. 하나는 위로 시방세계 모든 부처님의 오묘한 깨달음인 본래 마음과 계합하여 부처님과 더불어 똑같은 자비의 힘을 갖고, 또 하나는 아래로 시방세계 일체의 모든 중생과 계합하여 모든 중생과 더불어 한가지로 연민하고 흠모하는 힘을 갖는 것이다.

그래서 처음 듣는 성품에 들어갈 때에 먼저 흔들리거나 멈추는 소리의 경계가 사라지며, 다음에 듣는 마음과 들려지는 마음이 사라지는 것이다. 이미 마음과 경계가 함께 사라지면 또 무심(無心)한 경계와 능각(能覺)과 소각(所覺)의 지혜에도 머물지 않으니, 곧 능각과 소각의 지혜가 모두 공(空)하기 때문이며, 이 공 또한 공해야 원각(圓覺)을 성취하는 것이다.

그러므로 "공(空)에 대한 깨달음이 지극히 원만하여서 공(空)과 소공(所空)이 함께 멸해야 비로소 생멸의 근원이 다하여, 적멸한 본래 묘각의 마음자리에 도달한다"고 하였다.

법사와 율사와 선사의 허물

44-8-154 若不觀心內證 法律禪師等 各有十種過患. 如像法決疑經云 三師破壞佛
法 略各有十過. 一 法師十過者 一 但外求文解 而不內觀修心. 釋論云 有論而無
慧 所說不應受. 二 不融經意 息諍趣道.[176] 但執己非他 我慢自高 不識見心苦集.
三 不遵遺囑. 不依念處修道 不依木叉而作 非佛弟子.[177]

만약 마음을 관(觀)하여 안으로 증득하지 못한다면 법사와 율사와 선사에게 각각
열 종류의 허물과 근심이 있게 된다. 이것은 마치 『상법결의경』에서 "법사와 율사와
선사가 부처님의 법을 파괴함에 대략 각자가 열 가지 허물을 가지고 있다"고 한 것과
같다.

먼저 법사의 열 가지 허물은 무엇인가.

첫째, 단지 바깥으로 문자의 이해만을 구하고 안으로 관조하여 자기의 마음을 닦지
않는 허물이다. 이것을 『석론』에서는 "따지기는 하는데 지혜가 없어, 법을 설하는 내
용을 받아들이지 않는다"고 하였다.
둘째, 경의 뜻을 자기 것으로 소화시켜서 논쟁을 쉬고 도에 나아가지 못하는 허물
이다. 단지 자기의 주장에만 집착하여 다른 사람은 틀렸다는 아만심이 높아져, 자기
마음이 고(苦)와 고(苦)의 원인이라는 사실을 알지 못한다.
셋째, 부처님의 유촉을 따르지 않는 허물이다. 사념처관(四念處觀)에 의지하여 도를
닦지도 않고 계율에 의지하여 살지도 않으니, 부처님의 제자가 아니다.

---

176) 二 不融經意 息諍趣道에서 S본은 같으나 K본 C본은 意자가 생략되어 있다.
177) 不依木叉而作 非佛弟子는 K본 S본 C본에는 不依木叉住 非佛弟子로 되어 있다.

○

四 非禪不慧[178] 偏慧不禪 一翅一輪 豈能遠運. 五 法本無說 說破貪求 名利弘宣 寧會聖旨. 六 貴耳入口出 何利於己. 經云 如人數他寶 自無半錢分. 無行而宣 何利於他. 七 設證得法 不過義解 意根卜度 非解脫道 非究竟法.[179] 八 又多加水乳 無道之教 教誤後生. 九 四衆失眞法利 轉就澆漓.

넷째, 선정이 아니면 지혜가 아닌데도 지혜에만 치우쳐 선정을 닦지 않는 허물이다. 한쪽 날개와 한쪽 바퀴로써 어찌 멀리 날며 짐을 운반할 수 있겠는가.

다섯째, 법은 본래 설할 것이 없는데도 설파하여 명예와 이익이 널리 선양되기를 탐욕스럽게 구하는 허물이니, 여기에 어찌 성스런 종지를 알겠는가.

여섯째, 귀로 듣고서 입으로 내뱉음을 귀하게 여기는 허물이니, 여기에 무슨 이익이 있겠는가. 이것은 경에서 "종일 남의 돈을 세어 보아야, 나에게는 반푼도 없다"라고 말한 것과 같다. 수행과 실천 없이 법을 말하니, 이 말이 다른 사람에게 무슨 이익이 있겠는가.

일곱째, 설사 법을 증득하더라도 뜻을 이해하는 데에 지나지 않는 허물이다. 생각으로 헤아리고 짐작함은 해탈의 도가 아니며 구경법이 아니다.

여덟째, 우유에다 물을 자꾸 부어대는 허물이니, 도 없는 가르침으로 후학을 잘못 가르치는 허물이다.

아홉째, 이런 법사의 잘못으로 사부대중이 참다운 법의 이익을 잃고 진흙탕 속으로 빠져들게 하는 허물이다.

---

178) 四 非禪不慧는 원문 四 經云 非禪不慧에서 經云이 생략되어 있다.
179) 七 設證得法 不過義解 意根卜度 非解脫道 非究竟法은 K본 S본 C본에 누락되어 있는 것을 명추회요에서 보충하였다.

○

十 非但不能光顯佛法 亦乃破於佛法也. 禪師十過者 一 經云 假名阿練若 納衣在
空閑 自謂行眞道 好說我等過. 二者 恃行陵他 不識戒取苦集煩惱. 三 無慧修定
盲禪無目 寧出生死也. 四 不遵遺囑 不依念處修道 不依木叉而住 非佛弟子. 五
無慧之禪 多發鬼定 生破壞佛法 死墮鬼道.

열째는 이런 법사의 잘못으로 다만 부처님의 법을 빛나게 드러낼 수 없을 뿐만 아
니라, 또한 부처님의 법을 파괴하는 허물이다.

선사의 열 가지 허물은 무엇인가.

첫째, 경에서는 "자기가 사는 곳을 수행처라 거짓 이름하고 승복을 걸친 채 일없이
한가롭게 살면서도, 스스로 참다운 도를 행한다고 자기 자랑하기 좋아하는 허물이다"
라고 하였다.

둘째, 참선을 한다고 으시대며 다른 사람을 능멸하는 허물이다. 이는 고(苦)와 고
(苦)의 원인을 가져오는 번뇌의 성질을 알고 조심하는 것이 아니다.

셋째, 지혜가 없이 선정을 닦는 허물이다. 맹목적 선정으로 지혜의 안목이 없으니,
여기서 어찌 생사를 벗어날 수 있겠는가.

넷째, 부처님의 유촉을 따르지 않는 허물이다. 사념처관에 의지하여 도를 닦지도 않
고 계율에 의지하여 살지도 않으니, 부처님의 제자가 아니다.

다섯째, 지혜가 없는 선정으로 다분히 귀신의 선정을 유발시키는 허물이다. 살아서
부처님의 법을 파괴하고 죽어서는 귀신의 세계에 떨어진다.

○

六 名利坐禪 如扇提羅死墮地獄. 七 設證得禪 卽墮長壽天難. 八 如水乳禪 敎授 學徒 紹三塗種子. 九 四衆不霑眞法之潤 轉就澆漓. 十 非止不能光顯三寶 亦乃 破佛法也. 律師十過者 一 但執外律 不識內戒 故被淨名訶. 二 執律名相 諍計是 非 不識見心苦集.

여섯째, 명예와 이익을 위하여 좌선하는 허물이다. 마치 재물과 여자를 추구하며 참선했던 선제라와 같아 죽어서 지옥에 떨어진다.

일곱째, 설사 어느 정도 선정의 힘을 증득하더라도 곧 오래 사는 장수천(長壽天)의 복락에 빠지는 허물이니, 부처님의 법을 빨리 만나기 어렵다.

여덟째, 우유에다 물을 부어대는 식의 선정으로 후학들을 잘못 가르치는 허물이니, 삼악도에 떨어질 종자를 심는다. 아홉째, 이런 선사의 잘못으로 사부대중이 참다운 법의 윤택함을 적시지 못하고, 진흙탕 속으로 빠져들게 하는 허물이다.

열째, 이런 선사의 잘못으로 단지 불·법·승 삼보를 빛나게 드러낼 수 없을 뿐만 아니라, 또한 부처님의 법을 파괴하는 허물이다.

율사의 열 가지 허물은 무엇인가.

첫째, 단지 외양으로 드러나는 율법에만 집착하고 안에 스며 있는 삶의 질서를 알지 못하는 허물이다. 그러므로 유마 거사의 질책을 받는다.

둘째, 계율의 명칭과 모양에만 집착하고 다투어 시비만을 일삼는 허물이다. 자기 마음이 고(苦)와 고(苦)의 원인이라는 사실을 알고 보는 것이 아니다.

○

三 兼戒定慧相資 方能進道 但律不慧不禪 何能進道. 四 弘在名譽 志不存道 果在三塗. 五 不遵遺囑 不依念處修道 不依木叉而住. 六 執律方便小敎 以爲正理而障大道. 七 師師執律不同 弘則多加水乳. 八 不依聖敎傳授 誤累後生. 九 四衆不霑眞法 轉就澆漓. 十 非止不能光顯三寶 亦乃破佛法也. 是知 若不觀心 其如上之大失.

셋째, 계율과 선정과 지혜를 겸해야 서로 도와 도에 나아갈 수 있음에도, 단지 계율만 주장하고 선정과 지혜를 닦지 않는 허물이니, 여기서 어찌 도에 나아갈 수 있겠는가. 넷째, 널리 명예를 날리고 싶어하여 공부하는 속뜻이 도에 있지 않은 허물이니, 과보가 삼악도에 있다.

다섯째, 부처님의 유촉을 따르지 않는 허물이다. 사념처관에 의지하여 도(道)를 닦지 않고, 계율에 의지하여 살지도 않으니 부처님의 제자가 아니다. 여섯째, 계율이란 방편의 작은 가르침에 집착하여 이를 바른 이치로 삼기 때문에 대도(大道)를 장애하는 허물이다.

일곱째, 율사마다 계율에 대한 견해가 다른 허물이니, 율법을 펼치면 펼칠수록 우유에다 물을 타는 꼴이 된다. 여덟째, 성스런 가르침에 의지하지 않고 삿된 견해로 율법을 전수하는 허물이니, 후학을 잘못 가르쳐 누를 끼치게 된다.

아홉째, 이런 율사의 잘못으로 사부대중이 참다운 법을 적시지 못하고 진흙탕 속으로 빠져들게 하는 허물이다.

열째, 이런 율사의 잘못으로 단지 불·법·승 삼보를 빛나게 드러낼 수 없을 뿐만 아니라, 또한 부처님의 법을 파괴하는 허물이다. 그러므로 이것으로써 마음을 관(觀)하지 않는다면 위와 같은 큰 허물을 갖추게 된다는 사실을 알아야 할 것이다.

무심에 스스로 즐겁다

45-4-155 前據台教 明五百番安心法門 皆爲逗機 對病施藥. 今依祖教 更有一門 最爲省要 所爲無心. 何者 若有心則不安 無心則自樂. 故先德 偈云 莫與心爲伴 無心心自安 若將心作伴 動卽被心謾.

앞에서는 천태교에 의거하여 오백 번이나 마음을 편안하게 하는 법문을 밝혔다. 이것은 모두 중생의 근기를 맞추기 위한 것으로 중생의 병에 대하여 거기에 알맞게 약을 베푸는 일이었다. 이제 조사 스님의 가르침에 의지하면 다시 가장 중요한 하나의 법문이 있으니 이른바 무심(無心)이다. 왜 그런가. 만약 마음이 있다면 불안하나 마음이 없으면 스스로 즐겁기 때문이다. 그러므로 옛 스님은 게송으로 다음과 같이 말하였다.

마음과 더불어 짝하지 말라
무심하면 저절로 편안하다네
마음을 가져다 짝을 삼으면
대상이 흔들림에 속게 되리라.

부사의삼매

45-5-156 大寶積經 云. 佛言文殊 汝入不思議三昧耶. 文殊師利言 不也世尊. 我卽
不思議 不見有心能思議者 云何而言 入不思議三昧. 我初發心 欲入是定 而今思
惟 實無心相而入三昧. 如人學射 久習則巧 後雖無心 以久習故 箭發皆中. 我亦
如是 初學不思議三昧 繫心一緣. 若久習成就 更無心想 恆與定俱.

『대보적경』에서 부처님은 문수에게 다음과 같이 질문하였다.

세존 : 너는 부사의삼매에 들어갔는가.

문수 : 아닙니다, 세존이시여. 제가 곧 부사의로서 능히 생각하고 헤아리는 마음이
있음을 보지 않았는데, 어떻게 부사의삼매에 들어간다고 하겠습니까. 제가 처음 발심
하여 이 부사의삼매에 들어가려 하였으나, 지금 생각하면 진실로 마음의 상이 없어야
삼매에 들어가는 것입니다. 이것은 마치 사람이 활 쏘는 법을 배워서 오래 익히면 솜
씨가 좋아지는 것과 같습니다. 뒤에 비록 활을 쏘는 마음이 무심하더라도 활 쏘는 법
을 오래 익혀 왔기 때문에 쏘는 화살이 모두 백발백중으로 표적에 맞는 것입니다. 저
도 또한 이와 같아서, 처음 부사의삼매를 배울 때에는 마음을 하나의 인연에 모아 두
었던 것입니다. 만약 이 마음을 오랜 세월 익혀 부사의삼매가 성취된다면 다시 마음
에 다른 생각이 없어, 항상 부사의삼매와 함께 하고 있을 것입니다.

부처님이 수기한다

45-6-157 問 本自無心 妄依何起. 答 爲不了本自無心 名妄. 若知本自無心 卽妄無所起 眞無所得. 問 何故 有心卽妄 無心卽無妄. 答 以法界性空寂 無主宰故. 有心卽有主宰 有主宰卽有分劑. 無心卽無主宰 無主宰卽無分劑 無分劑卽無生死. 問 無心者 爲當離心是無心 卽心得無心. 答 卽心得無心.

문 : 본래 마음이 없는데 망념은 무엇에 의지하여 일어납니까.

답 : 본래 마음이 없음을 알지 못하므로 망념이라 한다. 만약 본래 마음이 없음을 안다면 곧 망념이 일어날 바 없으니, 이는 참으로 얻을 바가 없다.

문 : 무슨 이유로 마음이 있으면 망념이고, 마음이 없으면 망념이 없다고 하십니까.

답 : 법계의 성품이 공적하여 주관하고 관할하는 것이 없기 때문이다. 마음이 있다면 주재하는 것이 있고, 주재함이 있다면 분별이 있는 것이다. 그러나 마음이 없다면 주재하는 것이 없고, 주재하는 것이 없다면 분별이 없으며, 분별이 없으면 생사가 없는 것이다.

문 : 무심(無心)이라는 것은 마음을 떠나야 무심입니까, 아니면 마음 자체에서 무심을 얻습니까.

답 : 마음 자체에서 무심을 얻는 것이다.

○

問 卽心是有心 云何得無心. 答 不壞心相而無分別. 問 豈不辯知也. 答 卽辯知無能所 是無心也 豈渾無用始是無心. 譬如明鏡照物 豈有心耶. 當知一切衆生恒自無心[180] 心體本來常寂. 寂而常用 用而常寂 隨境鑑辯 皆是實性自爾 非是有心方始用也. 只謂衆生不了自心常寂 妄計有心 心便成境.

문 : 마음 자체가 마음이 있는 것인데, 어떻게 무심(無心)을 얻을 수 있겠습니까.

답 : 내가 말하는 무심은 인연으로 나타나는 마음의 모습을 파괴하지 않으면서 분별이 없는 것이다.

문 : 어찌 분별하여 아는 것이 아닙니까.

답 : 분별하여 아는 자체에 능·소가 없는 것이 무심인데, 어찌 마음의 작용이 전혀 없어야만 비로소 무심이라 하겠는가. 비유하면 깨끗한 거울이 사물을 비춤과 같으니, 어찌 거울에 비추고자 하는 마음이 있겠는가. 마땅히 알라. 모든 중생이 항상 스스로 무심하여 마음 바탕이 본래가 항상 공적한 것이다. 공적하면서도 항상 작용하고 작용하면서도 항상 공적하여, 경계를 따라 보고 아는 것이 모두 진실한 성품으로 본래 그러하니, 어떤 마음이 있어서야 비로소 작용하는 것이 아니다. 다만 중생이 항상 자기 마음이 공적함을 알지 못하고 허망하게 어떤 마음이 있다고 생각한다면 그 생각하는 마음이 문득 경계를 만드는 것이다.

---

180) 當知一切衆生恒自無心과 卽理無理故理恒是心 理恒是心故不動心相 心恒是理故不得心相에서 K본과 S본은 같으나 C본은 恒자가 恆으로 되어 있다.

○

以卽心無心故 心恒是理 卽理無理故 理恒是心. 理恒是心故 不動心相 心恒是理
故 不得心相. 不得心相故 卽是衆生不生 不動心相故 卽是佛亦不生. 以生佛俱不
生故 卽凡聖常自平等法界性也 純一道淸淨 更無異法. 當知但有心分別作解之處
俱是虛妄 猶如夢中 若未全覺 所見纖毫 亦猶是夢中事. 但得無心 卽同覺後絶諸
境界 但有一微塵 可作修證不思議解處 俱不離三界 夢中所見. 經云 無有少法可
得 佛卽授記.

마음 자체에 어떤 마음이 없기 때문에 마음이 항상 이치이고, 이치 자체에 별다른
이치가 없기 때문에 이치가 항상 마음이다. 이치가 항상 마음이므로 마음의 모습을
움직이지 않고, 마음이 항상 이치이므로 마음의 모습을 얻을 수 없다.

마음의 모습을 얻을 수 없기 때문에 곧 중생이 생겨나지 않고, 마음의 모습을 움직
이지 않기 때문에 부처님 또한 생겨나지 않는다. 중생과 부처가 모두 생겨나지 않기
때문에 범부와 성인이 항상 스스로 평등한 법계의 성품이며, 순수한 하나의 도로서
청정하여 다시 또 다른 법이 없다.

그러므로 마땅히 알라. 단지 마음으로 분별하여 알음알이를 만든다면 모두 허망한
꿈 속의 일과 같으며, 만약 완전한 깨달음이 아니어서 털끝만치라도 견처(見處)가 남
았다면 이 또한 꿈 속의 일과 같은 것이다.

단지 무심하다면 깨달음 이후 모든 경계가 끊어진 것과 같으나, 다만 한 티끌만치
라도 부사의한 곳을 닦아 증득할 수 있다는 견해를 가진다면 모두 삼계를 벗어나지
못한 꿈 속의 경계와 같다. 그러므로 경에서 "얻을 만한 조그마한 법도 없을 때 부처
님이 곧 수기한다"고 하는 것이다.

돌 호랑이 산 앞에서

45-7-158 又 且無心者 不得作有無情見之解. 若將心作無 此卽成有 若一切處無心
如土木瓦礫 此成斷滅 皆屬意根 强知妄識邊事. 是以 稱不思議定者 以有無情見
不及故. 又 澄湛是事 當體是理. 事有顯理之功 亦有覆理之義 理有成事之力 亦
有奪事之能. 各取則兩傷 並觀則俱是. 何謂顯理. 若妙性未發 須假事行助顯莊嚴
如水澄淸 魚石自現. 何謂成事 若功行未圓 必仗理觀引發開導.

또 무심이란 '있다 없다'는 알음알이를 가질 수 없는 것이다. 만약 마음을 가지고
'없다'라는 견해를 지으면 이것은 곧 '없다'는 견해가 있게 되고, 만약 일체 모든 곳에
'아무런 마음이 없어' 마치 토목이나 기왓장 부스러기와 같다면 이것은 곧 마음이 끊
어져 멸했다는 단견을 이루는 것이다. 이것은 모두 의근(意根)에 속하며 허망한 마음
에서 일어나는 일을 억지로 아는 것이다.

이러하므로, 부사의선정이라는 경지는 '있다 없다'는 알음알이로써는 미칠 수 없는
것이다. 또 맑고 담담함이 사(事)의 측면이라면 당체는 이(理)의 측면이다. 사(事)에
는 이(理)를 나타내는 공능이 있으면서 또한 이(理)를 덮는 뜻도 있으며, 이(理)에는
사(事)를 만들어내는 힘이 있으면서 또한 사(事)를 박탈하는 공능도 있다. 이(理)와
사(事)를 따로 취하면 둘 다 손상되나 아울러 관찰한다면 둘 다 옳은 것이다.

무엇이 이(理)를 드러낸다고 하는 것인가. 만약 묘(妙)한 성품이 드러나지 못했다면
사(事)를 빌려서 장엄을 드러내게 도와야 한다는 것이니, 마치 물이 맑으면 고기와
돌이 저절로 나타나 보이는 것과 같다. 무엇이 사(事)를 만든다고 하는 것인가. 만약
힘써 노력함에도 원만하지 못하면 반드시 이(理)에 의지해 관(觀)하도록 끌고 인도해
주어야 한다는 것이다.

○

何謂覆理. 若一向執事坐禪 反迷己眼 未識玄旨 徒勞念靜. 何謂奪事. 若天眞頓
朗 如日消冰 何須調心收攝伏捺. 故經偈云 若學諸三昧 是動非是禪 心隨境界流
云何名爲定. 問 旣不得作有無之解 如何是正了無心. 答 石虎山前鬪 蘆華水底沈.

무엇이 이(理)를 덮는다고 하는가. 만약 한결같이 사(事)에 집착하여 좌선한다면 도리어 자기의 안목에 미혹하여 현묘한 종지를 알지 못할 뿐 부질없이 고요한 생각에 빠지는 수고를 면치 못한다는 것이다.

무엇이 사(事)를 박탈한다고 하는 것인가. 만약 천진하여 대번에 밝아지면 마치 햇빛이 얼음을 녹임과 같다는 것이니, 여기에 어찌 마음을 다스려 번뇌를 굴복시킬 필요가 있겠는가. 그러므로 경의 게송에서 다음과 같이 말하였다.

삼매를 따로 정해 배운다 하면
대상 따라 움직이니 선이 아니네
마음이 경계 따라 흔들리거늘
어떻게 선정이라 이름하리오.

문 : 이미 '있다 없다'는 견해를 지을 수 없다면 무엇이 바로 무심을 아는 것입니까.

답 : 돌 호랑이 산 앞에서 으르렁하며, 갈대 꽃이 물 밑으로 가라앉는다.

보살의 네 가지 번뇌

45-9-159 若不先診候 察其病原 何以依方 施其妙藥. 只如淨名居士 位臨等覺 尙有原品無明 實因疾未盡 現受後有生死 實果疾猶存. 如淨名疏 問 實報無障礙土 何得猶有煩惱四分之因疾. 答 開菩薩自體法界緣集 卽有四分 所以然者. 取自體一實諦 卽是貪愛 捨二邊生死 卽是瞋斷 迷一實諦 無明未盡 故猶有癡也. 三分等取 卽是等分. 此卽是根本之三毒.

만약 진찰하여 먼저 병의 근원을 살피지 않는다면 어떤 처방에 의지하여 묘약을 베풀 수 있겠는가. 이는 마치 정명 거사가 등각(等覺)의 지위에 올라 있으면서도 오히려 근본무명이 남아 있어 실제로 병의 원인이 다하지 못하였고, 뒤에 올 생사의 모습을 나타내 보임으로 실제로 질병의 과보가 아직 남아 있음과 같은 것이다. 이것은 『정명소』에서 질의 응답한 다음의 내용과 같다.

문 : 실질적 과보로서 장애가 없는 국토에서 어찌 아직도 번뇌가 네 가지로 남아 있는 것입니까.

답 : 보살이 자체 법계의 인연으로 모인 것을 열어 보면 네 가지로 나누어진 번뇌가 있으니, 그러한 이유가 무엇인가. 첫째는 자체로서 하나의 진실한 이치를 좋아하여 취하려고 하는 탐분(貪分)이며, 둘째는 분별로서 나타나는 생사를 버리고자 하여 곧 분발해서 끊으려고 하는 진분(瞋分)이며, 셋째는 하나의 진실한 이치에 미혹하여 무명이 다하지 않았기 때문에 아직 어리석음이 남아 있는 치분(癡分)이며, 넷째는 탐분과 진분과 치분의 세 가지 가운데서 어떤 하나를 취한다면 곧 나머지 두 가지도 똑같이 취해진다는 등분(等分)이다. 이것이 곧 중생의 근본인 탐 · 진 · 치 삼독(三毒)이다.

○

故請觀音經云 淨於三毒根 成佛道無疑 何況業繫凡夫 分段生死之病. 然今時多
不就已子細推尋 及廣披聖典 敎觀俱昧 理行全虧. 唯尙隨語依通 一時遣蕩 拂跡
而跡不泯 歸空而空不亡 以不出法塵 全爲影事.

그러므로 『청관음경』에서 "삼독의 뿌리를 정화하면 불도를 성취함에 의심이 없다"
고 하였는데, 어찌 하물며 업에 끄달리는 범부의 분단생사야 더 말할 필요가 있겠는
가. 그러나 지금 사람들은 대개가 공부하는 곳으로 나아가 자세히 살피거나 부처님의
경전을 널리 펼쳐 보지를 않으니, 부처님의 가르침이나 수행하는 관법(觀法) 모두에
어두워 이치와 행이 전부 사그러지는 것이다. 오히려 남의 말만 따르고 신통력에 의
지하여 일시에 모든 번뇌를 없애려 하나, 번뇌의 자취를 떨어내도 자취가 없어지지
않으며, 공(空)으로 돌아가도 공이 없어지지 않으니, 이것은 법의 굴레를 벗어나지 못
하였으므로 전부 실체 없는 그림자가 되는 것이다.

마음의 법이 행해진다

45-12-160 華嚴經 云. 佛子 譬如金師 善巧鍊金 數數入火 轉轉明淨 調柔成就 隨意堪用. 菩薩 亦復如是 供養諸佛 敎化衆生 皆爲修行淸淨地法. 所有善根 悉以迴向一切智地 轉轉明淨 調柔成就 隨意堪用. 然雖萬行磨練 皆是自法所行.

『화엄경』에서는 다음과 같이 말하였다.

불자여, 비유하면 금을 다루는 사람이 훌륭한 솜씨로 금을 단금질하여 여러 번 불에 녹이면 점점 맑고 깨끗해져 다루기 쉬운 순금이 되어 쓰고 싶은 용도에 따라 쓸 수 있게 되는 것과 같다. 보살도 또한 이와 같아서 모든 부처님을 공양하고 일체중생을 교화하는 것이 모두 청정한 법을 수행하기 위해서이다. 일체 선근을 일체의 지혜에 회향함으로써 점점 마음이 맑고 청정해져, 다루기 쉬운 부드러운 마음이 되어 뜻대로 쓸 수 있게 되는 것이다. 비록 만 가지 행을 연마하더라도 모두가 자기 마음의 법이 행하는 것이다.

○

如先德 云. 一切佛事無邊化門 皆依自法融轉而行. 卽自心中 有眞如體大 今日體
解 引出法身 由心中有眞如相大 今日了達 引出報身 由心中有眞如用大 今日修
行 引出化身. 乃至十波羅蜜 一切塵沙萬行 但是自心中引出 未曾心外得一法行
一行. 若言更有從外新得者 卽是魔王外道說.

이것은 마치 옛 스님이 다음과 같이 말하는 바와 같다.

온갖 불사를 이루는 가없는 교화의 문이 모두 자기의 법에 의지해 융화하여 움직여
간다. 곧 자기의 마음 가운데에 진여의 체대(體大)가 있어 오늘 체득해 알아 법신을
이끌어내고, 마음 가운데에 진여의 상대(相大)가 있어 오늘 요달하여 보신(報身)을 이
끌어내며, 마음 가운데에 진여의 용대(用大)가 있어 오늘의 수행으로 화신(化身)을 이
끌어낸다. 십바라밀(十波羅蜜)이나 일체 헤아릴 수 없는 만행도 단지 자기 마음 가운
데서 이끌어내는 것이니, 일찍이 마음 밖에서 한 가지 법도 얻음이 없으며 한 가지
행도 행함이 없다. 만약 다시 마음 밖에서 새로 얻을 것이 있다고 한다면 이는 곧 마
왕이나 외도의 설이다.

말은 비슷하나 뜻이 다르다

46-8-161 易云 寂然不動 感而遂通天下之故. 禮云 人生而靜 天之性也 感物而動 性之欲也. 後儒皆以言詞小同 不觀前後本所建立 致欲渾和三敎. 但見言有小同 豈知義有大異. 是知 不入正宗 焉知言同意別 未明已眼 寧鑒名異體同. 所以 徇語者迷 據文者惑 恐參大旨 故錄示之. 且如外道說自然 以爲至道 不成方便 仍壞正因. 佛敎亦說自然 雖成正敎 猶是悉檀對治181) 未爲究竟. 以此一例 其餘可知.

『주역』에서는 "고요하여 움직이지 않으나 사물에 감응하면 마침내 천하의 도리에 통한다"고 하였고, 『예기』에서는 "사람이 나면서 고요한 것은 하늘에서 받은 성품이며, 이것이 사물에 감응하여 움직이는 것은 성품이 하고자 함이다"라고 하였다. 뒷날의 유학자는 대개 말이 비슷하다 하여 전후의 본래 의미를 보지 않고 불교와 유교와 도교의 가르침을 하나로 섞으려 하였다. 단지 말이 조금 같음을 보았을 뿐이니, 어찌 크게 다른 뜻이 있음을 알겠는가. 이것으로 알라. 바른 종지에 들어가지 않고 말이 같으나 뜻이 다름을 어찌 알 수 있겠으며, 아직 자기의 안목도 밝히지 못했는데 어찌 명자가 달라도 바탕이 같음을 살필 수가 있겠는가. 그러므로 말꼬리를 따르고 문장에만 의지하면 미혹하니, 이것이 큰 뜻에 뒤섞일까 걱정이 되므로 이렇게 기록하여 보여 주는 것이다.

만일 외도가 자연(自然)을 설하여서 지극한 도로 삼는다면 이는 방편도 아닐 뿐더러 도를 깨닫는 근본을 파괴하는 짓이다. 불교가 또한 자연(自然)을 설하여 바른 가르침을 이루었다 해도 아직 문자를 가지고 공부하는 과정이므로 수행이 끝난 것은 아니다. 이 하나의 예로서 나머지를 알 수 있다.

---

181) 실단(悉檀) : 모든 것을 성취한다는 뜻과 문자 전체를 가리키는 뜻이 있다.

참다운 것을 구하지 말라

46-12-162 已上略標一百二十種見解 並是迷宗失旨 背湛乖眞 捺目生華 迷頭認影. 若敲冰而索火 如緣木以求魚 畏影逃空 捫風捉電. 苦非甘種 砂豈飯因. 皆不能以 法性融通 一旨和會. 盡迷方便 悉入見纏 不達正宗 皆投見網. 綿密難出 如曲木 曳於稠林 勢猛力强[182] 猶潴河漂於香象. 所以 天魔外道 本無其種 修行失念 遂 派其原. 故知 但有所重所依 立知立解 絲毫見處不亡 皆成外道.

위에서 이미 대략 120종류나 되는 견해를 거론하였으나 모두 종지를 잃고 미혹하여 담담한 진여와 등지고 어긋나니, 백태가 낀 눈으로 허공의 꽃을 보고 물에 비친 그림자를 자기의 머리로 잘못 안다.

이는 얼음을 두드려 불을 찾음과 같고, 나무에 올라가 물고기를 구함과 같으며, 그림자를 두려워하여 허공으로 도망침과 같고, 바람을 만지거나 번갯불을 잡으려는 것과 같다. 쓴 과일은 단 과일의 종자가 아니니, 모래로서 어찌 밥을 만들 수 있겠는가. 이것은 모두 법성으로 융통한 하나의 뜻으로써 알 수 있는 것이 아니었다.

모두가 방편에 미혹하여 삿된 견해의 굴레에 들어가며, 바른 종지에 통달하지 못해 삿된 견해의 그물을 던진 것이다. 삿된 견해가 촘촘하고 빽빽하여 빠져나오기 어려워 마치 휘어진 큰 나무를 빽빽한 숲 속에서 끄는 것과 같고, 삿된 견해의 기세가 맹렬하고 강하여 물살이 빠른 깊은 강물에서 코끼리가 떠내려가는 것과 같다.

이러한 이유로 천마와 외도라는 본래 종자는 없으나 수행 중에 바른 생각을 잃어 마침내 그 근원이 갈라지게 되는 것이다. 그러므로 알라. 단지 소중하게 생각하고 의지하는 바가 있어 알음알이를 세우니, 조금이라도 견처가 있다면 모두 외도가 된다.

---

182) 勢猛力强은 K본 S본은 같으나 C본은 勢猛力彊으로 되어 있다.

○

如華嚴經 頌云 以法無性故 無有能了知 如是解諸法 究竟無所解. 以法無自體 憑何作解. 如辯兔角之大小 了龜毛之短長. 理事俱虛 可取笑於天下 情塵自隔 實喪道於目前. 如華嚴論云 見在卽凡 情亡卽佛 祖師云 不用求眞 唯須息見.

이것은 『화엄경』 게송에서 말하는 내용과 같다.

법에는 결정된 성품이 없어
알아야 할 것이 있지 않다네
이와 같이 모든 법 알 수 있다면
구경에 상대하여 알 것이 없네.

법은 스스로의 바탕이 없는데 무엇에 의지하여 알음알이를 지을 것인가. 이것은 마치 토끼뿔의 크고 작음을 가려내는 것과 같고, 거북이털의 길고 짧음을 알아내는 것과 같다. 이것은 이치와 현상이 모두 허망하여서 천하의 웃음꺼리가 될 뿐이며, 알음알이에 한계가 있어 진실로 눈 앞에서 도를 잃는 것이다.

이것은 『화엄론』에서 "견해가 있으면 범부이지만 알음알이가 사라지면 부처님이다"라고 한 것과 같으며, 조사 스님께서 "참됨을 구하려 하지 말고, 오로지 견해를 쉬어야 한다"고 말씀하신 것과 같다.

머리 숙여 예배합니다

46-13-163 佛藏經 云. 佛言舍利弗 諸佛阿耨多羅三藐三菩提 唯是一義 所謂離也. 何等爲離. 離諸欲諸見. 欲者 卽是無明 見者 卽是憶念. 何以故 一切諸法 憶念爲本. 所有念想 卽爲是見 見卽是邪. 是以 若能離見 卽成諸佛 十方稽首 萬類歸依. 如中觀論 云 瞿曇大聖主 憐愍說是法 悉斷一切見 我今稽首禮.

『불장경』에서 부처님이 사리불에게 다음과 같이 말씀하셨다.

모든 부처님의 아뇩다라삼먁삼보리는 오로지 하나의 이치일 뿐이니, 이른바 떠나는 것이다. 무엇을 떠나는 것인가. 모든 욕망과 견해를 떠나는 것이다. 욕망이란 무명을 말하며 견해란 고정관념이다. 왜냐하면 일체 모든 법이 고정관념을 근본으로 삼기 때문이다. 이것에 의해 존재하는 일체 모든 생각을 곧 견해라 하거니와, 이런 견해는 삿된 것이다. 이런 이유로 삿된 견해를 떠날 수 있다면 모든 부처를 이루니, 시방세계가 머리를 조아리고 일체만류가 귀의하는 것이다.

이것은 『중관론』에서 다음과 같이 말하는 것과 같다.

거룩하신 석가모니 부처님께서
가엾게 여기시어 이 법 설하니
일체의 삿된 견해 모두 끊음에
제가 이제 머리 숙여 예배합니다.

육상의 이치를 밝혀라

46-14-164 若究竟欲免斷常邊邪之見 須明華嚴六相義門 則能任法施爲 自亡能所 隨緣動寂 不壞有無 具大總持 究竟無過矣. 此六相義 是辯世間法自在無礙 正顯 緣起無分別理. 若善見者 得智總持門 不墮諸見 不可廢一取一 雙立雙亡. 雖總同 時 繁興不有 縱各具別 冥寂非無. 不可以有心知 不可以無心會. 詳法界內 無總 別之文 就果海中 絶成壞之旨. 今依因門智照.

만약 끝까지 온갖 삿된 견해를 면하고 싶다면 모름지기 『화엄경』에 나오는 육상(六相)의 이치를 밝혀야 할 것이니, 곧 일체법의 베풀어짐에 맡겨 저절로 능소(能所)가 사라지고, 인연을 따라서 움직이거나 공적하면서 유(有)나 무(無)를 허물지 않는 것이며, 대총지를 갖추어서 끝까지 중생의 허물이 없는 것이다. 이 육상의 이치는 세간법을 자재무애하게 판단하여, 바로 분별이 없는 연기(緣起)의 이치를 드러내는 것이다. 만약 이러한 이치를 잘 보는 사람이라면 완전한 지혜를 얻어서 모든 삿된 견해에 떨어지지 않을 것이니, 하나를 버리고 하나를 취하거나, 상대적 견해를 함께 세우고 함께 없애서도 안되는 것이다.

비록 육상이 전체가 동시에 있더라도 번거롭게 일어남이 없으며, 설사 육상을 따로 갖추어 놓더라도 은근히 공적하여 없지도 않다. 이것은 마음이 있는 것으로 알 수 있는 것도 아니며, 마음이 없는 것으로 알 수 있는 것도 아니다. 법계 안을 자세하게 살펴 보건대 총상(總相)이나 별상(別相)이라는 틀이 없으며, 부처님의 과보가 주어진 세계에는 만들어진다거나 허물어지는 뜻이 끊어졌으니, 이제 부처님의 과보를 이룬 근본자리의 인문(因門)에 의지하여 지혜로 관조하는 것이다.

○

古德 略以喩明六相義者 一總相 二別相 三同相 四異相 五成相 六壞相. 總相者
譬如一舍是總相 椽等是別相. 椽等諸緣 和同作舍 各不相違 非作餘物 故名同相.
椽等諸緣 遞互相望 一一不同 名異相. 椽等諸緣 一多相成 名成相. 椽等諸緣 各
住自法 本不作故 名壞相.

옛 스님은 간략한 비유로 육상(六相)의 이치를 밝혔는데 첫째는 총상(總相) 둘째는
별상(別相) 셋째는 동상(同相) 넷째는 이상(異相) 다섯째는 성상(成相) 여섯째는 괴상
(壞相)이다.

총상(總相)이란 무엇인가. 비유컨대 한 채의 집이 총상이라면 서까래나 기둥은 별
상(別相)과 같은 것이다.

서까래와 기둥의 모든 인연이 똑같이 어울려서 집을 만드나, 집이라는 전체의 틀
속에서 각자가 서로 자기의 역할에 어긋나지 않으면서도 집이 아닌 다른 사물을 만
들지 않으니, 그래서 집을 만드는 같은 모습을 지녔다고 하여 동상(同相)이라 한다.

서까래나 기둥의 모든 인연은 한 채의 집을 만들면서 서로 거들고 바라보나 하나하
나의 각자 역할이 같지 않으니, 그러므로 이것을 이상(異相)이라고 한다.

서까래나 기둥의 모든 인연은 하나의 모습과 여러 모습으로 서로 어울려서 집을 만
들어내니, 그러므로 이것을 성상(成相)이라고 한다.

서까래나 기둥의 모든 인연은 집 모양 속에서 각자가 자기의 모습으로 머무니, 본
래 그 자체로서는 집을 지은 것이 아니기 때문에 괴상(壞相)이라고 한다.

좋은 인연의 힘을 빌려야

48-11-165 問 佛種從緣起者 卽是熏習義 約法報化三身中 是何佛種從緣起. 答 是報身佛 由熏成故 以智爲種. 法身是無爲 斷惑所顯 不從種子生. 以法報具足 能起化現 卽化身是法報之用 唯報佛性 卽是一切衆生聞熏種子. 且如世間甘露葉上霧露潤濕 滴入土中 一滴成一連珠 又更濕潤 生長芽莖. 報佛性亦爾. 我等第六識見分 及耳識見分 如同甘露葉 如來大乘敎法 如似霧露 耳識第六識 熏得大乘種子 似潤濕.

문 : 부처님의 종자가 인연으로 일어난다는 것은 곧 좋은 인연을 닦고 익힌다는 뜻이니, 법신과 보신과 화신 가운데 어느 부처님 종자가 인연으로 일어나는 것입니까.

답 : 보신불이니, 훈습으로 이루어지므로 지혜로써 종자를 삼는 것이다. 법신은 무위(無爲)로 미혹을 끊어야 드러나므로 어떤 종자로부터 생겨나는 것이 아니다. 법신과 보신을 구족함으로써 화신을 나타낼 수 있으니 곧 화신은 법신과 보신의 작용이 되며, 오직 보신불의 성품만이 곧 일체중생이 듣고 훈습하는 종자가 되는 것이다.

만일 세간의 감로수라는 나무 잎사귀 위에 안개와 이슬이 촉촉히 적셔져서 만들어진 물방울이 흙 속에 들어간다면 한 방울의 물이 구슬 같이 영롱하게 이어지는 뿌리를 만들고, 또 여기에 지속적으로 적셔주는 물기운은 나무의 싹을 트게 하고 줄기를 자라게 하는 것이다. 보신불의 성품도 또한 그러하다. 우리들의 의식인 제육식(第六識)의 견분(見分)과 이식(耳識)의 견분은 마치 비유 속의 감로수 나무 잎사귀와 같고, 여래의 가르침인 대승(大乘)은 안개와 이슬 같으며, 이식(耳識)과 제육식(第六識)이 대승의 종자를 훈습함은 촉촉하게 적셔주는 물기운과 같은 것이다.

○

落在第八識中 如入土中 生得連珠. 後數資熏 至成自受用報身佛 似更遇濕潤 生
起芽莖. 故知 佛種全自熏成 初學之人 爭不仗於聞法之力. 且衆生雖有正因性 須
假緣因發起.

　대승의 종자를 훈습한 기운이 제팔식(第八識)에 떨어짐은 마치 촉촉한 물기운이
흙 가운데에 들어가서 구슬같이 영롱하게 이어지는 뿌리를 생겨나게 할 수 있는 것
과 같다. 뒤에 자주 이렇게 훈습하는 것을 도와서 자수용보신불(自受用報身佛)을 성
취하는 것은 안개와 이슬의 촉촉하게 적셔주는 기운을 다시 만나서 감로수 나무의
싹을 트이게 하고 줄기를 자라게 하는 것과 같다.
　그러므로 알라. 부처님의 종자는 온전히 스스로 훈습하여 이루어지는 것이니, 어찌
처음 배우는 사람이 법을 듣고 익히는 힘을 의지하지 않겠는가. 또 중생에게 비록 부
처를 이룰 바른 성품이 있더라도, 모름지기 좋은 인연의 힘을 빌려야 이 성품이 일어
나는 것이다.

팔식에 있는 두 가지 집수

49-2-166 問 此第八識 有幾執受. 答 有二種. 攝論云 一切種子 心識成熟 展轉和
合 增長廣大 依二執受 一者 有色諸根及所依執受 二者 相名分別 言說戲論 習
氣執受.

문 : 제팔식에는 몇 종류의 집수가 있는 것입니까.

답 : 두 종류가 있다. 『섭론』에서는 "일체 모든 종자의 심식(心識)이 성숙하며 전개
되고 화합하여 광범위하게 불어나는 것은 두 종류의 집수에 의지하니, 하나는 오근
(五根)과 그것들이 의지하는 몸으로서의 집수이며[根身], 또 하나는 모양과 이름으로
분별하고 언설로 희론하는 습기로서의 집수다[種子]"라고 말하였다.

여래는 모두 안다

49-6-167 金剛經云 如來說 一合相卽非一合相. 以從緣合 卽無性故 無性之性 是所證理 如是知者 是正智生 是自相處轉 名眞現量. 又 拂能所證跡 爲眞現量. 謂若有如外之智 與如合者 猶有所得 非眞實證. 能所兩亡 方爲眞現. 唯識論云 若時於所緣[183] 智都無所得 爾時住唯識 離二取相故. 經云 亦無如外智能證於如 乃是爲眞現量也 是以 諸佛施爲 悉皆現量.

『금강경』에서 "여래는 하나로 합해진 모습 자체가 하나로 합해진 모습이 아니라고 설했다"고 하였다. 이것은 많은 인연이 합쳐져 생긴 모습으로서 곧 결정된 어떤 성품이 없기 때문이다. 결정된 성품이 없는 성품이 증득되어진 이치로서, 이와 같이 아는 자가 바른 지혜가 생긴 것이며 자기의 모습이 있는 자리가 전변하는 것으로 진현량(眞現量)이라 한다. 또 능(能)·소(所)로서 증득한 자취가 떨어짐이 진현량이 되는 것이다.

이것은 만약 진여 이외에 다른 지혜가 있어서 진여와 더불어 합한다면 아직 얻을 것이 있으므로 진실로 증득한 것이 아님을 말하는 것이다. 능(能)·소(所)가 모두 사라져야 바야흐로 진여가 현현하게 되는 것이다.

그러므로 『유식론』에서는 "만약 반연되어진 곳에 지혜로 조금도 얻을 것이 없다면 그 때에 유식에 머무는 것이니, 능(能)·소(所)로서 취하는 두 가지 모습을 벗어났기 때문이다"라고 하였고, 경에서는 "또한 진여 이외에 다른 지혜로 진여를 증득할 것이 없어야 진현량이 된다. 이런 이유로 모든 부처님이 베푸는 온갖 행위는 모두 다 진현량이 된다"고 하였다.

---

183) 唯識論云 若時於所緣은 K본과 S본은 같으나 C본은 唯識頌 若時於所緣으로 되어 있다.

○

如守護國界主陀羅尼經 云. 如來悉知 彼諸衆生 出息入息 種種飮食 種種資具 種種相貌 種種根器 種種行解 種種心性 死此生彼 刹那流注 生滅相續. 如來悉知 如是一切 現量所得 非比量知.[184] 云何現量. 謂不動念如實而知 非流注心 入於過去. 如是知時 智慧具足 隨衆生心 種種說法.

이것은 마치 『수호국계주다라니경』에서 다음과 같이 말하는 내용과 같다.

여래는 모두 다 아시니, 모든 중생이 숨을 내쉬고 들여 마심을 아시며, 여러 가지 음식 먹음을 아시며, 갖가지 살림살이 챙기는 것을 아시며, 여러 가지 모습과 다양한 근기를 아시며, 수행하는 방법과 알음알이와 그들의 심성을 아시며, 여기서 죽으면 저기서 태어나 찰나에 흘러가며 생멸이 계속 이어지는 것을 아신다.

이와 같이 여래가 모두 다 아는 일체 모든 현량(現量)에서 얻어지는 것은 비량(比量)으로서 아는 것이 아니다.

무엇을 현량이라 하는가. 움직이지 않는 생각으로 여실하게 아는 것이니, 빠르게 흘러가는 마음이 과거의 관념에 들어가서 아는 것이 아니다.

이와 같이 알 때 지혜를 구족하여 중생의 마음에 따라서 중생의 근기에 맞는 여러 가지 법을 설하는 것이다.

---

184) 如是一切 現量所得 非比量知는 K본과 S본은 같으나 C본은 非彼量知로 되어 있다.

오고 가는 것이 없다

49-12-168　問 阿賴耶識 若常則無轉變 若斷則不相續 如何會通 得合正理. 答 不一不異　非斷非常　方契因緣唯識正理. 問　此識既云　恆轉如流　定有生滅去來不.[185] 答　此識 不守自性　隨緣變時　似有流轉　而實無生滅　亦非去來. 如湛水起漚漚全是水　華生空界　華全是空. 識性未嘗去來[186] 虛空何曾生滅.

문 : 만약 아뢰야식이 항상 존재하여 전변하는 것이 없다든지 단멸하여 상속하는 것이 아니라면 어떻게 회통해야 바른 이치에 계합할 수 있겠습니까.

답 : 같은 것도 다른 것도 아니며, 단멸하는 것도 영원한 것도 아니어야 인연이 오직 식(識)이라는 바른 이치에 계합하는 것이다.

문 : 이 아뢰야식은 이미 항상 전변하여 폭포수의 흐름과 같다고 말했는데, 여기에 반드시 생멸로서 오고 가는 것이 있지 않겠습니까.

답 : 이 아뢰야식이 자성을 지키지 않고 인연을 따라서 변할 때에 폭포수가 흐르는 듯하나 진실로 생멸할 것이 없으며, 또한 가고 오는 것이 아니다. 이것은 마치 깨끗한 물에서 거품이 일어날 때에 거품 모두가 물인 것과 같으며, 눈에 백태가 끼어서 허공에 꽃이 생기게 되나 허공의 꽃이 모두 허공인 것과 같다. 아뢰야식의 참다운 성품은 일찍이 가고 온 적이 없는데, 허공이 어찌 생멸할 수 있겠는가.

---

185) 定有生滅去來不는 K본과 S본은 같으나 C본은 定有生滅去來否로 되어 있다.
186) 識性未嘗去來는 C본은 같으나 K본 S본은 識性未常去來로 되어 있다.

○

如馬祖大師云 若此生所經行之處 及自家田宅處所 父母兄弟等 擧心見者 此心本
來不去 莫道見彼事則言心去. 心性本無來去 亦無起滅. 所經行處 及自家父母眷屬
等 今所見者 由昔時見故 皆是第八含藏識中 憶持在心 非今心去. 亦名種子識 亦
名含藏識 貯積昔所見者. 識性虛通 念念自見 名巡舊識 亦名流注生死. 此念念自離
不用斷滅 若滅此心 名斷佛種性. 此心本是眞如之體 甚深如來藏 而與七識俱.

이것은 마치 마조 스님이 "만약 이 생을 살아 오면서 지나친 곳과 자기의 집과 논
밭 및 부모 형제를 마음으로 보았다면 이 마음이 본래 그것을 보러 간 것이 아니니,
그 일을 보았다고 마음이 보러 간 것이라 말하지 말라"고 한 것과 같다.

마음의 성품은 본래 오거나 가는 것이 없으며 또한 일어나고 멸하는 것이 없다. 살
아 오면서 지나친 곳과 자기의 집과 부모와 권속 등이 지금 마음에 보여지는 것은 옛
날에 본 것으로 말미암아 모두 제팔식 가운데에 기억되어 마음에 있는 것으로서, 지
금 마음이 가서 보는 것이 아니다.

또한 이것을 종자식(種子識)이라 하고 함장식(含藏識)이라 하여 옛날에 보았던 것
을 저축하여 쌓아 두었다는 것이다. 식(識)의 성품은 허허롭게 통하여 생각생각에 스
스로 보니 순구식(巡舊識)이라고 이름하는 것이며 또한 유주생사(流注生死)라고도 한
다.

이 생각 하나하나가 본래의 망념을 벗어나서 단멸하는 것이 아니니, 만약 이 마음
이 없어진다면 부처님의 종자가 되는 성품이 끊어진다고 한다. 이 마음의 근본이 진
여의 바탕이며, 깊고 깊은 여래장으로서 칠식과 더불어 함께 하는 것이다.

○

傳大士云 心性無來亦無去 緣慮流轉實無停 又 心無處所 故云無停. 心體實無來
去 昔所行處 了了知見. 性自虛通 體無去住 不用除滅此心. 若識此心 本是佛體
不須怕.187) 今有不識心 人將此爲妄 終日除滅 亦不可得滅. 縱令得滅 證聲聞果
亦非究竟. 只如過去諸佛恆沙劫事 見如今日. 眞如之性 靈通自在 照用無方 不可
同無情物. 佛性是生氣物 不可兀爾無知.

부 대사는 "마음의 성품은 오는 것도 없고 또한 가는 것도 없다. 생각을 반연하여
흘러가는 것이므로 참으로 멈춤이 없다"고 하였고, 또 "마음은 일정한 처소가 없으므
로 멈춤이 없다"고도 하였다.

마음의 바탕은 진실로 오고 감이 없어도 옛날에 경험했던 것을 분명히 아는 것이
다. 마음의 성품이 본래 허허롭게 통하여 마음의 바탕이 가거나 머물 것이 없으나, 이
마음을 제거하여 없앤 것이 아니다.

만약 이 마음을 안다면 본래가 부처님의 바탕이니 모름지기 두려워할 것이 아니다.
지금 이 마음의 바탕을 알지 못하여 사람들은 이 마음을 망념으로 삼아 종일토록 없
애려고 하나 또한 멸할 수 있는 것도 아니다. 설사 이 마음을 없게 하여 성문의 과보
를 증득하더라도 또한 공부가 끝난 것이 아니다. 다만 과거 모든 부처님의 항사겁에
걸쳐 일어난 일을 오늘 일어난 일과 같이 본다.

진여의 성품은 영험이 신통자재하여 비추어 보는 작용이 걸림이 없어 무정물과 같
을 수는 없다. 불성(佛性)은 생기가 약동하는 것으로서 우뚝한 말뚝같이 멍청한 무지
(無知)의 모습일 수 없다.

---

187) 不須怕는 C본은 같으나 K본 S본은 不須帕로 되어 있다.

○

但無心量 種種施爲 如幻如化如機關木人 畢竟無有心量. 於一切處 無執繫無住
著無所求. 於一切時中 更無一法可得.

단지 무심(無心)으로 헤아려 베풀어진 여러 행위가 허깨비나 도깨비와 같고 태엽으
로 움직이는 나무 인형과 같을 뿐, 필경에 헤아리는 마음이 있을 수 없다. 일체 모든
곳에 집착하여 묶일 것이 없고, 머물러 앉을 것이 없으며, 따로 구할 바도 없다. 일체
의 모든 삶 가운데 다시금 얻을 만한 한 가지 법도 없다.

근본식은 알기 어려워서

50-1-169 問 夫此第八識 爲定是眞是假. 答 是眞是假 不可定執. 首楞嚴經云 陀
那微細識 習氣成瀑流, 眞非眞恐迷 我常不開演. 釋曰 梵語阿陀那者 此云執持識.
此識體淨 被無明熏習 水乳難分 唯佛能了. 以不覺妄染故 則爲習氣 變起前之七
識 瀑流波浪 鼓成生死海. 若大覺頓了故 則爲無漏淨識 執持不斷 盡未來際 作大
佛事 能成智慧海.

문 : 제팔식이라는 것이 진여가 됩니까, 아니면 방편이 되는 것입니까.

답 : 진여다 방편이다 하여 하나로 결정하여 집착할 것이 아니다. 『수능엄경』에서
"아타나 미세한 식이 습기로서 폭포수의 흐름을 만드니, 이것에 미혹하여 진여다 아
니다에 집착할까 걱정이 되어 나는 항상 이것을 부연 설명하지 않았다"고 하였다.
 이것을 풀이하여 보자. 범어인 '아타나'를 번역하면 일체 경험을 붙들어 지니는 마
음을 말한다. 이 마음의 바탕은 청정하나 무명의 훈습을 입으며 물과 우유가 섞인 것
과 같아 구분하기 어려우니, 오직 부처님만 요지할 수 있다.
 이것을 깨닫지 못하고 허망하게 물들기 때문에 습기가 되어서 전칠식(前七識)인 폭
포수와 같은 파랑을 일으켜 생사의 바다를 거칠게 만드는 것이다. 만약 크게 깨달아
이것을 단번에 앎으로 번뇌가 없는 깨끗한 마음이 된다면 이 깨끗한 마음이 지속되
어 끊이지 않고서, 미래가 다하도록 큰 불사를 하여 지혜의 바다를 만들 수 있는 것
이다.

○

眞非眞恐迷者 佛意 我若一向說眞 則衆生不復進修 墮增上慢. 以不染而染 非無
客塵垢故. 又 外道執此識爲我 若言卽是佛性眞我 則扶其邪執 有濫眞修. 我若一
向說不眞 則衆生又於自身撥無 生斷見故 無成佛之期. 是以 對凡夫二乘前 不定
開演. 恐生迷倒 不達如來密旨 以此根本識微細難知故.

'진여다 아니다에 미혹하여 집착할까 두려워 한다'는 것은 무엇인가. 부처님의 뜻은 만약 일방적으로 제팔식이 진여라고 설한다면 중생은 여기서 더 수행을 하지 않고 증상만에 떨어진다는 것이다. 오염되지 않을 것이 오염됨으로써 객진번뇌가 없지 않기 때문이다. 또 외도가 제팔식을 집착하여 나라고 하니, 만약 이것을 불성으로서 참다운 나라고 말한다면 외도들의 삿된 집착을 부추기게 되어 참된 수도에 문제가 있게 된다는 것이다.

반대로 만약 제팔식은 진여가 아니라고 일방적으로 말한다면 중생은 또 '진여는 자신들에게는 전혀 없는 것'이라고 하여 노력해도 쓸데없다는 단견을 내기 때문에 성불할 기약이 없는 것이다.

이런 이유로 부처님은 범부와 이승 앞에서 단정적으로 법을 드러내어 부연 설명하지 않는다. 중생이 전도된 미혹한 마음을 내어서 여래의 비밀한 종지를 통달하지 못할까 걱정하는 것은 이 근본식이 미세하여 알기 어렵기 때문이다.

생사는 산란하고 동요하는 마음

50-2-170 問 受生命終 旣依本識 生時死時 復住何心. 答 夫論生滅之事 必住散動 之心. 經云 有念卽魔網 不動卽法印 魔網立生死之道 法印成涅槃之門. 故知 散亂寂靜二途 皆依本識而有.

문 : 생명을 받아서 목숨이 다할 때까지는 이미 근본식에 의지하는 것인데, 태어날 때와 죽을 때는 다시 어느 마음에 머무는 것입니까.

답 : 무릇 생멸하는 일은 반드시 산란하게 움직이는 마음에 머문다. 그러므로 경에 서는 "허망한 생각이 있으면 마구니의 그물에 떨어지나, 움직이지 않는 마음은 곧 깨달음의 법이다. 마구니의 그물은 생사의 길을 일으키나, 깨달음의 법은 열반에 들어가는 문이다"라고 하였다. 그러므로 알라. 산란이나 적정으로 가는 두 종류의 길이 모두 근본식에 의지하여 있는 것이다.

세간과 출세간의 음식

50-3-171 增一經 云. 世尊 告阿那律曰. 一切諸法 由食而住 在眼以眠爲食 耳以聲 爲食 鼻以香爲食 舌以味爲食 身以細滑爲食 意以法爲食 涅槃以無放逸爲食. 爾 時 佛告諸比丘 如此妙法. 夫飮食有九事. 人間有四食 一段食 二更樂食 三念食 四識食. 復有五種 是出世間食 一禪食 二願食 三念食 四八解脫食 五喜食.

『증일경』에서 다음과 같은 내용을 말하였다.

세존께서 아나율에게 말씀하셨다. 일체 모든 법은 음식으로 말미암아 세상에 머무는 것이니, 눈은 잠으로 음식을 삼으며, 귀는 소리로 음식을 삼으며, 코는 향기로 음식을 삼으며, 혀는 맛으로 음식을 삼으며, 몸은 섬세하고 부드러움으로 음식을 삼으며, 뜻은 마음에 나타나는 경계로 음식을 삼으며, 열반은 게으름이 없는 것으로 음식을 삼는다. 그 때에 또 부처님께서 이와 같은 묘법을 모든 비구에게도 말씀하셨다. 음식으로 삼는 것에는 아홉 가지가 있다. 사람에게는 네 가지 음식이 있으니, 첫째는 음식 덩어리를 이빨로 끊어 씹어먹는 단식(段食)이고, 둘째는 좋은 느낌을 취하여 음식으로 삼는 갱낙식(更樂食)이며, 셋째는 본인에게 좋다는 생각을 취하여 음식으로 삼는 염식(念食)이며, 넷째는 앞의 세 가지 음식으로 생긴 세력을 끌고 나가는 힘을 음식으로 삼는 식식(識食)이다. 다시 다섯 종류나 되는 출세간의 음식이 있는데, 첫째는 선정의 고요한 마음을 음식으로 삼는 선식(禪食)이며, 둘째는 원력을 발하는 것을 음식으로 삼는 원식(願食)이며, 셋째는 생각 하나하나에 잘못된 마음을 돌이키는 것을 음식으로 삼는 염식(念食)이며, 넷째는 여덟 가지 선정력으로 해탈하는 것을 음식으로 삼는 팔해탈식(八解脫食)이며, 다섯째는 무엇이나 따라서 기뻐하는 것을 음식으로 삼는 희식(喜食)이다.

○

是出世間之食188) 當共專念 捨除四種之食 求辦出世之食. 所以 維摩經云 迦葉住
平等法 應次行乞食 爲不食故 應行乞食 爲壞和合相故 應取搏食 爲不受故 應受
彼食. 斯皆是破五陰法 成涅槃食.

이 다섯 가지가 출세간의 음식이니, 마땅히 수행자는 생각을 함께 모아서 세간 사람들이 먹는 네 종류의 음식을 버리고 출세간의 음식을 마련해야 할 것이다.

그러므로『유마경』에서 "가섭은 평등한 법에 머물러 차례로 단월의 집을 방문하여 탁발해야 한다. 이 탁발은 먹을 음식만을 위한 것이 아니기 때문에 평등한 법에 머물러 차례로 탁발해야 하는 것이며, 화합하여 만들어진 거짓된 모습을 부수고자 하기 때문에 음식 덩어리를 끊어서 씹어 먹어야 하는 것이며, 단지 음식물을 받는 행위만을 위한 것이 아니기 때문에 평등한 법으로서 그 음식을 받아야 한다"고 하였다.
　이러한 모든 것은 몸뚱아리에 대한 모든 관념을 타파하여 열반의 음식을 성취하는 것이다.

---

188) 是出世間之食은 K본 S본 C본에서 是出世間之表로 되어 있다.

제팔식의 여러 가지 이름

50-7-172 阿陀那 此云執持識. 能執持種子根身 生相續義 即是界趣生義. 此通一切位. 執持有三. 一執持根身 令不爛壞. 二執持種子 令不散失. 三執取結生相續者 即有情於中有身臨末位 第八識初一念受生時 有執取結生相續義. 結者 繫也 屬也. 於母腹中 一念受生 便繫屬彼故. 亦如磁毛石吸鐵. 鐵如父母精血二點 第八識如磁毛石. 一刹那間 便攬而住. 同時根塵等種 從自識中 亦生現行 名爲執取結生故.

범어인 아타나는 뜻으로 번역하면 집지식(執持識)이라 한다. 종자(種子)와 근신(根身)을 붙들어 지닐 수가 있어서 상속하는 이치를 만들어내는 것이니 곧 삼계에 태어난다는 뜻이다. 이것은 유루(有漏)와 무루(無漏)와 선(善)과 불선(不善)과 무기(無記)의 일체 모든 위치에 통하는 것이다.

집지식에는 세 종류의 공능이 있다. 첫째는 육근으로 이루어진 몸을 붙들어 지녀서 썩거나 파괴되지 않도록 하는 것이다. 둘째는 종자를 붙들어 지니고 인과가 흩어지지 않도록 하는 것이다. 셋째는 붙들어 취하여 묶는 힘으로서 상속시킨다는 것은 곧 중생이 중유신에서 벗어나는 마지막 자리에서 제팔식의 처음 일념으로 몸을 받을 때에, 붙들어 취하여 묶는 힘으로서 상속시킨다는 뜻이 있다는 것이다.

묶는다는 것은 잡아매서 소속시킨다는 뜻이다. 어머니 뱃속에서 한 생각으로 몸을 받을 때에 어머니에게 묶이고 소속된다는 것이다. 또한 이는 마치 자석이 쇠를 끌어당기는 것과 같다. 쇠는 아버지의 정액과 어머니의 피와 같고, 제팔식은 자석과 같은 것이다. 한 찰나간에 아버지의 정액과 어머니의 피를 끌어들여서 머무는 것이다. 동시에 육근과 육진 등의 종자를 자기의 식(識)으로부터 현행시키니, 이것을 이름하여 붙들어 취하여 묶는 힘으로써 상속시키는 것이 된다고 하는 것이다.

○

在胎五位者 初七日內 名雜穢 狀如薄酪 父精母血 相和名雜 自體不淨 名穢. 二
七日內 名皰 猶如豌豆 瘡皰之形 表裏如酪 未生肉故. 三七日內 名凝結 謂稍凝
結形 如就了血. 四七日內 名凝厚 漸次堅硬. 五七日內 名形位 內風所吹 生諸根
形 一身四支生差別故. 用此三十五日盡 其五根皆足.

어머니의 태 속에서 성장하는 단계는 다음과 같이 다섯 종류가 있다.

처음 단계의 7일 내외를 잡예위(雜穢位)라고 하는데, 이 상태는 끓인 우유가 식으면
서 표면에 처음 생겨나는 주름 형태의 아주 얇은 막과 같다. 아버지의 정액과 어머니
의 피가 서로 섞여 있는 것을 잡(雜)이라 하고, 그 자체가 깨끗하지 않기 때문에 예
(穢)라고 한다.

둘째 단계인 14일 내외는 포위(皰位)라고 하는데, 이것의 모습은 마치 완두콩의 부
들부들한 형질이 생겨나는 껍데기와 같다. 그 모양의 안과 밖이 가공 중의 우유와 같
은데, 아직 육질이 생겨나지 않았기 때문이다.

셋째 단계인 21일 내외는 응결위(凝結位)라고 하는데, 이것은 부들부들한 형질이 점
차 응고되어 맺어지는 형태로서 피가 응고되는 것과 같다.

넷째 단계인 28일 내외는 응후위(凝厚位)라고 하는데, 점차 피 같은 것이 응고되어
견고해지면서 딱딱해진다.

다섯째 단계인 35일 내외는 형위(形位)라고 하는데, 안에서 움직이며 숨쉬는 것이
있으면서 몸의 형태가 생겨나니, 한 몸에서 두 팔과 두 다리의 차별이 생겨난다. 이렇
게 35일간의 기간을 다 사용하여 오근(五根)을 다 갖추게 된다.

○

六七日內 名髮毛爪齒位. 七七日內 名具根位 以五根圓滿 漸次生識 卽未具空明
等緣 或名種子識. 問 此識與心義何別. 答 種子與心義別 卽取第八識現行 亦名
種子 故但是種 能生現行 故名種子識. 此識現行 能起前七識 卽有能生法種 功能
義邊 第八識名種子識. 前言心者 但是積集集起義 名心. 又 第八識而隨義別 立
種種名.

42일 내외는 머리와 털 및 손톱과 치아가 생겨나기 때문에 발모조치위(髮毛爪齒位)
라고 한다. 49일 내외는 구근위(具根位)라고 한다. 오근이 원만하여 점차 식(識)의 활
동이 생겨나게 되나, 아직 허공과 밝음 등의 인연을 갖추지 않았기 때문에 혹은 이것
을 종자식이라 하기도 한다.

문 : 이 종자식은 마음과 비교하여 뜻이 어떻게 다른 것입니까.

답 : 종자식은 마음과 그 뜻이 다르다. 곧 제팔식이 현행하는 뜻을 취하여서 또한
종자라고 하는 것이니, 단지 이전에 무언가 싹이 날 수 있는 것이 심어져 있다는 뜻
이다. 이것을 현행할 수 있기 때문에 종자식이라 한다. 이 종자식이 현행하여 전칠식
을 일으킬 수 있으니 곧 일체 모든 법을 낼 수 있는 종자가 있다. 이런 공능이 있다는
뜻의 측면에서 제팔식을 이름하여 종자식이라 한다.
앞에서 말한 마음이란 단지 무명에 의한 분별이 쌓이고 모여서 일어난다는 뜻으로
서 마음이라 하는 것이다. 또 제팔식은 뜻에 따라서 달라지기 때문에 여러 가지 이름
을 만든다.

팔식과 구식의 열 가지 이름

50-11-173　九識中 總分四段 每識別立十名. 一 第六識十名者 一 對根得名 名爲六識 二 能籌量是非 名爲意識 三 能應涉塵境 名攀緣識 四 能遍緣五塵 名巡舊識 五 念念流散 名波浪識 六 能辯前境 名分別事識 七 所在壞他 名人我識 八 愛業牽生 名四住識 九 令正解不生 名煩惱障識 十 感報終盡 心境兩別 名分段死識.

아홉 가지 식(識) 가운데서 총괄적으로 육식·칠식·팔식·구식으로 나누어지는데, 매 식마다 따로 열 가지 이름이 세워진다.

첫 번째 제육식(第六識)에서 따로 세워진 열 가지 이름은 다음과 같으니, 첫째는 육근을 상대하여 얻어진 이름으로 육식(六識)이라 하고, 둘째는 옳고 그른 시비를 헤아릴 수 있다 하여 의식(意識)이라 하며, 셋째는 육진의 경계를 섭렵할 수 있다 하여 반연식(攀緣識)이라 하고, 넷째는 색·성·향·미·촉의 오진을 두루 인연할 수 있다 하여 순구식(巡舊識)이라 하며, 다섯째는 생각생각이 흘러가며 흩어진다 하여 파랑식(波浪識)이라 하고, 여섯째는 눈 앞의 경계를 분별할 수 있다 하여 분별사식(分別事識)이라 하며, 일곱째는 남을 허물하는 곳에 있다 하여 인아식(人我識)이라 하고, 여덟째는 네 가지 애욕의 업에 끄달려서 생겨난다 하여 사주식(四住識)이라 하며,[189] 아홉째는 바른 이해가 생겨나지 않도록 한다고 하여 번뇌장식(煩惱障識)이라 하고, 열째는 과보로 받은 몸의 업보가 다하면 마음과 경계가 따로 갈라진다 하여 분단사식(分段死識)이라 한다.

---

189) 사주식(四住識)의 사주는 견애(見愛)·욕애(欲愛)·색애(色愛)·무색애(無色愛)를 말한다.

○

二 第七識十名者 一 六後得稱 名爲七識 二 根塵不會 名爲轉識 三 不覺習氣 忽
然念起 名妄想識 四 無間生滅 名相續識 五 障理不明 名無明識 六 返迷從正 能
斷四住煩惱 名爲解識 七 與涉玄途 順理生善 名爲行識 八 解三界生死 盡是我
心 更無外法 名無畏識 九 照了分明 如鏡顯像 名爲現識 十 法旣妄起 恃智爲懷
令眞性不顯 名智障識.

 두 번째 제칠식(第七識)에서 따로 세워진 열 가지 이름은 다음과 같으니, 첫째는 육
식 뒤에서 불려진다는 명칭으로 칠식(七識)이라 하고, 둘째는 근과 진이 아는 것이
아니기 때문에 전식(轉識)이라 하며, 셋째는 무명습기를 깨닫지 못하고 홀연히 망념
을 일으킨다고 하여 망상식(妄想識)이라 하고, 넷째는 끊임 없이 생멸한다 하여 상속
식(相續識)이라 하며, 다섯째는 이치를 장애하여 지혜가 밝지 못하다 하여 무명식(無
明識)이라 하고, 여섯째는 미혹을 돌이켜 바른 이치를 좇아서 사주번뇌를 끊을 수 있
다 하여 해식(解識)이라 하며, 일곱째는 현묘한 길을 섭렵하여 순리로 선한 행위를
낳는다 하여 행식(行識)이라 하고, 여덟째는 삼계의 생사가 모두 나의 마음으로 다시
마음 이외에 다른 법이 없다는 사실을 알면 두려움이 없어지기 때문에 무외식(無畏
識)이라 하며, 아홉째는 분명하게 비추는 것이 거울에 상이 나타나는 모습과 같다 하
여 현식(現識)이라 하고, 열째는 법이 허망하게 일어났는데도 자기의 지혜만을 믿고
옳다고 생각하여, 진여의 성품이 드러나지 않도록 하기 때문에 지혜를 장애하는 지장
식(智障識)이라 한다.

○

三 第八識十名者 一 七後得稱 名爲八識 二 眞僞雜間 名爲和合識 三 蘊積諸法
名爲藏識 四 住持起發 名熏變識 五 凡成聖 名爲出生識 六 藏體無斷 名金剛智
識 七 體非靜亂 名寂滅識 八 中實非假 名爲體識 九 藏體非迷 名本覺識 十 功
德圓滿 名一切種智識.

세 번째 제팔식(第八識)에서 따로 세워진 열 가지 이름은 다음과 같으니, 첫째는 칠
식 뒤에 얻었다는 명칭으로서 팔식(八識)이라 하고, 둘째는 진여와 거짓이 섞여 있다
하여 화합식(和合識)이라 하며, 셋째는 모든 법을 쌓아 놓는 힘이 있다 하여 장식(藏
識)이라 하고, 넷째는 습기인 세력을 머무르게 하고 유지시키며 싹트게 하는 힘이 있
다 하여서 훈습하여 변화시키는 훈변식(熏變識)이라 하며, 다섯째는 범부를 성인이
되게 만드는 힘이 있다 하여 출생식(出生識)이라 하고, 여섯째는 지혜의 바탕을 갈무
리하여 끊을 것이 없다 하여 금강지식(金剛智識)이라 하며, 일곱째는 바탕이 고요하
거나 산란한 것이 없다 하여 적멸식(寂滅識)이라 하고, 여덟째는 확실한 바탕의 진실
한 것으로 거짓이 아니다 하여 체식(體識)이라 하며, 아홉째는 바탕을 갈무리하여 미
혹한 것이 아니라 하여 본각식(本覺識)이라 하고, 열째는 표출되는 공덕이 원만하다
하여 일체를 알 수 있는 일체종지식(一切種智識)이라 한다.

○

四 第九識十名者 一 自體非僞 名爲眞識 二 體非有無 名無相識 三 軌用不改 名法性識 四 眞覺常存 體非隱顯 名佛性眞識 五 性絶虛假 名實際識 六 大用無方 名法身識 七 隨流不染 名自性淸淨識 八 阿摩羅識此翻 名無垢識 九 體非一異 名眞如識 十 勝妙絶待 號不可名目識.

네 번째에 제구식(第九識)에서 따로 세워진 열 가지 이름은 다음과 같으니, 첫째는 스스로의 바탕이 거짓이 아니기 때문에 진식(眞識)이라 하고, 둘째는 바탕이 있다거나 없다는 상대적인 모습으로 존재하는 것이 아니기 때문에 무상식(無相識)이라 하며, 셋째는 법도대로 쓰이어 고칠 것이 없기 때문에 법성식(法性識)이라 하고, 넷째는 부처님의 성품인 참다운 깨달음이 항상 존재하여 바탕이 숨거나 나타나는 것이 아니기 때문에 불성진식(佛性眞識)이라 하며, 다섯째는 참다운 성품에 헛되고 거짓된 것이 끊어졌기 때문에 실제식(實際識)이라 하고, 여섯째는 크고 완전하게 쓰이면서도 일정한 틀이 없기 때문에 법신식(法身識)이라 하며, 일곱째는 중생들의 흐름을 따라가나 번뇌에 물들지 않기 때문에 자성청정식(自性淸淨識)이라 하고, 여덟째는 범어로 아마라식을 번역하여 번뇌가 없는 무구식(無垢識)이라 하며, 아홉째는 바탕이 같은 것도 아니고 다른 것도 아니면서 참으로 여여하다고 하여 진여식(眞如識)이라 하고, 열째는 수승하고 미묘하여 일체 상대적인 개념이 끊어진 것으로서 무엇이라 이름 붙일 수 없는 불가명목식(不可名目識)이라고 한다.

중생의 근기에 상응하는

50-13-174 一法應機 乃立異號[190] 如帝釋千名. 名雖不同 終是目於天主. 豈有聞異名 故 而言非實相理. 如人供養帝釋毁憍尸迦 供養憍尸迦毁於帝釋 如此供養 未必得福. 末代弘法者 亦爾 或信賴耶自性淸淨心 而毁畢竟空 或信畢竟空無所有 毁賴耶識自 性淸淨心 或言般若明實相 法華明一乘 皆非佛性. 此之求福 豈不慮禍. 若知名異體 一 則隨喜之善 遍於法界 何所諍乎. 又 諸經內逗緣稱機 更有多名 隨處安立.

하나의 법으로 중생의 근기에 상응하여 다른 명칭을 세우는 것은 마치 제석천이 천 가지 이름을 가지고 있는 것과 같다. 비록 제석천의 이름이 다르더라도 끝내는 모두 가 하늘의 주인 제석천을 가리키는 것이다. 어찌 법에 대한 다른 명칭을 듣기 때문에 실상의 이치가 아니라 말할 것인가. 이것은 마치 사람들이 제석천을 공양하면서 교시 가를[191] 험담하거나, 교시가를 공양하면서 제석천을 험담하는 것과 같으니, 이와 같 은 공양은 반드시 복을 얻지 못할 것이다.

말법시대에 불법을 펴는 자도 그와 같아서 혹 아뢰야식의 자성이 청정한 마음을 믿 으면서 필경에 공(空)한 것을 비난하며, 혹 필경에 공하여 존재할 것이 없다는 것을 믿으면서 아뢰야식의 자성이 청정한 마음을 비난하며, 혹은 반야가 실상을 밝히고 법 화가 일승을 밝히는 것이 모두 불성이 아니라고 말한다. 이렇게 복을 구하니 재앙을 어찌 근심하지 않겠는가. 만약 이름은 달라도 바탕이 하나라는 사실을 안다면 모든 법을 따라 기뻐하는 선(善)이 법계에 두루한데 어찌 다툴 곳이 있겠는가. 또한 모든 경에 인연과 근기에 들어맞게 실상에 대한 많은 명칭이 있게 된 것은 장소와 조건에 따라 거기에 맞는 편안한 법을 세웠기 때문이다.

---

190) 처음에 나오는 一法應機 乃立異號는 앞의 내용을 요약하여 명추회요에서 첨가된 것이다.
192) 제석천의 다른 이름을 말한다.

○

以廣大義邊 目之爲海 以圓明理顯 稱之曰珠 以萬法所宗 號之曰王 以能生一切
諸之曰母. 但是無義之眞義 多亦不多 無心之眞心 一亦不一. 故華嚴私記云 取決
斷義 以智言之 取能生長 以地言之 取其高顯 以山言之 取其深廣 以海言之 取
其圓淨 以珠言之.

광대한 이치를 가리켜 바다라는 표현을 쓰고, 밝고 뚜렷한 이치가 드러나는 것을
맑고 투명한 구슬이라 하며, 만 가지 법의 으뜸이 되는 것을 왕이라 하고, 일체 모든
법을 생겨나게 할 수 있는 것을 만법의 어머니라 한다.

다만 결정된 이치가 없는 참다운 이치는 많아도 또한 많지 않으며, 결정된 마음이
없는 참마음은 하나이면서 또한 하나가 아닌 것이다.

그러므로 『화엄사기』에서 "결단의 뜻을 취하면 지혜로써 말하고, 싹을 트게 하고
길러낼 수 있다는 뜻을 취하면 땅으로써 말하며, 높이 우뚝 드러나는 뜻을 취하면
산으로써 말하고, 깊고 광대한 뜻을 취하여 바다로써 말하며, 원만하고 청정한 뜻을
취하여 구슬로써 말하는 것이다"라고 하였다.[192]

---

192) 단락 27-7-86 참조

인용경전 및 논서 조견표

☆ 종경록 K본 S본 C본의 인용 쪽수와 인용경전 및 논서 조견표

1. 『고려대장경』 44권은 K본으로 표기하였다.

2. 『대정신수대장경(大正新修大藏經)』 48권은 S본으로 표기하였다.

3. 중국에서 발행된 청나라 광서 25년 강북 각경처본(淸光緒二十五年江北刻經處本)을
   1994년 10월에 영인한 중국 삼진출판사(三秦出版社) 『종경록(宗鏡錄)』을 C본으로 표기
   하였다.

종경 권수	명추 판수	K본 쪽수	S본 쪽수	C본 쪽수	인용경전 및 논서 기타
1	10	5상	419중	15하좌	화엄경
	11	5중	419하	16하우	
	11	5하	420상	17상좌우	대열반경
	12	6중	420하	18상좌하우	화엄경
3	1	14상중	428중하	33하우	
4	7	22상중	436중하	48하좌	백문의해
5	6	27상	441중	58하우	
	8	27중하	442상중	59하좌우	승사유범천소문경
6	8	33중	447하	70하좌	
	9	33하	448중	71하좌우	
	10	34중	448하449상	72하좌우	화엄경 법화경
7	3	37하38상	452중하	79상좌하우	법화경 유마경
	7	39중	454상	82상우	인연무성론
	7	39중하	454상중	82하우	
	8	39중하	454중	82하좌83상우	수능엄삼매경
8	4	42중	456하457상	87하좌우	유마경 대품경
	6	43중	458상	89좌우	
9	3	46하47상	461상중	96하우97상좌	화엄경소 화엄연의
	7	48중	463상	99하좌	화엄소 화엄연의 찬령기 화엄경
	7	48하49상	463중하	100상좌101상우	
	15	51하52상	466중하	106상좌하우	입법계체성경
10	1	54상	467하	111상우	
	9	57하	472중	118상우	
	12	58하59상	473하474상	120하좌우	능가경 점찰선악경 기신론
	13	59중	474중	121상좌하우	대법거다라니경
11	4	61상61중	476상중	125하좌우	대승본생심지관경
	9	63중하	478중하	129하좌130상우	
12	4	65하	480중하	133하우	대지도론
	7	67상	482상	136상좌하우	
	9	67하	482하	137하좌138상우	
13	1	69중	484상	140상좌	
	4	70하	485중	142하우	반야경
	10	73상중	488상	147하우	
14	1	74상	488하	149상좌우하우	화엄경

종경 권수	명추 판수	K본 쪽수	S본 쪽수	C본 쪽수	인용경전 및 논서 기타
14	6	76상	490하491상	153상좌우	화엄경
	9	77중하	492중하	155하좌156하우	백문의해
	12	78중79상	493중494상	157하좌159하우	유마경 법화경 능가경 화엄론 화엄기
15	7	82상중	497상중	165상우·166상우	보적경 유마경 금강경 보행기 지관
	11	83중하	497중하	168상우하좌	화엄경 법화경 화엄경소
16	3	85상중	500상중	171하우·172상좌	능가경 화엄경
	6	86중	501상중	174상우	화엄경 화엄경소
	6	86하	501중	174상좌하우	부사의경
	11	88중	503중	178상우	
17	2	90상중	505상	181상좌우	열반경 법화경
	6	91하	506하	184상좌우	
	9	93상	508상	186하우	
	10	93중	508중	187상좌	대열반경
18	4	96하97상	511하	193하좌194상좌	
19	1	103상	517하	205상좌하우	
	2	103하	518중	206하우	처태경
	5	104하	519중	208상좌	보협경
	6	105상중	519하520상	209상좌	여래장경
	10	107상	521하522상	212하좌우	화엄경
20	7	111중	526중	221상좌하우	대집경
	8	111중하	526중	221하우·222상좌	유마경관중생품 정명사기
	9	112상중	527상중	222하좌223상우	유마경아축불품 정명소
21	5	115중	530상	228상좌하우	
	7	116상중	531상	230상좌우하우	정명경 화엄소 불지론 지론 유식론
	10	117중하	532중	232하우	화엄경 화엄론
	13	119상	534상	235상좌하우	지지경
22	4	121중	536중	239하좌	
	6	122중	537중	241하좌우	보적경 대반야경
	8	122하123상	537하538상	242좌우	
	10	123하	538하	244상좌	
23	1	125상	540상	247상좌	원각경

종경 권수	명추 판수	K본 쪽수	S본 쪽수	C본 쪽수	인용경전 및 논서 기타
23	2	125중	540상중	247하좌248상우	최승왕경
	2	125하	540중하	248상좌하우	
	3	125하126상	540하	248하우249상좌	문수사리순행경
	6	127상	542상	251상좌우	
	8	128상	542하543상	252하좌253상좌	유가론
	8	128중	543중	253하우	
	8	128중	543중	253하좌	
	10	128하129상	543하544상	254하좌우	화엄경
	14	130하	545하546상	257하좌258상좌	부사의불경계경 천태교
	17	132상중	547상중	260하좌261상좌	정명경 화엄경
24	1	132하	547하	262상좌우	보현관경 화엄경
	8	135하	551상	268상좌우	유마경
	9	136상중	551중하	268하좌,269상우	화엄경
	15	138중하	553하554상	273상좌하우	화엄경현상품
25	3	141하142상	556하557상	279상우하좌	유마경 화엄경 천태소 대지론
	4	142상중	557중	280상좌우	보행기
	6	142하	558상중	281상좌상우	금강경
	8	143중하	558하	282하좌우	정명사기 화엄경
	9	144상	559상	283상좌하우	화엄경
	10	144중하	559하560상	284하우285상우	화엄경 환원관
	12	145상중	560중하	285하우286상좌	도덕경
	14	151중	566하	297하좌우	
27	1	152상	567상	299상좌하좌	백문의해
	2	152하	567하	300하좌	화엄경 화엄사기
	7	154하155상	570상	304하우305상우	화엄경
28	1	157하158상	572하573상	310상우하좌	
	3	158중하	573하	312상우	
	4	159상	574중	312하좌313하우	적조삼매지경
	9	164하	580상	323상좌하우	화엄경
	11	165상중	580하	324하좌325상우	수능엄삼매경 대열반경 승천왕반야경
	14	166중하	582상중	327상우하우	열반경 화엄경 화엄소 화엄론
29	1	167중하	582하583상	328상좌329상우	사익경 보성론

종경 권수	명추 판수	K본 쪽수	S본 쪽수	C본 쪽수	인용경전 및 논서 기타
29	3	168중하	583하	330상좌하우	
	4	168하169상	584상	331상좌우	법화경 수능엄경 법구경
	8	170중	585중하	333하좌334상우	
	10	171중하	586하587상	336상좌우	유마경
	12	172상	587상중	336하좌337상우	대장엄론
	13	172하	588상	338하우	능가경
30	9	177중	592하	347하좌348상우	
31	1	179중	594하	352상좌	수능엄경
	10	183상중	598하	359하우	
32	4	185상중	600하	363상좌하좌	화엄론
33	6	192상중	607중하	376상우하우	중론
	12	194하	610상	380하좌381상우	화엄경
34	1	195하	610하	383상좌우	승만경 보성론
	3	196중하	611하	384하좌	기신론
	5	197중	612중	386상좌우	
	6	197하198상	613상	387상좌우	
	8	198하	614상	389상우	법화경
	11	200상중	615중하	391하우392상우	보장론
	13	201상중	616중하	393상좌394상좌	지론
	16	201하	617상	394하우395상우	
36	15	214중	630상	419하좌우	중론
37	5	217하	633상	426상좌우	
	7	218중하	633하634중	427하좌428하우	화엄사기
	8	218하219상	634중하	428하우429상좌	화엄경
	11	220중하	636상	431하좌432상우	
	14	221하	637중	433하좌434상우	화엄소 증도가
38	2	222하223상	638중	436상좌우	법구경심의품
	8	225중	641상	441상우	
	11	226하	642중	443상좌하우	화엄경십정품
	14	228상	643하	445하좌446상우	
	16	229상중	644하645상	447하좌448하우	대열반경 삼무성론
39	1	229하	645상중	451하우	대반열반경
	4	230하231상	646중하	454하좌우	대론
	8	232중하	648중하	455상우	대집경

종경 권수	명추 판수	K본 쪽수	S본 쪽수	C본 쪽수	인용경전 및 논서 기타
39	9	233상	649상	455하좌	화엄경보현행원품 대열반경
	11	233하234상	649하	457상좌우	
	12	234상중	650상	457하좌	무생의
40	1	235상중	651상중	460상좌하좌	법화경 지관
	3	235하	651하	461하좌우	중관론
	3	236상	652상	462하우	
	4	236중	652상중	462하좌우	화엄경
	5	236하237상	652하	463하좌	화엄경
	9	238하	654하	467상우	
41	1	240중	656상	470하좌우	능가경
	3	240하241상	656하	471하우472상우	삼혜반야경
	6	242상	658상	474상좌우	
	10	244상중	659하660중	477하우478하우	법화경
	12	244하	660하	479상우	열반경
42	3	247상	662하	483상좌	화엄경
	4	247상중	663상중	483상좌484상우	화엄경
	5	247하	663중하	484상좌하우	금광명경
	8	249상하	665상중	487상우488상우	유교경 무상의경 대열반경 법화경 정명경 대열반경
	12	250중하	666중하	489하우490상	수능엄경 월상녀경 법화경
43	4	253상중	668하669상	495상우좌	화엄론
	7	255상	669하	496하좌	
	9	254상	670하671상	498하우499상우	
	11	256상	671하672상	500상좌하좌	
44	1	256하	672중	502상좌우	
	3	257하	673중하	504상좌	
	6	258하259상	674하	506상좌하우	능엄경
	7	259상중	675상	506하좌507상우	능엄경
	8	259하260상	675중하	507하좌508상좌	상법결의경
45	4	264중	680상중	516하우	
	5	265상	681상	518상우	대보적경 정명소
	6	265중하	681상중	518상우하우	
	7	265하266상	681하682상	519하좌우	
	7	266상	682상	520상우	

종경 권수	명추 판수	K본 쪽수	S본 쪽수	C본 쪽수	인용경전 및 논서 기타
45	9	266중	682중	520하좌우	청관음경·정명소
	12	267하	683하	523상좌우	화엄경
46	8	271중하	687하	530상좌	주역 예기
	12	273상	689상우	533상좌우	화엄경 화엄론
	13	273중	689하	533하좌534상우	중관론 불장경
	14	273하274상	690상중	534하좌535상우	
48	11	285중하	701하	556하좌우	
49	2	287상	703상	559상좌	섭론
	6	288하	704하705상	562하좌우	금강경 유식론 수호국계주다라니경
	12	290하291중	707상중하	566하우567하우	
50	1	292상	708상	569상좌우	수능엄경
	2	292중	708중하	570상우	
	3	293상중	709중	571상좌하우	증일경 유마경
	7	295상중	711중하	575상좌하좌	
	11	296중하	712하713상	577하우578상좌	
	13	297상중	713중	578하좌579상우	화엄사기
51	12	302중	720상	589상좌우	인명론
52	3	304상	721중하	592하좌우	밀엄경
	8	306중하	723하724상	596하좌597상좌	유가론
54	1	311중312상	728하729중	607상좌608하우	밀엄경 금강경 수능엄경 대승아비달마잡집론
	5	313상중	730중하	610상좌하좌	수능엄경 환원집
	7	314상	731하	612상좌하우	보살염불삼매경 법집경
	9	315상	732중하	614상좌우	불모경 입능가경 구경일승보성론
	10	315상하	732하734중	614하우615상좌	
55	9	319중하	737상중	622하좌우	법화경 불지경 유식론
	10	320상	737하	623하좌624상우	
56	7	322하	740중하	630상우	
	8	323상중	741상	630하우	능가경
	8	323중하	741상중	631상우하우	
	9	324상	741하	632상좌우	해심밀경 능가경 유마경 화엄경 화엄론

종경 권수	명추 판수	K본 쪽수	S본 쪽수	C본 쪽수	인용경전 및 논서 기타
56	11	324중하	742중	633상우하우	섭대승론
57	1	325상	742하	634상좌우	능가경 섭대승론
	2	325중	743상	634하좌635상우	
	4	326상	743하744상	636상좌하우	기신론
	6	327상	744하745상	637하좌638상좌	인왕반야경 능가경
	7	327중하	745상중하	638하우639하우	보살처태경오도심식품
	8	328상	745하746상	639하좌640상좌	대보적경 월등삼매경
	9	329중하	747중하	642하우643상좌	석론
58	1	330중	747하748상	644상좌우	
	4	331중하	749상중	646상좌하우	중관론 지관
	9	332하333상	750중하	649상좌우	백법론
59	6	338상339상	755하756중	659상우660하좌	능가경 해밀심경 식론 섭론
	8	339상	756하	661상우	불성론
60	1	339하	757상	662상좌우	
	5	341중	758하759상	665상좌하우	
61	3	345상	762중	672하좌673상우	
	5	345하346상	763상중하	674상좌675상우	천왕반야경 사익경 능가경
	7	346중하	764상	676상우	
	8	346하347상	764중	676하좌우	승천반야경
	9	347중349상	765상	677하우	법화현의 석론
62	1	349중	766하767상	681상좌우	법화경
	2	349하	767상	681하좌682상우	
	3	350상	767중하	682하좌우	공자가어
	9	352중353상	769하770중하	686하좌687상우	아비달마경 유식경
63	3	355중	773상	693상우	제경요집
	5	356상중	773하774상	694하좌우	관불심품
64	2	359상하	776하777상중	700상우하우	
	4	360상	777하	701하좌702상우	식론
	6	360하361상	778중하	703상우하좌우	금강경 화엄경
65	1	362중	780상	706상우	
	4	363하	781중	708하좌우	
	12	367상	784하785상	715상좌우	
	13	367중	785중	715하좌	
66	2	368하369상	786중	717하좌718상좌	문수문경

종경 권수	명추 판수	K본 쪽수	S본 쪽수	C본 쪽수	인용경전 및 논서 기타
66	3	369상	786하	718하좌	보행왕정론
	4	369중	787상	719상좌하우	
	7	371상	788중하	721하좌722상우	대열반경
	11	372중	790상	725상좌	
	13	373하	791중	727상좌	
67	3	374하	792중	729하우	화엄경
	5	374중375상 377중	792중하 795상	729하좌730상우 734하우	열반경 인왕경
	10	377하	795중하	735상우하우	비담
68	6	382중	800중	744하좌우	광백문론
	8	383상	800하801상	745하우746상좌	서역기
	9	383중	801상중	746상좌하우	화엄경
69	3	384하385상	802하	749하좌	잡집론
	9	387중	805중	754하좌우	
	11	388상	806상	756상우	능엄경
	12	388중하	806중하	756하좌757상우	
70	4	390하391상	808하	761상좌하우	의해
71	10	397하398상	815하816상	774상우하좌	전정록
72	7	401중	819상	781상좌우	
73	1	405상	822하	788상좌	
	3	405하406상	823하	789하좌790상우	
	4	406중	824상	790하좌791상우	승만경 식론
	8	408상	825하	793하좌794상우	
	9	408하	826중하	795상좌우	암제차녀사자후묘의경
74	3	410상중	827하	797하좌	반야경 반야등론
	4	410하	828중	798하좌	
	9	412하413상	830중하	802하좌803상우	
75	5	416상	833하	808하좌809상우	현식경
	7	416중하	834상중	809하좌810상우	현식경
	8	417상중	834하835상	811상좌	현식경
	9	417중하	835상중	811하우812상우	반야등론
76	1	418상	836상	813상우	
	3	418하419상	836하837상	814하좌	화엄경 화엄경소
	5	419하	837하	816상좌	
	7	420중421상	838하839상	817하좌818하우	화엄경이세간품

종경 권수	명추 판수	K본 쪽수	S본 쪽수	C본 쪽수	인용경전 및 논서 기타
76	10	421하	839하	820상우	법화경
77	5	423하	841하	824상좌	
	6	423하424상	842상	824하좌	열반경
	6	424상	842상중	825상우좌	조론초
	9	425상	843중	827상좌우	
	10	425하	844상	828상좌	반야무지론
78	1	426하	844하	830상우	영락경
	2	427중	845중	831상좌하우	법성론
	3	427중하	845하	831하좌	
	4	427하428상	846상	832상좌하우	식론
	5	428중	846하	833하우	
	6	428하429상	847상중	834상좌하좌우	식론
	9	430상중	848중	836하좌우	
	11	430하431상	849상	838상좌우	식론
79	1	432상	850상중	841상우	식론
	3	433상중	851중	843상좌하우	유식의경 대법론
	6	434상	852중	844하좌845상우	대승본생심지관경
	7	434중하	852중853상	845하좌846상우	
	8	435상	853중	846하좌847상우	금강삼매경 화엄경 유마경 보장론
	8	436중하	853하854상	847하좌848상좌	
	10	436상	854중하	848하좌849상우	화엄경
	13	437상중	855하	851상우	
	14	437중하	856상	851하좌우	사익경 장엄경론
80	2	438하439상	856하857상	853하좌854상우좌	불지론
	7	441상	859중	858상우하우	응진환원품
	11	442하	861상	861상좌하우	
	12	443상	861중	861하좌862상우	
	13	443중	861하862상	862하좌863상우	열반경
81	4	445중	863하	866하좌	법화경 마하연론
	4	445하	864상중	867하우	
	6	446상중	864하	868상좌하우	
	8	447상	865중	869하좌우	능엄삼매경
	8	447상	865하	870상좌	

종경 권수	명추 판수	K본 쪽수	S본 쪽수	C본 쪽수	인용경전 및 논서 기타
82	5	450상중	868중	875하좌	화엄경보현품
	8	450하451상	869상중	877상좌우	
	9	451하	870상	878상좌하우	수능엄경 금강삼매경
83	2	454중	872하	883하좌884상우	마하연론
	3	455상	873중	885상우	기신론
	3	455상	873중	885상좌하우	
	7	456중	874하	887하좌888상우	
	8	457상	875중하	889상좌우	능가경
84	5	460하	879상중	896상좌하우	
	6	461상중	879하	897하우	
	8	462상중	880하	899상우좌	
85	3	464상중	882하	902하좌	
	4	464하	883상	903하우	
	5	465상	883중	904상좌우	대허공장보살소문경
	6	465중하	884중	905상좌	
	7	465하	884중	905하좌906상우	
	9	466하	885상중	907하좌우	삼매계경 기신론초 석마하연론
	9	466하467상	885중	907하좌908상우	
89	9	485중	903하904상	943하좌우	사익경
	10	486상	904하	945상좌우	
	11	486상중	904하905상	945상좌하우	금강삼매경 대허공장보살소문경
90	1	487중488상	905하906상중	948상우909상좌	대열반경 유식론 신심명
	3	488상	906하	949하우	정명경
91	1	491하	910중	957상좌우	화엄경수량품 부사의해탈경계품
	1	492중	911상	958상좌하우	
	4	493상중	912상	960상좌우	대승대집경 신심명
	4	493중하	912중	960하좌961상우	
	6	494상중	912하913상중	961하우962상좌	환원관
92	1	495상	913하	963상좌우	대열반경
	2	495중하	914상중	964상좌우	숭복소 정명경
	3	495하	914하	964하좌	대지도론

종경 권수	명추 판수	K본 쪽수	S본 쪽수	C본 쪽수	인용경전 및 논서 기타
92	4	496중하	915상중	965하좌966상우	정명경
	6	497상	915하916상	967상좌우	화엄경
	6	497중	916상	967하우	
	8	498상중	917상	969상우하우	화엄론
	9	498하499상	917중하	970상우하좌	
	14	500중하	919중하	973상좌974상우	수능엄경 지관 관심론
93	1	501상502상	919하921상	975상우977상좌	반야경 제법무행경
	10	502하	921하	978상좌	화엄경 법화경 증도가 서전 기신초 대열반경
	10	504하505상	923하924상	982상우하좌	
94	1	505중하	924중	983하우	대열반경
	2	506상	924하	984하우	
	4	506중	925중	985상좌하우	금강삼매경
	7	507하508상	926하	987하좌988상우	허공잉보살경 현호경
	8	508중509상	927상중하	988하좌989하좌	수진천자경 대방광사자후경 보초삼매경결호의품 환원관 조론
95	2	510하511상	929하	993하좌994상좌	대수긴나라왕소문경
	3	511상중	930상중	994하좌995상우	불승도리천위모설경 연도속업경
	4	511하	930하	995하좌우	
	5	512상중	931상중	996하좌우	대장엄법문경
	6	512중하	931중하	997상좌하우	대승본생심지관경
	7	512하513상	931하932상	998상좌우	문수회과경
	9	513하514상	932하933상	999상좌1000상우	보정도일체제불경계경 문수사리행경 불성론
96	1	514중	933상중	1001상좌우	보살처태경 십선업도경
	2	514하515상	933하	1001하좌1002상우	문수보살문법신경 무소희망경
	4	515하	934하	1003하좌1004상우	보망경
	5	516상중	935상	1004하좌우	
	6	516중517상	935중936상	1005상좌1006하우	수호국토다라니경 문수반야경
	9	518중	937중	1008하좌1009상우	잡장경 법구경

종경 권수	명추 판수	K본 쪽수	S본 쪽수	C본 쪽수	인용경전 및 논서 기타
98	4	523중	942중	1019상우	
	7	526상중	945상	1024상좌우	
	9	527상중	946상중	1025하좌1026상좌	대품경
	10	527중528중	946중하 946하947중	1026하좌우 1028상우	법화경
99	2	529상	947하948상	1029하좌1030상우	구사론 불지론
	3	529하	948중하	1031상좌우	석마하연론 보생론
	6	531상	949하950상	1033상좌하좌	십주경 돈교오위문 십이문론 반야등론
	9	532하	951하	1036하좌1037상우	안락집
100	1	533중	953중	1038상좌	
	3	534상	953상	1039하우	
	4	534하	953하	1040하좌우	
	5	534하535상	953하954상	1041상우	원각경

찾 아 보 기

법공양문

아름다운 세상은 아름다운 사람이 모여 만듭니다. 아름다운 사람은 향기로운 마음을 쓰는 법입니다. 그들은 법을 사랑하고 법을 전파하는 맑고 바른 삶이니, 법을 공양하는 사람이라 할 수 있습니다.

삶이 어렵다는 세상! 그러나 알고 보면 잘못 쓰이는 마음으로 만들어진 세계가 아닐까요. 욕망이 내포된 자신의 생각에 속고, 허수아비의 말에 끌려다니며 행복과 상관없는 그 자리에, 불행으로 보이는 중생의 삶이 있는 것이 아닐까요.

그러므로 빛나는 마음이 숨겨진 지치고 암울한 세상에 정말 필요한 것은 맑고 투명한 빛의 흐름이라 생각합니다. 세상이 어렵고 힘들수록 향기로운 법이 요구되는 것입니다. 많은 사람에게 이익을 주고 또 주어도 없어지지 않는 향적 여래의 향반(香飯)과 같은 향기로운 법을 갈망하는 것입니다.

그런 시절의 흐름을 타고 모습을 드러내는 『**명추회요**』가 『**마음을 바로 봅시다**』로 아름다운 인연을 모았습니다. 법에 대한 조그마한 정성이 고통받는 중생을 구제할 수 있다는 청정한 믿음과 원력을 가지고 세상을 장엄하는 것입니다. 이것은 부처님의 광명이 세간에 드러나는 인연으로 참으로 아름답고 고마운 일입니다.

이 책도 알고 보면 법계에 메아리치는 열린 마음의 우렁찬 함성입니다. 이 책에 온 우주법계의 부처님 인연이 들어 있으니, 이와 인연을 맺는 자! 반드시 부처님의 세계가 열릴 것입니다.

아! 부처님의 웃음이 시방정토에 그득하며 행복해 하십니다. 부처님의 미소와 함께 일체중생의 행복을 바랍니다.

나무불 나무법 나무승.

마음을 바로 봅시다

명추회요 상권

초판 발행 | 1999년 2월 27일
초판 3쇄 | 2016년 4월 27일

펴낸이 | 열린마음
풀어쓴이 | 원순

펴낸곳 | 도서출판 법공양
등록 | 1999년 2월 2일·제1-a2441
주소 | 03150 서울시 종로구 수송동
두산위브파빌리온 836호
전화 | 02-734-9428
팩스 | 02-6008-7024
이메일 | dharmabooks@chol.com

ⓒ 원순, 2016
ISBN   978-89-950189-1-7
ISBN   978-89-950189-0-9(전2권)

값 27,000원

부처님의 가르침을 올바르게 _ 도서출판 법공양